서른 즈음의 한중,
어떻게 설 것인가

서른 즈음의 한중, 어떻게 설 것인가

2022년 8월 16일 초판 1쇄
발행처   재단법인 한반도평화만들기 / 한중비전포럼
주소   서울시 중구 서소문로 100
전화   02-3676-6002
제작처   늘품플러스
출판등록   2004년 3월 18일, 제2-4350호
주소   서울시 중구 퇴계로 243 평광빌딩 10층
전화   02-2275-5326
ISBN   979-11-88024-80-3 03340
정가 18,000원

서른 즈음의 한중,
어떻게 설 것인가

한중비전포럼 편

한반도**평화만들기**
KOREA PEACE FOUNDATION

**The
JoongAng**

목차

한국과 중국이 올해 수교 30주년을 맞았습니다. 체제와 이념의 차이에도 불구하고 두 나라가 미래를 위해 손을 잡은 지 벌써 한 세대가 흘렀습니다. 『논어』의 '삼십이립三十而立'은 서른이 되면 독립적이고 자각적 의식을 가지고 설 수 있어야 한다는 뜻입니다. 우리가 지나온 세월을 성찰하고 성숙한 한중 관계를 모색해야 하는 이유입니다.

그동안 한중 양국은 다층적이고 전방위적인 교류를 통해 많은 성과를 거뒀습니다. 46차례에 걸친 한중 정상회담과 고위급 소통채널을 가동했고, 코로나 팬데믹이 오기 직전까지 매년 1000만 명의 인적교류를 통해 민간의 상호이해를 높였습니다. 무엇보다 경제·산업 분야에서의 협력이 두드러져 2021년에는 교역액이 3000억 달러를 넘어섰습니다.

한중 수교로 선린우호관계를 맺은 이후 양국의 외교형식도 꾸준히 격상되었습니다. 1998년에는 '한솥밥을 먹는다'는 '훠반伙伴', 즉 동반자 partnership관계가 되었고 2008년 이후 지금까지 높은 수준의 전략적 협력동반자 관계를 유지해 오고 있습니다. 이것은 양자 차원을 넘어 지역과 글로벌 이슈에서, 단기적 현안을 넘어 장기적 사안에서, 그리고 경제뿐 아니라 안보적 차원에서도 폭넓게 협력하는 것을 의미합니다. 그러나 "천하는 늘 태평하지 않다"는 말처럼 오늘의 한중 관계는 '다음 30년'을 낙관만 하기 어려운 도전에 직면해 있습니다.

1992년 8월 한중 수교는 오랜 냉전구도가 해체되는 시대흐름에 올라

탄 양국 지도자의 결단, 국민의 간절한 바람과 노력으로 이뤄졌습니다. 당시 한국은 북방외교를 통해 외교적 지평을 공산권까지 확장하고자 했고, 중국도 천안문 사건 이후 국제적 고립을 타개하고 개혁개방을 추진하기 위해 한국과 손을 잡았습니다. 이 과정에서 노태우 대통령과 개혁개방 총설계자로 불리는 덩샤오핑 선생의 혜안과 지도력이 있었던 것은 물론입니다. 두 나라는 서로 다른 점은 인정하되 공동의 이익을 추구하는 구동존이求同存異 정신을 소중하게 생각했습니다.

그러나 최근에는 한중 수교를 가능하게 했던 '탈냉전'과 지구화라는 세계사의 흐름이 퇴행하고 있습니다. '신新냉전', '디커플링', '반세계화'와 같은 말이 유행하고 있습니다. 특히 미중 전략경쟁이 심화하면서 어렵게 건설한 지구촌이 새로운 진영 대결의 수렁으로 빠져들 것이라는 우려를 낳고 있어 두 나라 사이에 낀 국가들의 고민이 깊어지고 있습니다. 한중 수교가 탈냉전이라는 순풍을 타고 돛을 올렸다면, 30년이 지난 지금은 냉전의 부활을 걱정해야 하는 상황이 됐습니다.

약 200년 전인 1820년 세계 인구는 10억 명이었습니다. 당시 중국 인구는 세계인구의 36.6%로 서유럽 국가 전체를 합친 12.8%의 거의 세배에 달했습니다. 당시 중국의 세계 GDP 비중은 32.9%로 서유럽의 23.6%를 능가했습니다. 중국은 당시에 이미 세계국가였던 것입니다. 이런 점에서 시진핑 주석이 강조하는 중국몽中國夢도 아편 전쟁 이전에 번성했던 세계질서를 꿈꾸는 것일 수 있습니다. 말하자면 오늘날 중국의 부상이 단순히 신흥 강대국의 출현이 아니라 문명국가이자 세계국가였던 중국의 부활로 볼 수도 있기 때문입니다. 일각에서는 싱가포르의 국부 리콴유 선생이 생전에 "중국의 부상이 꼭 조용하게만 이뤄질 것 같지는 않다"는 전망이 현실로 나타나지 않을까 우려하기도 합니다.

이러한 중국의 부상에 따른 종합국력의 확대는 한중 관계에도 심대한 영향을 미치고 있습니다. 국가 간 관계에서 이익을 둘러싼 갈등은 불가피합니다. 그러나 문제는 한중 관계 외부의 제3자 요소인 한미동맹, 북핵 문제, 한미일 안보협력, 공급망 재편 등이 본격적으로 양자관계에 영향을 미치면서 마찰음이 커지고 긴장의 수위도 높아지고 있다는 점입니다. 더구나 양국의 핵심이익을 둘러싼 외교안보 영역에서는 흉금을 터놓고 대화하지 못하면서 서로에 대한 기대치를 낮추는 실정입니다.

한반도의 안정과 평화를 위협하고 있는 북핵 문제는 여전히 풀리지 않고 있습니다. 오히려 7차 북핵실험이 예고되는 등 상황이 악화하고 있습니다. 심지어 정치적 갈등을 완화시켜왔던 경제·산업 영역조차 상호보완성 보다는 경쟁성이 본격화하면서 중국시장에 대한 회의론도 등장했습니다. 사회·문화 분야에서도 자국에 대한 자부심에 바탕한 배타적 민족주의가 득세하면서 민간 감정이 악화했습니다. 특히 한중 양국의 미래를 이끌어 가야할 젊은 세대 사이에 인식의 차이가 벌어지고 감정의 골이 깊어지고 있습니다. '다음 30년'을 생각했을 때 걱정되는 일입니다.

이렇다 보니 한중 수교 30주년에 대한 평가로 '절반의 성공'이라는 인색한 평가도 있습니다. 누구의 책임인가를 따지기 전에 한중 관계를 발전시킬 수 있는 동력이 약화되고 있는 것은 참으로 안타까운 일입니다. 한중 수교 이후 30년을 맞이하는 지금 "초심을 기억하자" 또는 "물을 마실 때 우물을 판 사람을 생각하자"는 '음수사원飮水思源'이라는 말을 많이 합니다. 서양 격언에도 "우물이 마르면 비로소 물의 가치를 알게 된다"는 말도 있습니다. 30년전 한중 수교로 어렵게 만들어진 귀중한 우물이 어떤 가뭄에도 마르지 않도록 소중히 가꾸어 나가야 할 것입니다.

위기보다는 기회를 모색할 때, 한중 간 어려운 문제도 해법을 찾을 수 있을 것입니다. 최근 중국에서 자주 사용하는 '긍정의 에너지'라는 의미의 '정능량正能量'을 믿고 싶습니다. 비관론자는 어떤 기회가 찾아와도 부정적인 문제만 들춰내면서 낙담합니다. 하지만 낙관론자는 어떠한 어려움 속에서도 작은 실마리를 찾아 기회의 창을 열어 나갑니다.

한중 양국은 지정학地政學, 지경학地經學, 지문화적地文化的으로 깊이 연결되어, 이사 갈 수 없는 이웃입니다. 동양의 선비들이 기개의 상징으로 간주한 대나무가 높고 곧게 자라는 것은 단계마다 마디를 다지면서 위로 오르기 때문입니다. 다음 수교 30년을 맞아 지난 시절을 마디짓고 새롭게 출발할 필요가 있습니다. 무엇보다 중국, 중국인과 맺은 성공의 기억과 경험은 지난 30년간의 한중 관계 발전이 허업虛業이 아니라는 것을 확신시켜 주고 있습니다. 이런 소중한 자산을 활용하면서 "상대에 동의를 강요하지 않으면서 조화를 추구하는" 화이부동和而不同의 본래 정신을 다시 한 번 새길 필요가 있습니다.

한중 간 '다음 30년'의 건강한 발전을 위해서는 외교·안보·경제·사회·문화·환경 각 분야에서 수교의 초심을 잃지 않고 미래를 향한 협력의 발걸음을 내딛어야 할 것입니다. 특히 팬데믹에 대처하는 방역, 기후 변화 등 양자관계 차원을 넘어선 초국가적 협력이 갈수록 절실해지고 있습니다. 따라서 지금 벌어지고 있는 반反지구화의 흐름도 인류 공동체의 반성에 따라 결국에는 퇴조할 것입니다. 이런 점에서 한중 협력도 새로운 방향과 비전을 준비할 필요가 있습니다.

세상의 어떤 일도 한 번에 좋아지고 풀리지는 않습니다. 많은 분들이 한중 수교의 씨앗으로 1983년 5월에 있었던 '중국 민항기 불시착不時着' 사건을 꼽습니다. 그해 5월 5일 중국 랴오닝성 선양에서 상하이로 향하던 중국 여객기가 하이재킹을 당해 춘천의 미군 비행장에 불시착했습니다. 이러한 뜻밖의 사건을 정성을 다해 처리하면서 양국은 서로의 존재를 확인하고 미래를 위한 협력의 필요성에 공감했습니다. 1985년 어뢰정 사건 처리, 1986년 서울아시안게임과 1988년 서울올림픽 등을 통해 신뢰를 쌓았고 9년의 시간이 흐른 뒤에 비로소 결실을 거두었습니다.

한중 양국은 '다음 30년'을 향한 출항出港을 앞두고 과거를 성찰하고 새로운 미래를 설계할 필요가 있습니다. 중국 고사에 "천하를 다스리는 것을 한 마리의 생선을 찌는 것과 같이 하라"는 말이 있습니다. 이처럼 작은 일이라도 정성을 다해 진심을 다한다면, 양국 간 신뢰가 쌓이고 이것이 두 나라 관계를 더욱 튼튼하게 만들어줄 것입니다. 한국의 윤석열 정부와 중국의 시진핑 정부 모두 양국관계의 준칙으로 '상호 존중'을 강조하고 있습니다. 물론 그 의미가 정치적으로 다르게 사용된다는 평가가 있습니다만, 서로의 입장과 처지를 생각하면서 행동해야 한다는 기본정신은 크게 다르지 않다고 생각합니다.

물론 많은 도전이 있을 것입니다. 그러나 육지에서 멀어질 용기가 없다면 새로운 수평선을 향해 나아갈 수 없습니다. 도전을 두려워하지 말고 앞으로 나가야 합니다. 시대의 변화에 수동적으로 끌려가는 것이 아니라 시대적 흐름을 함께 개척해야 합니다. 과거를 기억하고 참고하되 미래를 향해 그 길을 터주어야 합니다. 이것이 한중 수교 30년을 맞이하고 다음 30년을 여는 법고창신法古創新의 자세라고 믿고 싶습니다. 감사합니다.

2022년 8월
재단법인 한반도평화만들기 이사장 홍석현

01

수교 초심,
어떻게
살려 나갈 것인가

이희옥
성균관대학교 교수, 성균중국연구소장

1. 한중 수교 30년을 어떻게 볼 것인가

2022년은 이데올로기와 정치체제를 달리하는 한국과 중국이 수교한 지 30년을 맞이하는 해이다. 그동안 한중 관계는 유사한 시기에 수교한 국가들에 비해 더 비약적이고 전 방위적인 발전을 이뤘다. 그러나 시간이 흐를수록 서로를 잘 알고 있다는 '이웃 증후군'이 나타나며 국가이익을 둘러싼 갈등이 생겼다. 그리고 급기야는 한국과 중국의 상호불신이 고착화하면서 많은 기회비용까지 발생하고 있다. 특히 미중 전략경쟁의 심화와 진영화의 위험은 한중 관계에도 깊은 영향을 미치고 있다.

그러나 한중은 떼려야 뗄 수 없는 이웃이고 지정학, 지경학, 지문화적으로 깊이 연계되어 있다. 이런 점에서 완전한 디커플링은 가능하지도 않고 또 바람직하지도 않다. 미국의 대중정책과 한국의 대중정책 사이에는 유사성이 있으나, 이러한 요소들 때문에 뚜렷한 차이도 존재한다. 분명한 것은 한중 수교 당시의 상호인식이 변화하고 있다는 점이다. 이 과정에서 한중 양국은 수교 30년을 맞아 수교 당시의 초심으로 돌아가자고 주장하고 있다. 수교 당시 양국은 "유엔헌장의 원칙들과 주권 등 영토보전의 상호존중, 상호불가침, 상호 내정불간섭, 평등과 호혜, 그리고 평화공존의 원칙에 입각해 항구적인 선린우호관계를 발전시켜 나가기로 합의한다"고 밝힌 바 있다.

한중 수교 협상은 한국과 중국이 누가 먼저라고 할 것 없이 서로의 필요에 따라 순조롭게 진행됐다. 1990년 한러 수교 당시와는 달리 돈이 오가는 거래도 없었으며, 이익의 균형을 찾는 데 주력했다. 실제로 중국은 한국의 경제발전 경험을 참고하면서 고도성장을 지속해왔고 한국경제의 발전도 중국 요인에 기인한 바 컸다. '상호존중'을 실제로 관철했다고 볼 수 있다.

중국은 현재 세계 제2의 경제 대국으로 성장했고 이젠 글로벌 거버넌스에서 중국을 빼놓고는 논의할 수 없는 상황이 되었다. 이른바 미중 공동통치를 의미하는 'G-2' 체제가 등장한 셈이다. 그러나 한국도 세계 10위권의 경제 대국이자 6위권의 군사력을 가진 '글로벌 중추 국가pivotal state' 내지 글로벌 선도국가leading state의 면모를 갖추었다. 이런 점에서 한중 관계는 과거와 같이 최대한 문제를 부각하지 않는 정태적static 관계에서 벗어나 모든 글로벌 현안을 함께 논의하는 동태적dynamic 관계로 전환하고, 한국의 대중국 경제의존과 북한문제에 매몰된 중국역할론을 넘어 새로운 위상을 정립해야 하는 '진실의 순간'을 맞고 있다.

실제로 한국은 대등한 관계를 정립하기 위해 '상호존중'을 제시하고 있고, 중국에 '규범에 기반한 국제질서'에 참여하기를 요구하는 한편 다양한 국제 및 지역 다자협력에 적극적으로 참여하고 있다. 중국도 '상호존중'을 강조하고 있으나, 주로 타이완, 신장-위구르, 티베트 문제 등 자국의 핵심이익에 대한 존중을 염두에 두고 있다. 중국은 또 국제법에 기초한 유엔체제를 지지하면서 미국 주도의 자유주의 국제질서를 비판적으로 접근하고 있다. 이것은 한중 관계에서 인식의 차이, 기대의 차이, 역할의 차이가 나타날 수 있다는 것을 의미한다.

향후 미래지향적인 한중 관계 건설을 위해서는 한중 수교 당시의 초심을 기억하면서 그동안의 성취를 객관적으로 평가할 필요가 있다. 양국은 서로를 비추는 창과 거울이 돼야 한다. 즉 '같아지는 것을 강요하지 않으면서도 화해와 조화를 추구하는' 화이부동和而不同의 정신을 살려야 한다. 또 전 방위적 교류협력 과정에서 나타나는 갈등을 두려워하지 않아야 하며 위기관리 시스템을 가동해 쟁점을 해소하는 것이 필요하다. 이를 위해서는 무엇보다 전방위적이고 다층적 전략대화를 통해 오해가 오판을 낳는 위험을 방지할 필요가 있다.

2. 한국과 중국은 왜, 어떻게 수교했는가

가. 수교 당시의 초심

1992년 한국과 중국은 탈냉전 시기 새로운 외교를 모색하던 시기에 접점을 찾았다. '87년 체제' 이후 등장한 노태우 정부는 소련과 중국과의 국교 정상화를 포함한 북방정책을 통해 외교적 돌파구를 찾고자 했고, 중국도 1989년 천안문 사건으로 인한 국제적 고립 속에서 개혁개방을 재개하기 위해 안정적인 외부환경이 절실했다. 한국은 1989년 사회주의권 국가로는 처음으로 헝가리와 국교를 수립했고 1990년 구舊사회주의권 종주국인 소련과도 국교를 수립했다. 중국도 자국의 '소小주변'에서 시작해 '대大주변'으로 나아가기 위해 아시아 국가들과 수교하거나 복교하기 시작했고, 전통적 우호 국가인 '북한' 때문에 미뤄두었던 한중 수교 교섭을 시작했다. 이런 점에서 한중 수교는 국제적 반공연대에 기초한 샌프란시스코 체제와 한반도 정전체제를 동시에 해체하는 역사적 의미가 있었다.

한중 수교는 1980년대의 몇 가지 외교적 사건을 해결하는 협상 과정에서 이루어졌다. 우선 1983년 5월 5일 중국 민항기가 춘천의 미군 헬기 비행장인 '캠프 페이지Camp Page'에 불시착한 사건이다. 이 문제를 해결하기 위해 중국민항총국 선투沈圖국장을 단장으로 하는 대표단이 서울을 방문해 처음으로 '중화인민공화국'과 '대한민국'이라는 정식국호를 사용한 9개 항의 외교 각서에 합의했다. 또 하나는 1985년 3월 21일 발생한

중국 어뢰정 사건이다. 전남 신안군 소흑산도 앞바다에서 표류 중이던 중국 북해함대 소속의 고속어뢰정 3213호가 발견되었다. 중국은 미수교국인 한국의 협력을 기대할 수 없다고 판단하고 비밀리에 어뢰정이 정박한 한국 영토에 불법으로 진입했다. 이에 대해 한국 외무부는 '중국 함정은 한국 영해 밖으로 퇴각하라'고 요구하는 한편 함정과 승무원의 처리 문제에 대해 '중국 군함 안에서 발생한 해상반란 사건이기 때문에 해양법 원칙에 따라 군함의 기국旗國인 중국으로 군함과 승무원을 송환해야 한다'는 외교적 해법을 제시했다. 중국도 자국 군함의 한국 영해 침범 사건에 대해 공식적으로 사과하는 각서를 전달했다. 이러한 외교적 교섭 경험은 한중 수교 논의의 물꼬를 여는데 기여했다.

이러한 분위기 속에서 1986년에 서울 아시안게임, 1988년에 서울 올림픽이 개최되었고 중국도 여기에 참여하면서 민간교류 협력을 이어갔다. 덩샤오핑은 1988년 5월에서 9월 사이 외빈을 접견한 자리에서 "중국은 한국과의 관계를 발전시키는 게 유익무해하다"고 밝히기도 했다. 한국 정부도 서울 올림픽 개최를 계기로 사회주의권과 스포츠 교류를 시작했으며, 1990년 9월에 소련과 수교한 상황에서 한중 수교를 통해 북방정책을 최종적으로 완성하고자 했다. 이것은 한중 수교협상팀에 준 정부지침에서도 잘 나타난다. 즉 "첫째, 북방외교를 완성한다. 둘째, 동북아 냉전체제를 종식하는 계기로 삼는다. 셋째, 제2의 경제도약을 위한 여건을 마련한다. 넷째, 한국의 국제적 위상을 높인다"는 것이었다. 중국도 1990년 베이징하계아시안게임을 개최하기 위해서는 주변 지역과 선린관계를 구축하는 것이 우선적 과제였고 중화민국을 고립화하는 데도 유리할 것이라는 전략적 고려도 있었다.

이렇게 보면 한중 수교는 한국이 제안하고 중국이 수용했으나 중국의 수교 교섭 의지에 대해 한국이 적극적으로 호응하는 등 당시 상황이 한중 수교의 필요성을 자연스럽게 도출했고, 실무협상 과정도 큰 쟁점 없이 접점을 찾을 수 있었다. 무엇보다 한소수교 과정에서 나타난 차관제공과 같은 경제적 지원을 연계하지 않고 '하나의 중국' 인정 문제, 북한과 중국과의 관계를 처리하는 문제 등으로 쟁점이 좁혀져 있었다.

나. 어떻게 추진했는가? '동해사업'의 전개

한중 양국은 경제무역을 촉진하기 위해 1991년 1월 주베이징 한국무역대표부를 개설했고, 4월에는 중국국제상회 서울 대표처를 설치했다. 비록 미수교 상태에서 무역대표부 형식을 취했으나 이 기구는 사실상 '대사관'의 임무를 수행했다. 한중 수교 논의가 물살을 탄 것은 1991년 11월 12일 서울에서 개최된 APEC 회의에 참석한 첸치천 중국 외교부장이 노태우 대통령을 예방하면서 시작되었다. 노태우 대통령은 이 자리에서 한중 수교 의사를 전달했고 이상옥 외무부 장관도 조속하게 한중 수교를 희망한다고 밝혔다. 당시 중국은 수교 의지가 있었으나 북한을 의식해 "참외가 익으면 저절로 꼭지가 떨어지고 물이 생기면 도랑이 생긴다"는 말을 하면서 신중하게 접근했다.

1992년 1월 1일부터 한국은 중국의 국기와 문양 등을 사용하기 시작했고, 중국도 1992년 2월 첸치천 외교부장이 수교 조건이 무르익었기 때문에 앞으로 필요한 제반 사항을 준비하라고 지시했다. 1992년 4월 13일 베이징에서 아태경제사회이사회ESCAP 총회 계기에 한중 외무장관 회담을 통해 양국 수교협상이 시작되었다. 한국과 중국은 극도의 보안 속에서 소규모 협상전담반을 구성했다. 한국은 "내부적으로 조기에 수교 교섭을 완료한다. 길게 끌면 보안 유지가 어렵다. 다만 서두른다는 인상을 주지 않는다"는 원칙을 세우고 협상에 임했다.

한중 수교 협상은 예비회담과 본회담으로 구분할 수 있다. 예비회담은 모두 세 차례 베이징과 서울을 오가며 열렸다. 교섭 창구는 한국의 권병현 대사와 중국의 장루이제張瑞杰 대사였고, 교섭 내용은 주로 한국과 중화민국의 단교, 한국 내 중화민국 재산 처리, 향후 중화민국과의 관계 정립 등 '하나의 중국' 원칙과 관련된 것이었다. 일종의 상견례였던 제1차 예비회담에서 한국이 정리된 입장을 제시하면서 수교협상은 탄력을 받았다. 제2차 예비회담은 6월 2일~3일 베이징에서 개최되었다. 양국정부의 협상 의지가 강하고 주요 쟁점에 대해서도 공감대가 있었기 때문에 조율할 이견이 많지 않았다. 한국은 유엔헌장 원칙(주권존중, 영토불가침, 호혜평등)을 제시했고, 중국은 여기에 '평화공존 5원칙'을 반영할 것을 요청했다. 한국도 '평화공존'에 대해 특별히 반대할 이유가 없었기 때문에 이를 병기하기로 했다. 제3차 예비회담은 6월 21일~22일 서울에서 열렸다. 이 회담에서 양측 수석대표가 7월 중순 베이징에서 공동성명과 양해각서에 가서명하고 7월 말 아세안 확대 외무장관 회담 직전에 정식으로 서명하기로 합의했다. 그러나 중국은 본회담을 7월 말로 연기하고 수석대표가 베이징에서 서명한 후 10일 이내에 양국 국가원수가 직접 발표하자는 수정안을 제의해왔다. 이것은 중국이 북한에 관련 내용을 통보하고 중국 지도부에 보고하기 위한 시간이 필요했고, 서명 주체를 국가 수반보다는 외무장관으로 하는 것이 북한의 반발을 일부 누그러뜨릴 수 있다는 정무적 판단을 했기 때문이었다.

실제로 중국은 7월 15일 첸치천 외교부장을 북한의 김일성 주석에 보내 한중 수교를 통보하는 한편 당정 고위층에서도 수교 필요성에 대한 공감대를 넓혔다. 이러한 과정을 거쳐 수교 발표 전날인 8월 23일, 베이징에서 외무장관 회담을 열어 남북관계, 북핵 문제, 노태우 대통령의 중국방문, 정부 간 부속협정 체결, 대사관과 총영사관 설치 등을 논의했고, 8월 24일 오전 10시(베이징시각 9시)에 한중 수교를 전 세계에 타전했다. 그리고 8월 28일 주베이징 무역대표부가 주중 대한민국대사관으로 승격되면서 활동을 시작했다.

다. 수교협상의 쟁점은 무엇이었나?

오랫동안 냉전 질서 속에서 적대적 관계를 유지해왔고, 한국전쟁이라는 비극을 기억하고 있었기 때문에 양국의 수교협상은 난항일 것으로 예상하였으나, 탈냉전이라는 시대정신 속에서 '이익의 균형'에 도달했기 때문에 의외로 쟁점은 단순했다.

첫째, 중화민국과의 단교문제였다. 한국은 할슈타인 원칙Hallstein Doctrine을 버리고 중국과 수교하고자 하는 모든 국가는 중화민국과 단교한다는 이른바 '하나의 중국' 원칙을 수용했다. 한중 수교를 중화민국에 통보하기 위해 특사파견을 검토하기도 했으나, 중화민국의 반발과 방해 작업을 우려해 실행하지는 않았다. 대신 8월 18일, 이상옥 장관이 진수지 주한 중화민국 대사를 만나 한중 수교 교섭에 실질적 진전substantial progress이 있다고 통보했다. 비록 수교 일자를 구체적으로 적시하지는 않았지만 사실상 한중 수교를 통보한 셈이었다. 이어 8월 21일 외무부 장관실로 진수지 대사를 불러 첸푸錢復 외교부장 앞으로 단교문서를 전달했다. 그러나 중화민국은 즉각 주중화민국 한국대사를 초치해 항의했고, 8월 22일 한중 수교 즉시 중화민국은 한국과 단교할 것이라고 밝혔다. 한편 중화민국 대사관부지 처리문제도 중국의 중요한 관심 사안이었다. "한중 수교와 동시에 한국 내에 있는 소위 중화민국 정부의 재산에 대해서는 국제법과 국제관례에 따라 처리하겠다"고 밝혔으나, 사실상 중국에 편의를 제공했다.

둘째, '하나의 중국'과 한국전쟁에 대한 중국의 사과 문제였다. 제1차 예비회담에서 한국은 조건 없는 수교를 제의했고 중국도 '하나의 중국' 원칙만 집중적으로 강조했으며 중화민국 대사관부지 반환에 대해 관심을 표명한 정도였다. 한국은 제2차 예비회담에서 이른바 '중국인민지원군'의 한국전쟁 참전문제를 제기했다. 즉 "수교 교섭을 한다면 적어도 6.25 참전문제에 대한 중국 측의 입장표명은 있어야 한다고 했으나, 중국은 그 문제는 이미 지나간 이야기인데 그것을 왜 수교문제와 연계하는가"라고 반발했다. 한국 협상팀도 이 문제에 대한 중국의 사과를 받기는 현실적으로 어렵다고 보았기 때문에 내부의 기록으로 남기되 협상은 협상대로 진행하자는 전략을 취했다. 또한, 협상대표단 실무 차원에서 한중 간 국경문제를 공식적으로 제기해야 한다는 주장도 있었으나 현실적으로 중국과 북한 사이의 경계선이고, 한국과 직접 관련이 없는 상황에서 불필요한 장애를 만들 필요가 없다고 보고 적극적으로 문제를 제기하지는 않았다.

셋째, 북한에 대한 중국의 한중 수교 통보 절차이다. 1990년 10월 김일성 주석은 중국 선양을 방문해 장쩌민 주석과 회담하면서 한중 관계가 지나치게 빨리 발전한다고 보고 이를 견제하고자 했다. 당시 덩샤오핑은 1991년 10월 중국을 방문한 김일성 주석에게 "역사적으로 동맹은 믿을 수 없다. 군사동맹도 믿을 수 없다"라고 강조하면서 중국이 북한과의 관계에만 얽매일 수 없다는 점을 우회적으로 밝히기도 했다. 한중 수교 협상 타결 직전 김일성 주석 80세 생일 축하차 평양을 방문한 양상쿤楊尙昆 중국 국가주석도 "국제정세와 우리의 대외관계를 분석할 때, 중국은 한국과의 수교문제를 고려하지 않을 수 없다. 그러나 북한의 통일 사업은 예전과 같이 지지한다"고 밝혔다. 이에 대해 북한은 주한미군 철수, 북미 관계 개선, 북일 관계 개선 이후에 한중 수교가 이루어지면 좋겠다는 뜻을 밝혔다. 중국은 1992년 7월 15일 첸치천 외교부장이 김일성 주석을 만나 "한중 수교 시기가 성숙했다. 북한의 이해와 지지를 구한다"라는 취지의 장쩌민 주석의 구두 메시지를 공식적으로 전했다. 이처럼 한중 수교는 이후 북중 관계를 크게 냉각시켰고, 이후 북한이 제1차 북핵 위기 국면을 조성하는 배경이 되었다.

넷째, 한중 수교 협상 과정에서 비선조직의 역할이다. 한중 수교 논의 과정에서 다양한 접촉라인이 있었다. 김우중 대우그룹 회장, 대통령 한방 주치의였던 한성호 신동아 한의원 원장, 노태우 대통령 처남인 국제문화전략연구소 김복동 이사장, '6공화국의 황태자'로 불렸던 체육청소년부 박철언 장관, 대통령의 사돈회사였던 주식회사 선경(현 SK그룹의 전신) 등이 있었다. 그러나 경쟁이 과열되고 불필요한 잡음이 생기자 정부는 "국제민간경제협의회IPECK로 창구를 통일해 합쳐서 하라"는 지침을 내렸다. 사실 한중 수교 교섭 이전에는 민간에서 한중 관계 개선을 위한 분위기를 조성했지만, 결정적인 역할을 한 것은 아니며 실제로 정부 협상대표단도 이들에게 도움을 요청하지 않았다. 특히 1991년 베이징에 무역대표부가 개설된 이후에는 민간의 역할은 더욱 제한되었다. 중국도 첸치천 외교부장 자신이 국무위원을 겸직하면서 외교 문제에 대한 상당한 발언권을 가지고 있었고, 무엇보다 수교 논의를 비공개로 해야 보안을 유지할 수 있다는 판단 때문에 중국외교부가 단일창구가 되었다.

3. 한중 관계는 어떻게 발전해 왔는가

가. 발전의 궤적

1992년 수교 당시 노태우 정부와 중국의 양상쿤 정부는 선린우호협력 관계를 맺었다. 이후 한국과 중국의 정부가 바뀔 때마다 관계를 격상하고 협력을 고도화했다. 김영삼 정부 시절인 1993년~1997년에는 양국은 두 차례의 상호방문과 APEC 정상회담을 포함해 다섯 차례 정상회담했다. 1998년 김대중 정부와 장쩌민 정부는 '21세기 협력동반자 관계'를 구축했다. 중국외교에서 동반자partnership 관계는 상호존중, 구동존이求同存異 그리고 상호호혜를 의미한다. 이어 2003년 노무현 정부와 후진타오 정부는 기존의 협력동반자 관계를 '전면적 협력동반자 관계'로 격상시켰다. 이것은 양국이 전면적이고 다양한 협력의 필요성과 한반도 문제 해법에 대한 넓은 공감대를 반영한 것이었다. 2008년에는 이명박 정부와 후진타오 정부가 기존의 전면적 협력동반자 관계를 '전략적 협력동반자 관계'로 격상시켰다. 양국이 체제와 이념을 달리할 뿐 아니라, 한국이 한미동맹을 강화하는 상황에서 '전략적' 동반자 관계로 발전한 것은 이데올로기를 넘어 지역과 국제문제를 함께 논의하고 협력한다는 의미를 지니고 있었다.

이어 2013년 박근혜 정부와 시진핑 정부는 기존 전략적 협력동반자 관계의 틀 속에서 양국관계의 내실화에 합의했다. 박근혜 대통령이 2015년 9월, 중국 전승절 기념식에 천안문 망루에 오르면서 양국관계는

'역사상 가장 좋은 관계'를 구축했다는 평가를 받기도 했다. 그러나 2016년 7월 주한 미군이 고고도미사일방어 체계THAAD 배치를 결정하고 중국이 한한령限韓令 방식으로 보복하면서 양국관계는 수교 이후 가장 어려운 국면을 맞았다. 이후 문재인 정부는 전략적 협력동반자 관계를 내실화하고자 했다. 특히 2017년 10월 '한중 관계 개선을 위한 양국 간 협의 결과'를 발표하면서 사드 배치로 인한 양자 갈등을 정치적으로 관리하는 한편 북핵 문제해결을 위한 한중협력 방안을 모색했다. 또 코로나19 상황에서도 상호 인도적 지원사업을 전개하는 등 비교적 안정적인 관계를 구축했다.

이처럼 한중 관계는 새로운 양국 정부가 출범할 때마다 외교 관계가 격상될 정도로 중요한 양자 관계였고, '옷의 띠만큼 좁은 강一衣帶水', '이사 갈 수 없는 이웃'이라는 말이 유행하기도 했다. 그러나 중국의 종합국력이 증가하면서 한중 양국의 비대칭성이 확대되었다. 한국도 선진국 정체성 추구와 함께 '상호존중'에 기초한 대등한 양자 관계를 시도하면서 새로운 한중 관계 위상을 정립 중이다.

[표 1] 한중 관계 발전과정

구분	시기	주요의제		양국정부
		한국	중국	
선린우호협력 관계	1992년	북방외교, 경제협력	개혁개방, 경제협력	노태우-양상쿤(장쩌민)
협력동반자 관계	1998년	북핵문제, 경제협력	북핵문제, 경제협력	김대중-장쩌민
전면적협력동반자 관계	2003년	북핵문제, 경제협력 역사문제	북핵문제, 경제협력 평화부상	노무현-후진타오
전략적협력동반자 관계	2008년	한미동맹, 경제협력, 북한문제	한미동맹, 경제협력 강대국외교	이명박-후진타오

구분	시기	주요의제		양국정부
		한국	중국	
전략적협력동반자 관계 내실화	2014년	북핵문제, 한중FTA, 인문교류	북핵문제, 한중FTA, 인문교류, 주변외교	박근혜-시진핑
실질적 전략적협력동반자 관계	2017년	북핵문제, 경제협력 사드문제, 평화경제	북핵문제, 경제문제 사드문제, 일대일로	문재인-시진핑
?	2022년	한미동맹, 북핵문제 경제안보, 한미일협력	지역협력, 북중러협력 경제안보, 운명공동체	윤석열-시진핑

나. 한중 관계의 성과

한중 수교 30년 동안 양국관계의 성과는 경제 분야에서 가장 두드러 진다. 2021년 말 현재 양국의 교역 규모는 3016억 달러(중국통계 3624억 달러)로 수교 당시 64억 달러 대비 47배 증가했고, 대중국 교역비중은 1992년 4.0%에서 2021년 말에는 23.9%로 증가했다. 2021년 말 현재 한국의 대중국 교역 규모는 미국과 일본을 합친 20.1%보다도 높고 한국은 중국의 수입 2위, 수출 4위, 교역대상국 3위(홍콩과 대만 제외)가 되었다. 한편 한국의 대중국 투자와 중국의 대한국 투자도 꾸준히 증가했고, 시간이 지날수록 투자의 균형이 이루어지고 있으며, 이에 상응하는 다양한 규범과 제도를 만들고 있다. 대표적으로 2005년 한국이 중국에 시장경제 지위를 부여한 이후 한중 자유무역지대FTA 추진을 논의해 왔으며, 2015년 12월 20일에는 한중 FTA가 정식으로 발효되었다. 2016년부터 서비스·투자·금융 분야에서 상호 시장개방 확대를 위한 2단계 논의로 발전했다.

또한, 미중 간 전략경쟁, 코로나 팬데믹, 한중 교류의 일부 단절 속에서도 반도체와 배터리 산업 등을 중심으로 대규모 대중국 투자가 유지되는 등 중국시장은 한국경제의 가장 중요한 버팀목의 하나로 작용했다. 한국은행의 통계에 의하면 현재 중국경제 성장률이 1% 하락할 때, 우리경제는 0.1~15% 포인트까지 떨어질 정도로 깊이 연동되어 있다. 단기적으로는 한국 상품의 대체시장 확보와 공급망 안정화를 확보하지 않는 한, 중국 탈출을 조급하게 전략화하기 어렵다.

[표 2] 한중 교역현황 단위: 억 달러/ %

구분	교역액	대중수출	대중 수입	무역수지	교역증가율
1992	64	27	37	-11	43.6
1995	166	92	74	18	41.9
2000	313	185	128	57	38.6
2005	1,006	619	386	233	26.7
2010	1,884	1,168	716	453	33.7
2015	2,274	1,371	903	469	-3.4
2016	2,114	1,244	870	375	-7.0
2017	2,400	1,421	979	443	13.5
2018	2,686	1,621	1,065	556	11.9
2019	2,434	1,362	1,072	289	-9.4
2020	2,415	1,326	1,089	237	-0.8
2021	3,015	1,629	1,386	243	19.9

출처: 〈한국무역협회〉

그러나 한중 경제관계는 무역과 투자의 측면에서 성숙단계로 진입하면서 보완성보다 경쟁성이 심화되었다. 첫째, 한국 수출의 대중국 비중의 하락, 중국 수입시장에서 한국의 점유율 하락, 한국 수입시장에서 중국의 점유율 상승, 한국의 대중국 교역수지 흑자가 축소되고 있다. 또한, 반도체 등 핵심 산업분야를 제외한다면 한중무역은 균형 또는 적자를 기록하고 있다. 둘째, 한국에서 중국시장의 매력이 점차 감소하고 중소기업을 중심으로 탈중국 현상도 나타났다. 무엇보다 미중 전략경쟁의 여파로 인한 공급망 재편이 이를 심화시키고 있다. 셋째, 코로나 팬데믹으로 인해 개방과 협력의 동력이 약화하고 있고 기후변화와 탄소중립 등 새로운 시장변화 속에서 한중 경제관계도 새로운 도전에 직면했으며, 정치 리스크가 경제 리스크로 전환되는 경제안보의 불확실성도 높아졌다.

양국 경제협력의 고도화를 지원하기 위한 정치적 소통도 활발하게 전개되었다. 2021년 말 기준 양자 정상회담은 46차례 개최되었고, 핵 안보 정상회의, APEC, G-20, 한중일 정상회담 등 다양한 다자회의 계기의 정상급 교류 38회를 포함하면 약 84차례의 정상회담이 있었다. 이러한 정상담은 소통 부재에서 오는 갈등을 예방하고 양국의 협력을 추동하는 중요한 계기가 되었으며, 위기를 안정적으로 관리하는 데도 기여했다. 그리고 이러한 정상급 회담 성과를 실무적으로 추진하기 위해 한중 수교 이후 2021년 말까지 약 130여 차례 이상의 외교장관 회담과 실무적 고위급 교류가 있었다. 한국의 국가안보실장과 중국의 외교담당 국무위원 간 전략소통기제, 외교차관 전략대화, 인문교류 촉진위원회, 한중 경제 공동위원회, 해양경계획정 공식회담 뿐만 아니라, 국책연구기관이 중심이 된 트랙 1.5 대화 등도 가동 중이다.

또한, 국회와 정당 차원에서도 한중 의원외교협의회, 한중 의회 정기교류 체제, 정당 차원의 씽크탱크 교류도 활발하게 진행되었다. 주목할 만한 것은 양국 간 정치체제와 제도의 차이로 인해 교류가 제한되었던 군사 분야에서도 인사, 부대, 교육, 학술, 체육 교류가 전개되었고 수색구조훈련, 함정과 수송기 방문도 있었다. 특히 한국 국방차관과 중국 부총참모장 간 국방 전략대화 및 국방정책 실무회의와 정보교류 회의가 개최됐고, 양국 국방교류를 제도화하기 위해 직통전화를 설치하는 양해각서, 국방교류협력 양해각서 등을 체결했다. 또한, 2014년 한국군의 제안에 따라 중국군 유해 송환사업이 시작되어 2021년 말까지 총 835구가 중국으로 송환되었다.

사회문화적 차원에서는 인적교류의 확대가 가장 인상적이었다. 1992년 수교 당시 인적교류는 13만 명에 불과했지만, 코로나19로 인해 민간교류가 사실상 중단되기 이전인 2019년 말에는 1000만 명 인적교류 시대를 열었고 매주 우리 측 73개 노선, 중국 측 71개 노선에서 각각 주 500회 이상, 1000편 이상의 항공기가 이착륙하기도 했다. 이 과정에서 중국인의 방한 규모가 한국인의 방중 규모를 넘어서면서 교류의 불균형도 극복되었다. 중국에 상주하는 한국인 수는 코로나19 직전 약 50만 명에 달했고 베이징, 상하이, 칭다오 등의 주요 도시에는 '코리아타운'이 형성되기도 했다. 한편 지방정부 차원에서 다양한 교류협력을 전개하여 2021년말 현재 서울시를 비롯한 대부분의 지방정부가 중국과 228개의 자매교류를 맺었고, 448개의 우호 도시와 교류를 진행하고 있다.

한중 양국의 가교는 청년세대 특히 양국 유학생의 역할이 중요하다. 비록 코로나19와 한국과 중국의 부정적 상호인식으로 인해 규모가 줄었지만, 2021년 말 기준 중국에 체류하는 한국유학생과 한국 내 중국유학생은 각각 6만 7348명과 2만 6949명으로 전체 외국인 유학생의 44.2%와 17.2%에 달했다. 한국에서는 '중국어 배우기' 열기가 있었고 실제로 중국어 시험인 한어수평고시HSK를 세계에서 가장 많이 응시하고 있다. 중국에서도 한류열풍이 있었으며, 한국의 TV 드라마가 인기를 얻으면서 양국 지도자들의 대화 주제가 되기도 했다. 양국의 교류협력이 활성화됐을 때는 약 80만 명 이상의 중국인 관광객遊客이 한국을 다녀가기도 했다. 비록 한중 간 인적교류는 코로나19 사태와 사드 배치로 인해 교류의 폭과 깊이가 줄었으나 양국관계가 회복될 경우 과거 값싼 단체관광 패턴에서 개인 관광객, 주제별 관광으로 이전되면서 새로운 교류 방식이 나타날 수 있을 것이다.

[표 3] 한중 인적교류

단위: 만 명

구분	2011	2012	2013	2014	2015	2016	2017	2018	2019	2020
방중 한국인	418.5	407.0	396.9	418.2	444.4	476.2	386.5	419.4	434.7	44*
방한 중국인	222.0	283.7	432.7	612.7	598.4	806.8	416.9	479.0	62.4	74
합계	640.5	690.7	829.6	1,030.9	1042.8	1,280	802.4	898.4	1037.1	118

* 2020년 방중 한국인은 추정치

한편 중국에서는 K-POP 공연과 TV 드라마가 중국 팬들을 사로잡았고 다양한 합작영화 기획과 제작 등도 활발하게 전개되면서 한류 붐이 나타나기도 했다. 2014년 〈별에서 온 그대〉가 중국에서 크게 히트를 치는 등 중국 내 한국 TV 드라마 상영 붐이 형성되기도 했다. 그러나 '한한령'이 본격화하면서 신규 한국 연예기획사에 대한 투자 금지, 관객 1만 명 이상 동원하는 한국 아이돌 공연 금지, 한국 드라마 및 예능 협력 프로젝트 체결 금지, 한국 연예인 출연 드라마 중국 내 송출 금지의 조치가 취해졌다. 그러나 상호인식이 악화하는 것에 부담을 느낀 양국정부가 물밑 대화를 통해 새로운 계기를 만들고 있다. 한한령 6년만인 2021년에는 우리 영화 〈오! 문희〉가 중국에서 개봉되었고 〈사임당, 빛의 일기〉 드라마가 중국의 방송플랫폼에서 방영되었으며 한국의 게임에 대한 중국의 신규 판호 발급 등 해빙 분위기도 나타났다. 한중 양국은 2021~2022년을 한중문화교류의 해로 선포했고 160개에 달하는 다양한 활동을 전개하고 있으며, 한중 수교 30년을 준비하기 위해 한중 양국정부는 〈한중 관계 미래발전위원회〉를 구성하고 향후 한중 관계의 심화방안을 찾고 있다. 특히 한중 관계 발전을 위해 인문교류를 확대하고 심화할 필요가 있다는 공감대를 형성했다. 이미 2013년 6월 양국은 정상회담을 통해 인문 유대를 강화하기로 합의한 데 이어 차관급을 대표로 하는 〈한중 인문교류 공동위원회〉를 구성했고, 한중 인문교류 촉진위원회도 가동 중이다. 이러한 인적, 물적 교류를 제도적으로 지원하기 위해 한국은 베이징, 상하이, 선양, 칭다오, 광저우, 청두, 시안, 우한, 홍콩 등에 총영사관을, 그리고 다롄에 영사사무소를 설치해 운용하고 있다. 중국도 서울, 부산, 광주에 이어 제주에 영사관을 운영하면서 주재국 국민 보호와 한중교류협력 활동을 전개하고 있다.

다. 도전요인

한중 수교 이후 30년 동안 양자 관계에는 교류의 폭과 깊이가 넓어지고 심화하는 과정에서 국가이익을 둘러싼 갈등도 나타났다. 특히 한중 관계에 외생변수가 영향을 미치면서 한중 관계 발전을 제약하고 해결의 난도도 높이고 있다.

첫째, 한미동맹에 대한 인식 차이다. 한국은 정도의 차이는 있으나 한미동맹이라는 기본 축을 줄곧 유지해왔다. 그러나 미중 전략경쟁 특히 미국의 대중국 견제가 본격화되면서 한미동맹에 대한 중국의 부정적 인식이 나타났다. 즉 그동안 중국은 한반도에서 미국의 역외 균형자offshore balancer 역할을 현실적으로 수용해왔으나 힘의 분포가 변하면서 동맹을 냉전의 유산으로 간주하기 시작했다. 특히 한미동맹의 지역화에 대해 강력하게 반발하고 있다. 한미일 군사안보협력의 강화, 북대서양 조약기구NATO 참석, 인도태평양경제프레임워크IPEF 등에 대해 중국이 한국의 태도를 비판하는 이유가 여기에 있다.

둘째, 한반도 비핵화 문제에 대한 방법의 차이다. 중국도 한반도 비핵화 원칙을 고수하고 있다는 점에서 한중 간 목표의 차이는 없지만, 구체적인 방법론에서는 차이가 있다. 그동안 한국의 대북정책은 관여정책과 엄격한 상호주의를 동시에 사용해 북한의 변화를 유도하고자 했다. 반면 중국은 북한의 '이유 있는 안보우려'에 주목하고 북한의 미사일 발사와 한미군사훈련을 동시에 일시 중단하는 '쌍중단'과 한반도 비핵화와 한반도 평화체제를 동시에 논의하는 '쌍궤병행'을 중국식 해법으로 제시했다. 특히 미중 전략경쟁의 심화와 북중관계가 공고화되면서 미국 책임론과 '정치적 해결'을 강조해 왔다. 이와는 달리 한국은 미국과 국제사회의 대북제재를 준수하는 가운데 남북한의 대화와 인도적 지원을 통한 문제해결을 시도해 왔다. 특히 윤석열 정부가 한미연합군사훈련을 강화하고 북한이 장거리 미사일 실험을 지속하면서 '쌍중단' 방안의 동력이 약화하자 중국 역할론의 공간도 줄어들었다.

셋째, 글로벌 가치사슬과 공급망의 성격이 변하면서 경제안보가 부각되었다. 미국은 중국 주도의 공급망을 약화시키기 위해 동맹 및 우호국가like minded countries들과 함께 미래 전략산업에 대한 대중국 견제를 본격화했다. 미국의 반도체 동맹, 인도태평양경제프레임워크, 글로벌인프라투자파트너십PGII 추진도 이러한 차원에서 전개되었다. 미국은 사회주의 중국의 경제적 추격을 '지금 여기서' 저지하지 못한다면 미국 패권의 하락속도가 더욱 빨라지고 글로벌 리더십을 잃게 될 것이라고 우려하고 있다. 한편 중국은 종합국력의 한계 속에서 기술과 산업의 자주화를 추구하면서 중국 중심의 가치사슬과 지역공급망을 구축하고자 한다. 한국은 이러한 미중 전략경쟁 속에서 한미동맹과 한중 전략적 협력동반자 관계를 동시에 발전시켜야 하는 과제를 안고 있다.

마지막으로 인문교류이다. 국가 간 교류는 민간이 서로 친해야 하고, 민간이 친하기 위해서는 마음이 서로 통해야 한다. 그러나 한중 관계는 광범위한 사회문화적 교류에도 불구하고 양국 간 부정적 상호인식이 확대되고 있다. 2022년 퓨리서치Pew Research Center 조사에서는 중국에 대한 한국인의 부정적 인식이 80%에 달했다. 한중 인문교류의 상징으로 여겨졌던 중국 내 '한류'에 대한 이미지도 약화되었고, 중국에서도 애국주의 소비가 나타나면서 상호 문화교류에도 부정적 현상이 나타났다. 특히 폐쇄적 민족주의에 물든 한국과 중국의 청년세대들이 인터넷 공간에서 과거의 부정적 기억을 증폭하는 현상도 나타나고 있으나, 이를 해결할 수 있는 공론장이 부족하고 인문 전략대화와 같은 플랫폼이나 회의기제도 없다.

4. 수교 초심을 어떻게 회복할 것인가

한중 수교는 삼십이립三+而立에 서 있다. 이것은 스스로 위상을 정립하고 양자 간 현안을 해결하는 한편 전략적 협력동반자 관계를 발전시킬 필요가 있다는 것을 의미한다.

첫째, 상호존중의 정신이다. 중국은 경제적 부상으로 종합국력이 증가했지만, 이에 상응하는 소프트파워와 매력을 갖추지는 못했다. 즉 힘을 상대에게 투사할 수 있는 능력국가가 되었지만, 상대로부터 존경받는 매력국가는 아니다. 사실 힘을 통한 관계 정립은 가능하지도 않고 또 바람직하지도 않다. 이런 점에서 수교 당시의 체제와 제도를 넘어 이익의 균형을 찾았던 대등한 협상정신을 되살릴 필요가 있다. 현재 한국과 중국은 상호존중을 각각 '대등한 입장'이라는 정치적 원칙과, '핵심이익'을 지키는 외교정책으로 사용하는 인식의 차이부터 교정할 필요가 있다.

둘째, 공동진화를 통한 지역협력이다. 기후변화, 팬데믹, 디지털 전환의 시대에 각자도생의 정치는 위험하다. 이런 점에서 한국과 중국은 모든 지역협력에 능동적으로 참여하는 확대균형extended equilibrium을 추구할 필요가 있다. 한중 양국은 함께 가야 멀리 갈 수 있고 멀리 가기 위해서는 함께 가야 하는, 즉 제로섬 대신 포지티브 섬positive-sum의 길을 찾아야 한다. 사실 한국과 중국 모두 강대국과 선진국의 정체성을 점차 갖춰가고 있다. 담론력 확대, 서사narrative 경쟁, 공공외교의 목표를 지역과 국제사회에 기여하는 데 둘 필요가 있다.

셋째, 창의적 사고이다. 한국과 중국은 체제와 이념 그리고 제도를 달리하고 있다. 이를 넘어서 협력하기 위해서는 고정관념을 깨는 지혜가 필요하다. 중국은 점차 도광양회韜光養晦라는 방어적 현실주의를 넘어 외교에서 적극성을 강화하고 있다. 한국도 규범과 가치를 강조하면서 미국의 동맹구조에 깊이 편입하고 있고, 한반도 문제를 국제적 차원에서 접근하기 시작했다. 그러나 한중 간 가치의 거리가 멀어지면서 협력의 공간도 좁아지는 것을 방지하기 위해 '상대가 원하지 않는 것을 강요하지 않으면서도' 개방적이고 포용적인 초국적 플랫폼을 구축하는 선도프로그램을 제시할 필요가 있다.

넷째, 미래 어젠다에 대한 협력이다. 세계는 더는 미룰 수 없는 기후변화에 대처하기 위한 국제협력을 강화하고 있고, 한국과 중국도 각각 2050년, 2060년을 탄소중립의 해로 선언했다. 미중 간 대결과 경쟁이 강화되고 있으나, 기후변화, 보건의료, 국제테러, 핵 문제 등에서는 협력의 의제도 있다. 한중 간에도 대기오염 문제, 코로나 문제 등은 단일 국가가 해결하기 어려운 문제이다. 이런 점에서 에너지 믹스와 한중 전력망 연계, 코로나 등 바이러스 확산에 대한 공동대응, 물류의 연계 등 미래협력 분야를 적극적으로 발굴해 이를 통한 새로운 협력을 공고화할 필요가 있다.

02

한국은
미중 경쟁의 파고를
어떻게 넘을 것인가

전재성

서울대학교 정치외교학부 교수

1. 미중 전략 경쟁의 다차원적 의미와 중요성

미래를 가늠하기 힘든 국제정치의 대격변이 진행되고 있다. 그 속에서 미국과 중국의 갈등과 경쟁이 가장 중요한 변수 중 하나가 될 것으로 보는 견해가 팽배해 있다. 사실 미소 냉전이 끝난 1990년대 초 이후 역사의 행로를 뒤바꿀 것이라고 점쳐진 중대한 여러 사건이 있었다.

2001년 9.11 테러가 발생하고 미국을 비롯한 국제사회가 반테러 전쟁에 전력을 쏟게 되면서 이제 국가 간 전쟁이 아니라 비국가 폭력단체가 가장 중요한 위협이 되는 시대가 도래했다고 믿었다. 2008년 경제위기가 자본주의의 본산지인 미국에서 발생하면서 미국의 경제적 패권이 쇠락하는 것은 물론 자본주의 자체가 위기에 봉착했다고 외친 분석가들도 많았다. 2019년 말 코로나 사태가 발생하고 사망자가 속출하면서 인류의 역사가 코로나 이전과 이후로 나뉠 것이라고 예측한 학자들도 많았지만, 팬데믹이 엔데믹으로 점차 변화하면서 이러한 전망도 예전과 같은 힘을 발휘하고 있지는 않다.

반면 환경위기는 서서히 지구 전체를 예측할 수 없는 인류절멸의 위기 속으로 몰아넣고 있어 모든 국가들의 협력이 반드시 필요한 중대한 일이라는 합의는 이미 굳건하게 이루어졌다. 미중 갈등은 어떠한가? 과연 미중 간의 치열해지는 갈등과 경쟁은 앞으로 국제정치, 그리고 한국의 운명을 가를 중요한 사건으로 기록될 것인가?

미중 갈등이 21세기의 다른 많은 사건들보다 더 중요하게 보이는 분명한 이유는 존재한다. 첫째, 미중 양국은 세계 1, 2위의 국력을 가진 초

강대국이며, 3위 이하 국가들과의 격차는 엄청나다. 미중 양국이 과거 냉전 때처럼 두 개의 초강대국인 것은 분명하다. 더욱이 미중 간 국력 격차가 줄어들 뿐만 아니라 힘의 역전도 가능한 상황이다. 미국은 냉전을 승리로 이끈 이후 30년간 역사상 유례없는 강력한 지구적 리더십을 행사했다. 소위 미국 주도의 단극패권질서를 이룩한 것이다. 과거에도 대영제국, 그 이전의 스페인 제국처럼 근대주권국가체제에서 패권국이 존재한 것은 사실이지만 미국의 패권은 역사상 가장 강력한 힘에 기초했다. 이제 그러한 미국의 지위에 중국이 도전할 만큼 강해진 것이며, 패권을 둘러싼 경쟁은 평화롭게 마무리되기 어렵다는 것이 역사의 교훈이기도 하다.

하버드 대학교의 저명한 정치학자인 그래엄 앨리슨Graham Allison 교수는 미국과 중국이 투키디데스 함정에 빠질 가능성이 높다고 전망한 바 있다. 2500년 전 패권국이었던 스파르타를 위협할 만큼 강대해진 아테네를 스파르타가 선제공격하여 펠로폰네소스 전쟁이 일어났고, 아테네의 역사학자 투키디데스가 이 전쟁의 전말을 기록한 바 있다. 앨리슨 교수는 투키디데스가 패권전쟁의 핵심을 간파했다고 보고, 강대국 간 경쟁이 극단적 갈등과 최후의 전쟁으로 귀결된다는 의미에서 투키디데스 함정이라는 용어를 쓰게 된 것이다. 과연 미중 양국이 이 함정에 빠져 결국 전면전을 회피할 수 없을지 관심이 주목되는 것은 사실이다. 미중 양국은 핵무기를 가졌을 뿐 아니라 강력한 통상전력을 가진 강대국으로 양국이 군사적 충돌에 처할 경우 피해는 막대할 것이다. 저강도 단기전의 사건일 수도 있고, 생각하기도 어렵지만 전면 핵전쟁일 수도 있다. 미중 경쟁이 패권경쟁의 성격을 일정 부분 가지고 있고 군사충돌의 위험성이 상존하는 한 미중 갈등은 아시아는 물론 인류 역사의 미래에 중요한 변수가 될 수밖에 없다.

둘째, 미중 경쟁은 힘의 경쟁일 뿐 아니라 리더십과 모델의 경쟁이기도 하다. 미중 양국이 힘겨루기를 하는 것은 분명하지만 힘의 균형을 평가하는 것은 어려운 일이다. 통상 국내총생산으로 국력을 평가하는데 구매력 기준 국내총생산으로 중국은 이미 2014년에 미국을 추월한 상태이다. 명목 국내총생산으로도 2030년 전후로 중국이 세계 최강의 경제대국이 될 것으로 보는 견해가 많다. 군사력에서는 미국이 여전히 앞서 있지만 중국의 경제력은 빠른 속도로 군사력으로 전환되고 있고 중국 스스로 강군몽强軍夢을 내세워 세계최강의 군사력을 소유하고자 노력하고 있다. 더욱이 4차 산업혁명 시대에 중국이 첨단 기술에서 미국을 앞서갈 수 있다면 미래의 경제와 군사의 주도권은 혁명적 변화와 더불어 급격한 변화를 초래할 것이다.

그러나 패권의 지위, 지구적 리더십을 획득한다는 것은 힘만 가지고 되는 것은 아니다. 다른 국가들의 인정을 받고 자발적 협력의 기반을 마련해야 한다. 즉 국제사회의 팔로워십followership이 필요한 것이다. 미국의 경우 19세기 세계를 호령했던 영국을 이미 1870년대에 경제적으로 추월했지만 지구적 리더십을 획득한 것은 2차 세계대전을 치르면서라고 보아야 한다. 미국이 과연 영국을 대신하여 국제정치를 이끌 역량과 모범의 힘을 가지고 있는가, 이를 국제사회에 본격적으로 증명할 기회가 있었는가, 그리고 그러한 미국의 외교정책을 꾸준하게 지지하는 국내정치와 여론의 기반이 마련되었는가 등 갖추어야 할 자격은 더 많았던 것이다.

21세기 국제정치는 더 촘촘하게 연결되어 있다. 지구정부는 없지만 지구화의 정도는 매우 조밀하다. 앞으로 지구정치를 이끌 패권국은 국제사회의 인정을 받지 않으면 리더십을 행사하기 어렵다. 중국도 이러한 사실을 잘 알고 있고, 미국을 대체할 뿐 아니라 미국보다 더 나은 리더십을 제시할 수 있다는 자신감을 표출하기도 한다. 중국은 기회가 있을 때마다 미국의 패권주의 리더십을 비판한다. 다른 국가들의 이익을 살피지 못하고 미국의 이익만을 앞세우고, 미국식 가치와 기준을 강요하면서 일방주의적이고 고압적으로 세계를 통치하고 있다는 것이다. 이에 비해 중국은 국가들의 주권과 자율을 강조하고 투명하고 민주적인 다자주의를 내세우며, 국제연합이라는 국제정치의 장을 준수하고 다극적 질서를 추구하는 새로운 리더라는 것이다.

중국은 탈냉전기 미국이 위기에 처할 때마다 이러한 사실을 강조해왔다. 2008년 경제위기 이후 미국식 자본주의가 도덕적 해이를 가져왔고 세계경제에 위기를 가져온 장본인이라고 비판했다. 2009년 3월 중국 인민은행People's Bank of China의 저우샤오촨周小川 총재는 국제통화체제 개혁을 주장하면서 달러 중심의 기축통화 체제를 IMF의 특별인출권SDR: Special Drawing Rights을 폭넓게 활용하여 개혁할 것을 주장하기도 했다. 세계적 경제위기 해결과정에서 중국은 강력한 중앙집권적 정책으로 경기부양책을 활용하여 위기해결을 도모했고, 서구 자본주의 국가들에 비해 위기 해결 능력이 뛰어났다는 사실을 강조했다. 코로나 사태 발생 이후 중국은 중앙정부의 강력한 통제정책으로 위기를 극복하고 현재까지 제로 코로나 정책을 고수하여 확진자 대비 사망자 비율을 세계적 차원에서 최저로 유지하고 있다는 사실을 강조한다.

미국과 서방 국가들의 반격은 물론 거세다. 중국의 권위주의 정권이 인권을 억압하고 민주적 절차를 경시함은 물론 대외정책에서도 기존의 규칙기반 질서를 저해하는 강압적이고 현상변경적인 정책을 추진하고 있다고 비판한다. 트럼프 정부의 중국 비판은 최고조에 달해 중국은 마르크스-레닌주의를 기초로 한 독재정권이며 중국이 주도하는 세계질서는 기존의 자유주의 국제질서를 와해시킬 것이라고 비판한 바 있다. 코로나 사태 해결과정에서도 서방 국가들은 중국정부의 권위주의적인 대응책이 인권을 침해한다고 비판하는 한편, 코로나 사태를 활용하여 기존의 감시체제를 더욱 강화하고 있다고 비판했다. 코로나 사태를 기회로 의료물자 지원에 상응하는 중국의 영향력 확대 외교, 혹은 전랑외교戰狼外交에 대한 비판도 매우 거셌다.

바이든 정부는 미중 경쟁과 갈등은 자유주의 진영 대 권위주의 진영이라는 프레임으로 설정하고 미래 세계질서를 위해 자유주의 국가들의 연대를 강조하고 있다. 2021년 12월에는 110개에 달하는 민주주의 국가의 정상들을 초청하여 권위주의 체제와 부패를 비판하고 인권을 강화하는 노력을 개진한 바 있다. 이제 미중 간 경쟁은 단순한 힘의 경쟁이 아니라 닥쳐오는 위기를 해결하는 효율적이고 도덕적인 모델의 경쟁이며, 지구화 시대에 지구 거버넌스를 수립하기 위한 비전의 경쟁이 되었다.

셋째, 앞으로의 세계질서는 단순히 미중 양국 중 어느 국가가 리더십을 장악하고 패권의 지위에 오르는가 하는 문제가 아니다. 근본적으로 새로운 질서가 다가올 때 누가 더 나은 세계질서의 대안을 제시하는가의 문제이다. 인류 앞에 놓인 거대한 문제들, 환경의 파괴로 인한 인류의 생존 가능성, 핵무기를 가진 국가들 간에 높아져가는 핵전쟁의 위험성, 지구화가 진행되지만 이를 통제하고 규율할 수 있는 강력한 국제기구, 혹은 지구정부와 같은 권위의 부재, 통제할 수 없는 속도로 발전해가는 기술을 규제할 필요성 등 모두 인류의 생존 자체에 대한 문제들이다. 이러한 문제는 어느 한 국가가 최강대국이 되어 혼자 해결하기에는 역부족인 문제들이다. 미중이 패권경쟁을 벌이고 양국 중 어느 한 국가가 승리하여도 이러한 문제를 혼자 해결하기는 어려울 것이다. 결국 일국 패권은 불가능한 시대, 국제사회가 공통으로 문제를 해결하는 틀을 만들어야 하는 시대에 들어선 것이다.

미국은 자유주의 국제질서를 추진하고 있지만 세계를 통합적으로 이끌 수 있을지 알 수 없다. 중국, 러시아는 물론 많은 권위주의 국가들은 자유민주주의 국가가 주축이 되는 리더십을 쉽게 받아들이지 않는다. 그렇다고 권위주의 연대가 성립하여 미래 세계질서의 대안을 내놓기는 더욱 쉽지 않다. 2022년 2월 24일에 시작된 러시아의 우크라이나 침공은 기존 질서법을 정면으로 위반했고 많은 국가들은 대러 제재에 동참한 바 있다. 러시아와의 이해관계 때문에 본격적으로 대러 제재에 참여하지는 않아도 침략의 불법성을 인정하고 국가주권과 영토 경계의 신성성에 대한 국제사회의 합의는 흔들리지 않았다. 그만큼 국제정치도 국제사회가 인정하는 규범과 규칙에 따라 운용되는 수준이 높아진 것이다. 흔히 국제정치는 정글의 법칙이 지배하는 강대국 중심의 세계라고 하지만 지구화가 진행되고 정보화의 물결 속에 지구가 하나의 정치단위가 되어가는 지금, 강대국이 배타적으로 질서를 만들기는 어렵게 되었다.

미국과 중국 중 어느 국가가 이러한 국제정치의 변화, 즉 인류 생존을 위기로 몰아넣는 공공악재Public Bads의 문제를 해결하는데 리더십을 발휘하고 일국 패권을 추구하기보다 국제사회의 단합과 협력을 이끌어내는 효과적인 리더십을 발휘할지가 중요한 문제가 된 것이다. 코로나 사태는 미중이 강대국 정치로 대결을 추구해도 결국 인류 공통의 문제에서는 협력해야 한다는 피할 수 없는 현실의 기본 사실을 확인시키기 시작했다. 한국과 같은 중견국들, 그리고 국제사회는 미중 양국 중 어느 국가가 더 효과적이고 규범적 기준에 맞는 세계질서를 제시하는가를 눈여겨보고 있으며 이는 단순히 힘의 경쟁, 모델의 경쟁보다 더 근본적인 문제이다.

2. 미중 경쟁의 현주소와 한국의 전략적 딜레마

　미중 관계는 경쟁과 갈등, 대립으로 치닫고 있다. 냉전기 미중 양국은 자유진영 대 공산진영의 구조적 대립 속에서 적대관계를 유지하고 있었다. 그러나 1972년 닉슨의 베이징 방문 이후 데탕트의 흐름 속에서 21세기 초반까지는 전반적으로 협력과 공존 관계를 유지해왔다. 애초에는 소련을 견제하려는 미국의 냉전 전략이 진행되었고 1960년대부터 중국과 소련의 분쟁이 가속화되자 미국은 중국과 관계를 개선하여 소련을 견제하고자 했다. 미중소 3국간 지정학 삼각관계에서 시작된 미중 협력 관계는 이후 급속한 경제적 상호의존 관계로 발전했다. 1989년의 천안문 사태와 냉전의 종식이라는 사건을 거치면서도 미중 관계는 비교적 상호 협력 관계로 유지되었다.

　2013년 시진핑 정부가 출범한 직후까지만 해도 미중 관계는 협력기조를 유지했다. 오바마 대통령과 시진핑 주석은 2013년 6월 정상회담을 통해 신형대국관계를 통한 강대국 협력을 유지하기로 약속한 바 있다. 환경 문제, 사이버 안보, 그리고 북핵 문제를 포함한 핵비확산의 문제는 미중 간 협력의 이슈로 심도 있게 논의되기도 하였다. 그러나 이후 중국의 남중국해 군사화를 둘러싸고 미중 갈등이 시작되고, 필리핀이 제기한 남중국해 관련 소송에 대한 상설중재재판소의 판결이 2016년에 나왔지만 이에 중국이 불복하면서 미중 관계는 더욱 악화되었다. 오바마 대통령은 환태평양경제동반자협정TPP을 체결하면서 중국이 국제질서의 규칙을 제정하도록 허용할 수 없다는 입장을 분명히 했다.

트럼프 정부는 미중 무역 불균형이 중국의 불공정 경제관행에서 비롯되었다고 규정하였다. 대중 무역분쟁은 물론 중국을 강하게 견제하기 위한 인도태평양전략을 2017년부터 본격적으로 실행하기 시작했다. 그러나 미중 무역분쟁은 미중 간의 경제적 분리를 추구한 것은 아니었고 무역 관계를 정상화하기 위한 목적이 더 컸다고 볼 수 있다. 트럼프 정부의 대중 견제 전략이 미국의 이익 우선이고, 주로 경제분야에 집중되었으며 체계적인 틀을 결여하고 있었다면, 바이든 정부의 대중 전략은 미국이 건설한 자유주의 규칙기반 질서 전체를 회복하는데 방점을 두었다. 바이든 정부는 동맹국들과 협력을 심화하면서 새로운 전략파트너를 맺으며, 경제는 물론, 정치, 가치, 군사 분야에 걸친 전방위 대중 견제 전략을 추구하기 시작했다. 미국이 중국에 대해 역사적으로 유지해온 대중 협력, 혹은 관여engagement의 전략을 적어도 정부 차원에서 포기하고 양당 합의 위에 전격적인 견제 전략으로 선회했다는 점에서는 의심의 여지가 없다. 미국은 1970년대 이래 중국과 전방위적으로 긴밀한 관계를 맺으면서 중국이 국제규범과 규칙을 온전히 준수하고 더 나아가 자유민주주의에 근접한 정치체제로 향할 것이라고 기대했지만 이러한 기대는 더 이상 실현 불가능하다고 판단한 것이다.

중국은 이러한 미국의 강경한 대중 전략에 대해 강하게 반발하면서도 협력을 재개하려는 노력을 병행해왔다. 중국은 트럼프 정부의 대중 견제 전략이 중국의 성장을 좌절시키기 위한 반중 전략이라고 비판하면서도 미국이 제시한 무역협정에 찬성하고 미국의 수출품을 더 많이 구입하기로 약속했다. 중국은 미국이 건설한 규칙기반 질서에 본격적인 반대를 취하지는 않으면서 여전히 미중 관계는 상호 이익을 도모하는 윈윈win-win 관계를 추구할 수 있다고 주장해왔다. 동시에 미국이 다른 국가들의 성장을 가로막는 일방주의적, 패권주의적 정책을 펴고 있다고 비판하면서 미국의 대중 견제에 맞설 수 있는 중국의 영향력 확대 정책을 추진하고 있다. 홍콩, 신장 등 중국의 내부 결속에 필요한 주권전략을 추진하면서 일대일로를 통한 지역적 영향력 확대, 그리고 UN 내 영향력 증가 등 다차원적 거버넌스에 목소리를 높이는 전략을 동시에 추구하고 있다.

바이든 정부와 시진핑 정부는 세계가 같이 당면하고 있는 많은 문제들을 놓고 협력의 필요성을 공감하면서도 구체적인 정책에서는 협력보다는 경쟁과 대결의 정책을 추구하고 있다. 바이든 정부는 등장과 더불어 중국과 협력, 경쟁, 대결을 동시에 추구한다는 복합 전략을 내세운 바 있다. 2022년 5월 26일 블링컨 국무장관은 조지 워싱턴 대학교 연설에서 대중 전략을 투자invest, 연대align, 경쟁compete으로 정리하고 있다. 미국의 국력 증진에 필요한 대규모 투자를 실행하고 미국의 경제 발전과 중산층 살리기 등을 위한 국내정책을 추진한다는 것이다. 동시에 동맹과 전략 파트너와 협력 관계를 다져 대중 견제 노선을 확고히 하고, 중국과 경쟁을 지속하되 이러한 경쟁이 파국과 대립으로 치닫지 않도록 노력하겠다는 노선이다.

한편 중국은 과거 미중 협력이 중국의 국내정치와 주권에 대한 미국의 불간섭, 중국의 성장에 대한 미국의 협력이라는 원칙에 기반하고 있었지만 이러한 원칙을 미국이 먼저 어기고 있다고 비판한다. 중국은 2022년 2월 베이징동계올림픽 때 중국을 방문한 푸틴 러시아 대통령과 국제질서 전반에 걸친 내용을 담은 공동성명서를 내면서 전략 협력 관계를 다졌다. 6월에는 브릭스BRICS 정상회담을 베이징에서 개최하고 미국과 서방을 비판하는 국제질서의 대안으로 베이징선언을 내놓기도 하였다. 시진핑 주석은 또한 4월의 보아오 포럼을 통해 글로벌안보구상Global Security

Initiative을 제안하면서 미국 주도의 안보질서 구축 노력, 미국의 독자적인 제재 활동, 중러에 대한 견제 정책 등을 비판하였다.

앞으로도 미중 간 경쟁과 갈등은 다양한 차원에서 더욱 심화될 것이다. 첫째, 러시아의 우크라이나 침공은 미중 경쟁구도를 더욱 선명하게 만들었다. 세계질서의 미래를 놓고 건널 수 없는 미중 간 차이를 두드러지게 하는 역할을 한 것이다. 러시아는 우크라이나를 침공하면서 서방의 나토 확대가 중요한 이유라고 주장했지만 우크라이나의 주권을 침략한 군사공격은 명백한 불법적 행위였다. 중국은 베이징올림픽 당시 러시아에 대한 "제한 없는" 연대를 표방한 바 있고, 국가 주권이 가장 중요한 원칙이라고 주장하면서도 러시아의 우크라이나 침공을 비호하는 모습을 보이고 있어 러시아와 서방 간의 갈등은 중국과 서방, 미중 관계를 더욱 악화시키는 요인으로 작용하고 있다.

우크라이나가 미국 혹은 서방 국가와 동맹을 맺지 못한 상태에서 국제법 질서를 무시한 러시아의 침공을 받았다는 사실은 대만의 미래에 대한 경각심을 새롭게 한 전환점이 되었다. 대만 역시 미국이나 서방과 동맹관계가 없는 상태이고, 중국은 대만을 중국의 일부라고 여기고 있다. 러시아의 우크라이나 침공이 러시아의 승리로 끝날 경우 중국 역시 대만에 대한 강제 합병을 더욱 적극적으로 고려하게 될 것이라는 관측이 강화된 것이다. 푸틴 대통령은 우크라이나가 러시아의 일부라고 주장하면서 미국의 방관적이고 소극적인 우크라이나 지원에 힘을 얻어 전격적으로 우크라이나를 침공하게 되었다. 만약 대만에 대해서도 미국과 서방국가들이 미온적 태도를 보이면 설사 대만이 독립선언을 하지 않더라도 중국이 군사력을 동원하여 통일을 도모할 수 있으리라는 우려가 커진 것이다.

2022년 6월 스페인 마드리드에서 개최된 나토정상회의는 러시아의 우크라이나 침공이 악화되는 과정에서 열렸다. 나토의 30개국 정상들과 더불어 아시아에서 초대된 한국, 일본, 호주, 뉴질랜드의 정상들은 러시아의 침공행위에 대해 한목소리로 비판했다. 나토는 2010년 이래 새로운 전략개념을 설정하였고, 비단 러시아 뿐 아니라 중국의 위협에 대한 대처의 필요성도 명시하였다. 즉, "중국의 강압적인 정책이 나토의 이익과 안보, 가치에 도전"한다고 명시하면서 규칙기반 질서를 전복하고 러시아와 전략적 파트너십을 도모하고 있다는 것이다. 그러나 나토는 동시에 중국과 "상호투명성에 근거하여 건설적 관여정책을 추구하겠다"는 점도 언급하고 있다.

둘째, 미중 경쟁 관계는 소위 4차 산업혁명의 시기와 겹치면서 기술 발전이 중요한 변수가 되고 있고 경쟁은 더욱 치열해질 것이다. 첨단 기술은 비단 경제 분야 뿐 아니라 군사안보 분야와도 직접 연결되어 있기 때문에 더욱 중요하다. 혁신 경쟁은 미중 양자 경쟁일 뿐 아니라 지구적 차원의 기술연대, 기술동맹으로 이어지고 있다.

미국은 수십 년 동안 중국과 밀접한 경제관계를 이루어왔고, 지난 30년간의 탈냉전, 미국 단극체제 하에서 시장 논리에 따른 경제적 세계화, 세계적 공급망의 통합이 이루어졌다. 이제 미중 간 전략 경쟁이라는 정치 논리에 따라 미중 경제 관계가 재조정되고 소위 세계 경제의 탈동조화decoupling 현상이 일정 부분 진행되고 있다. 미국과 중국, 중국과 서방 세계 간 완전한 무역 단절은 불가능하겠지만 첨단 기술과 핵심 경제 부문에서는 탈동조화가 불가피하다는 전망이 우세하다. 현재 반도체 영역에서 나타나고 있는 혼란상은 한편으로는 코로나 사태로 빚어진 수급 불안정성에 기인한 바도 있지만, 최첨단 반도체 기술을 둘러싼 미중 전략

경쟁이 영향을 크게 미치고 있다. 지난 5월 바이든 대통령의 방한 과정에서 예정되었던 삼성반도체 방문 일정은 기술 경쟁과 기술 연대의 현주소를 명확히 보여주고 있다.

중국은 "중국 제조 2025" 계획을 비롯한 다양한 혁신 정책을 통해 미국을 넘어서는 초일류의 기술을 획득하고자 노력하고 있다. 아직은 미국에 비해 국력이 뒤져있지만 중국이 4차 산업혁명의 주요 기술들, 즉 인공지능AI, 사물인터넷IoT, 나노기술, 생명공학, 양자컴퓨팅, 빅데이터 등의 분야에서 미국을 앞설 경우 미중 경쟁은 새로운 국면으로 진입할 것이 틀림없다.

셋째, 미중 경쟁이 경제와 가치 영역을 넘어 군사 부문으로 확장되고 있고 이는 미중 전쟁 가능성과 직결된 문제인 만큼, 아시아 국가들에게는 생사의 문제로 다가올 것이다. 미중 간 군사력 격차가 여전히 큰 상황에서 중국은 급속도로 군사력을 증가시키고 있다. 매년 7% 안팎의 군사비 증강은 물론, 핵무기, 통상무기, 최신무기 등에 많은 투자를 하고 있다. 미국에 비해 1/10에 불과한 핵탄두의 숫자는 2030년대를 기점으로 대략 미국의 1/3선인 1000개 이상으로 확장될 예정이다. 중국은 미국 본토를 타격할 수 있는 핵무기 운반수단에도 집중 투자하고 있다. 중국이 미국 본토를 공격할 수 있는 핵무기와 운반수단을 확보하게 되면 미국과 군사충돌을 회피하면서 현상유지를 추구해왔던 현재까지의 전략이 보다 공세적으로 전환될 수 있다. 또한 중국은 이미 양적으로 세계 1위 해군력을 보유하고 있고, 극초음속 무기 및 우주 전력 등 최첨단 공군력을 발전시키고 있다.

아시아의 열전 지역으로 꼽히는 남중국해, 동중국해, 대만, 그리고 한반도에서 중국은 소위 회색지대 전략과 통상전력을 활용한 대결을 추구하고 있다. 그러나 궁극적으로 첨단무기와 핵무기에서 미국에 압도당하고 있기 때문에 미중 경쟁은 아직 본격적인 군사대결로 치닫지는 못하고 있다.

미국의 군사동맹국들이 어떠한 정책을 추구할 것인가의 문제도 중요하다. 미중 군비 경쟁이 더욱 가열되고 중국이 미국과 동맹국들에 대해 군사적 자신감을 가지게 될 경우 현재의 미중 경쟁이 전쟁으로 치닫지 않으리라는 보장은 없다. 중국의 핵능력 증강으로 미중 간 전쟁이 인류 절멸의 위기로 다가올 때, 미중 간 핵군비통제가 이루어질 수도 있겠지만 이 경우 미중 신뢰구축 및 협력의 기반이 이루어질 수 있는가도 중요한 변수이다.

넷째, 미중 경쟁은 양국 간 경쟁을 넘어 전 세계를 두 개 진영으로 양분하는 진영 간 경쟁으로 변화되고 있다. 미국은 그간 아시아 동맹 정책의 근간이 되어 온 양자 동맹의 네트워크, 소위 바퀴살 체제를 설정해왔다. 그러나 중국과의 경쟁이 거세지면서 과거의 구조를 넘어서는 다층적 동맹과 연대를 만들어내고 있다. 4자안보협의체인 쿼드QUAD, 영국, 호주와 맺은 3국 안보파트너십인 오커스AUKUS, 그리고 정보공유협력체인 파이브 아이즈Five Eyes를 강화하고 멤버십도 늘여나갈 전망이다. 우크라이나 전쟁을 계기로 나토 역시 강화되고 있으며, 나토와 인도태평양 동맹 간의 연결도 한층 강화될 것이다.

중국 역시 러시아와 전략적 연대를 강화할 수밖에 없는 입장이다. 또한 브릭스 국가들과의 협력, 일대일로의 강화 및 상하이협력기구SCO를 통한 중앙아시아 국가들과의 협력도 중요한 협력의 플랫폼이 되고 있다.

이러한 진영 대립이 미중 관계 전체의 모습을 결정하지는 않을 것이다. 여전히 많은 국가들의 대중 경제 의존도가 유지될 수밖에 없고, 미중 간의 경제관계도 유지되고 있어 과거와 같은 냉전의 재현은 불가능할 것이다. 더욱이 앞서 논의한 환경, 보건, 핵비확산과 같은 인류 공통의 문제가 대두하고 있는 현재, 미중 간 협력이 불가피하다는 점도 고려될 수밖에 없다.

3. 한국의 대응

한국은 미중 전략 경쟁의 최전선에 위치한 나라이다. 미중 관계 전략을 현명하게 운용하지 않으면 국익에 심각한 타격이 올 수 있다. 한미동맹을 축으로 한 한미관계가 중요함은 재론의 여지가 없다. 그러나 중국 역시 중요한 파트너이다. 대중 경제의존도, 북핵 문제 및 한반도 평화를 둘러싼 중국의 중요성 등을 볼 때 한중 관계는 국익을 위해 중요하다. 미중 간의 전략적 딜레마는 한국에게 큰 도전이지만 동시에 미중 관계 전략을 성공적으로 실행할 경우 한국과 비슷한 많은 국가들에게 전략적 모범이 될 수 있다. 같은 처지에 놓인, 같은 목적을 가진 많은 중견국들과 연대를 이루고, 그 속에서 리더십을 발휘할 수도 있다.

한국이 미중 경쟁과 갈등 속에서 추구해야 할 정책을 생각해 보면 다음과 같다. 첫째, 앞서 논의한 바대로 미중 관계는 다차원적 경쟁관계이다. 미중 간 힘의 격차가 줄어들면서 전통적인 패권경쟁, 혹은 투키디데스 함정의 문제를 안고 있는가 하면, 단순한 힘의 경쟁을 넘어선 모델과 리더십의 경쟁이기도 하다. 더 나아가 근본적으로 변화하고 있는 국제정치의 미래를 누가 더 정확히 내다보고 더 나은 질서를 건설할 복안이 누구에게 있는가 하는, 질서 경쟁의 관계이기도 하다. 한국으로서는 미중 관계의 본질을 정확히 인식하고 한국의 국익은 물론 한국의 가치에 맞는 국제질서를 건설하기 위한 전략적 비전을 제시해야 한다.

앞으로의 국제정치에서 힘의 행사는 물론 중요한 요소이다. 그러나 지구화의 시대에 국가들 간의 많은 이슈들에서 규칙과 규범은 촘촘하게 짜여 있어 강대국이라 하더라도 국제사회의 지지가 없으면 리더십을 발휘하기 어렵다. 한국은 미중 경쟁이 힘, 특히 군사력을 겨루는 관계가 되지 않도록 하는 동시에 미중 간 군사충돌을 배제할 수 있도록 목표를 설정해야 한다. 군사력을 사용한 경쟁이 배제된다고 해서 경쟁 자체가 사라지지는 않는다. 미중 경쟁이 진행되더라도 규칙에 근거한 경쟁이 이루어져야 한다. 그리고 경쟁의 기준을 미중 양국이 만든 것이 아니라 많은 중견국들과 국제사회가 이해당사자로서 만들어 가도록 합의를 이끌어야 한다. 규칙 기반 경쟁은 비단 개별 사안 뿐 아니라 미래의 국제질서를 둘러싼 경쟁이 될 수밖에 없다. 어떠한 원칙과 규범에 근거하여 새로운 질서를 만들어갈지, 중견국을 비롯한 국제사회의 동의를 어떻게 확보해갈지 지켜보면서 미중 양국이 제시하는 질서의 미래를 판단해야 한다.

예를 들어 미국이 제시해온 자유주의 규칙기반 질서는 여전히 많은 한계를 안고 있다. 자유주의는 모든 국가들의 주권, 영토보존, 개방적인 경제질서, 인권 등을 옹호하지만 여전히 국가들의 자유를 중시하므로 심할 경우 국가들 간의 불평등이 심화될 수 있다. 경제 영역에서 신자유주의에 근거한 지구화가 국제적 불평등을 심화시켜도 이를 조정할 기제가 존재하지 않는다. 미국은 환경 문제나 보건 문제처럼 혼자 힘으로 해결할 수 없는 많은 지구적 문제들에 부딪히고 중국을 견제할 때에도 동맹, 파트너 국가들의 도움을 더 필요로 하게 되었다. 이러한 상황에서 미국이 일방적으로 주도하는 국제질서의 여지는 줄어들고 다른 국가들의 의견을 존중할 수밖에 없다. 결국 보다 민주주의적인 국제질서를 만들어가야 하는 상황에 접어든 것이다. 기존의 자유주의 국제질서에 더해 미국이 민주주의적인 요소를 미래 국제질서에 도입할 수 있다면 미국을 중심으로 한 자유민주주의 연대는 더 힘을 발휘할 것이다.

반면 중국은 경제적 부상으로 엄청난 정책 수단을 소유하게 되었다. 타국과의 무역은 물론 직접 투자, 인프라 지원에 이르기까지 영향력을 발휘할 수 있게 되었다. 그러나 여전히 권위주의 국가로 다른 민주주의 국가들에게 모범이 되거나 미국이 제시한 가치를 대체할 수 있는 대안적 질서를 제시하는 데에는 한계를 가진 것으로 보인다. 중국은 한편으로는 자신의 정책수단을 보다 현명하게 사용하고 미국과 미래 질서를 둘러싼 경쟁 과정에서 국제사회에 더 유용하고 건설적인 국제질서를 제시할 수 있도록 노력해야 한다.

한국은 미중 경쟁이 힘의 경쟁에 그칠 수 없다는 점을 명확히 해야 한다. 힘에 의한 질서에서 규칙과 규범에 근거한 국제정치의 시대가 도래했음을 명확히 하고 미중 경쟁이 평화와 공생의 규범에 근거한 경쟁이 되도록 해야 한다. 더 나아가 이러한 경쟁이 현재 국제질서의 문제를 해결하고 더 나은 국제질서를 제시하는 경쟁이 되도록 해야 한다.

둘째, 미중 경쟁은 상호간 국가전략의 불신과 몰이해에 근거한 부분이 많다. 미국은 중국이 기존의 질서와 규범을 저해하는 현상변경국가라고 인식한다. 반면 중국은 미국이 패권주의를 통해 강압적으로 국제사회를 지배한다고 비판한다. 한국은 미중 양국이 주도하는 각각의 질서를 가장 가까이에서 겪고 있는 만큼 양국의 상호 불신을 극복하는 이해의 기반을 제공할 수 있다.

중국은 서구 주권국가질서에 편입하는 과정에서 세계 최강대국의 지위에서 반식민지로 전락하였다. 여전히 대만과 분단되어 있고 다민족 국가로서 내부 통합의 과제를 안고 있으며, 홍콩 반환과 같이 식민지 시대의 유산도 안고 있다. 무리한 주장이지만 남중국해의 경우와 같이 주권적 영해에 대한 완결되지 못한 과제도 안고 있다고 스스로 생각하고 있다. 결국 온전한 주권국가로 이행하는 과정에서 중국은 소위 핵심이익으로 규정되는 과제들을 완성하기 위해 모든 수단을 동원하고 있다. 대만 독립 선언 시 무력 개입과 같은 극단적인 정책 대안도 국토완정이라는 용어 하에 고수하고 있다. 중국이 주권국가의 요소들을 완성하려는 노력에서는 현상변경국가임에 틀림없다. 그러나 이는 일반적인 국가의 이익 극대화와 같은 현상 변경 노력과는 구별될 필요가 있다.

반면 중국이 정상적인 국가로서 일반적인 국제정치를 행할 때, 즉, 안보전략, 경제전략, 소프트파워 전략 등을 행할 때에는 기존의 질서를 변화시키고자 하는 의도가 훨씬 약해진다. 기존 질서가 중시하는 국가주권, 영토보전, 다자주의, 투명성, 인권 등을 강조하면서 현상유지 세력의 모습을 보이고 있다.

미국과 서방 강대국의 입장에서는 중국의 전략이 전반적으로 현상변경적이고 공세적으로 보일 수 있지만 각 이슈별로 역사적 맥락과 전략 과제의 성격이 반드시 같은 것은 아니다. 한국은 동아시아의 근대 이행기에서 많은 어려움을 겪은 3세계 국가들의 역사를 체험하고 있는 국가이다. 중국이 정확하게 역사적 배경 속에서 어떠한 성격의 전략을 행하고 있는지를 명확히 인식하고 이를 기반으로 국제사회의 대중 전략을 제언할 필요가 있다.

셋째, 한국은 이제 약소국, 중견국의 지위를 넘어 점차 선진국의 국력을 소유하게 되었다. 한국이 이룬 민주주의의 수준과 문화적 성취 역시 국제사회가 한국을 선진국으로 인식하게 하는 요소가 되었다. 한국의 대통령이 G7이나 나토 정상회담에 초청되는 일도 이제 자연스럽게 받아들여지고 있다. 한국을 포함하여 기존의 G7을 영구적인 G10이나 G12로 만들자는 의견도 전문가들 사이에서는 나오고 있다.

한국의 기성세대는 한국이 한국전쟁 이후 최빈국의 지위에 불과했을 때부터 지금 선진국으로 인정받는 시대를 모두 경험하고 있다. 한국이 선진국의 외교전략을 추구하는 것이 자연스럽게 받아들여지기는 쉽지 않다. 지구 곳곳에서 벌어지는 문제들에 대해 판단하고, 한국이 선진국으로서 일정한 책임을 짊어지는 외교전략은 분명 새로운 것임에 틀림없다. 그러나 한국의 국익을 극대화하기 위해서는 한국의 지위 변화에 보다 빠르게 적응하고 이를 활용하는 것도 중요한 일이다. 한국이 선진국으로서 평판을 갖게 되고 중요한 국제규범을 창출하고 유지하는데 핵심적인 역할을 하게 되면 한국에 유리한 국제질서의 틀을 만들어갈 수 있기 때문이다.

한국의 미중관계 전략은 한국의 정체성과 외교철학에 기반해야 한다. 이를 기반으로 미중 관계에서 한국의 방향을 정하고 구체적인 사안에서 협력과 경쟁의 구도를 만들어가야 한다. 국민들의 가치와 합의에 기초한 외교전략을 추진할 때 미중 관계와 같은 강대국의 지정학 구도에서 지속 가능하고 여론의 지지를 받는 외교정책을 추구해 나갈 수 있다.

03

북핵을 바라보는
한중의 다른 시선

김한권

국립외교원 외교안보연구소 교수

1. 들어가며

2022년은 한중 수교 30주년이 되는 해이며, 동시에 남북이 함께 '한반도 비핵화 선언'을 발효한지도 어언 30주년이 되는 해이다. 한국은 중국과의 수교 이후 상호이익과 공동번영을 위한 양자관계의 발전 추구는 물론, 한반도 비핵화 및 평화 안착 문제와 관련해 중국의 역할과 협력에도 많은 기대를 걸어왔었다.

2000년의 마늘파동, 2002~2004년 사이 동북공정 등의 갈등이 있었지만 수교 이후 경제 및 인적교류 분야를 중심으로 발전을 거듭하던 한중 관계는 2016년의 한국 내 고고도미사일방어THAAD: Terminal High Altitude Area Defense, 이하 사드 체계 배치 결정으로 급격히 냉각된 이후 아직 완전히 회복되지 못하고 있다.

더욱이 나날이 심화되는 미중 전략적 경쟁으로 인해 한중 관계는 다양한 영역에서 오히려 도전요인이 증가하는 모습이다. 무엇보다도 근년에 들어와 한복, 김치의 문화 논란까지 더해지며 양국 국민들 사이에 상대국에 대한 호감도가 감소하는 모습은 한중 사이에 불필요한 민족주의적 대립으로까지 번질까 우려되는 상황이다.

다른 한편으로 오늘날 한반도가 마주한 비핵화의 현실은 30년 전의 남북 간 비핵화 합의와 선언을 무색하게 느껴지게 하는 것은 물론, 오히려 지난 시간 동안 한반도 비핵화의 과정은 결과적으로 역행해온 것이 아닌가 하는 평가마저 들게 한다.

2. 북핵 현안의 배경과 현황

남북은 1991년 12월에 개최된 세 차례의 고위급 회담을 통해 '한반도 비핵화 선언'의 공동문안에 합의했으며, 1992년 2월 평양에서 개최된 제6차 남북 고위급회담에서 이를 공식 발효했다. 하지만 결과적으로 북한은 김일성과 김정일 통치시기에 핵과 미사일 개발을 지속했으며, 약 20년 후 김정은 시기인 2012년 4월 13일 북한 최고인민회의에서 개정한 헌법의 서문에는 이전과 다르게 "핵보유국"임이 명시됐다.

물론 그 사이 진전이 전혀 없었던 것은 아니었다. 김대중 정부 시기(1998~2003) '햇볕정책'을 실행하며 제1차 남북 정상회담을 개최하고 남북관계의 새로운 물꼬를 트기도 했다. 이러한 흐름은 노무현 정부 시기(2003~2008)까지 이어졌다. 특히 이 시기에는 북한 핵문제 해결을 위해 중국이 의장국으로 미국, 일본, 러시아, 그리고 남북한이 참여하는 6자회담이 진행됐다.

제1차 회담은 2003년 8월 27일부터 29일까지 열렸으며, 2007년 9월까지 모두 6차례가 중국 베이징에서 개최됐다. 특히 6자회담에서 2005년에 채택된 '9·19 공동성명'은 북한이 모든 핵무기와 핵계획을 포기하고 '핵확산금지조약NPT: Nuclear nonproliferation treaty'과 '국제원자력기구IAEA: International Atomic Energy Agency' 복귀를 통한 한반도 비핵화 및 미국의 대북 불가침 의사 확인을 주요 내용으로 하는 6개 항목을 명시하기도 했다.

하지만 이후 북미 사이에 비핵화 과정과 조치에 대한 이견이 나타나며 한반도 비핵화의 추진은 퇴조했다. 북한은 김정은 시기에 들어와 2012~2017년 사이 4차례의 핵 실험과 80여 차례의 미사일 실험을 강행했으며, 2017년 11월에는 대륙간탄도미사일ICBM인 화성-17의 실험을 단행한 후 마침내 핵 무력의 완성을 공식적으로 선언하기에 이르렀다.

선언 이후 북한의 행보에는 커다란 변화가 나타났다. 당시 미국의 트럼프 대통령이 한반도에서의 전쟁 가능성까지 거론하며 긴장이 고조되어가던 가운데 북한은 2018년 2월에 개최된 평창동계올림픽을 계기로 특사를 파견하며 전격적으로 핵 협상의 대화국면으로 나왔다. 당시 북한은 한국은 물론 중국에게도 비핵화의 의지를 내비쳤었다.

북한은 2018 평창동계올림픽 이후 채 반년이 안 되는 시점인 6월 12일 싱가포르에서 개최된 제1차 북미 정상회담(김정은-트럼프)을 통해 미국과 관계 개선의 물꼬를 텄다. 동시에 김정은은 제1차 북미 정상회담 이전인 3월 25~28일 및 5월 7~8일, 직후인 6월 19~20일 등 총 세 차례에 걸쳐 중국을 방문했다. 그는 시진핑 주석과의 거듭된 만남을 이용하여 제1차 북미회담에 관한 논의는 물론 북중 간 우호 협력관계를 강화하는 행보를 취하며 전략적으로 경쟁하는 미중 사이에서 북한의 외교적 공간을 확대해 나갔다.

물론 그 사이 남북 사이의 교류도 진전되었다. 2018년 4월 27일에 제1차 남북 정상회담이 판문점의 남측 평화의 집에서 개최되었으며, 판문점 선언이 채택되었다. 이어 약 한달 후인 5월 26일에는 판문점의 북측 통일각에서 제2차 남북정상회담이 열렸다. 이어 같은 해 9월 18~20일 사이에는 문재인 대통령이 방북하여 제3차 남북정상회담이 평양에서 개최되었다. 당시 9·19 평양공동선언이 발표되고 남북 군사 분야 합의서가 채택되는 성과도 있었다.

하지만 2019년 2월에 베트남 하노이에서 열린 제2차 북미 정상회담이 사실상 결렬된 이후 한반도 비핵화에 대한 북미 협상은 지금까지 정체되어있다. 당시 김정은은 2차 북미회담 직전인 2019년 1월 7~10일 사이 중국을 방문하여 시 주석과 4차 회담을 가지며 미국과의 2차 핵협상을 준비했었다. 또한 2차 북미회담이 결렬된 이후인 같은 해 6월 20~21일 사이에는 시진핑 주석이 북한을 방문하여 김정은과 5번째 정상회담을 개최했다. 당시 시 주석의 방북은 전임 후진타오 주석의 2005년 평양 방문 이후 14년 만에 중국 국가주석의 방문이라는 의미와 함께 김정은 위원장의 네 차례 중국방문에 대한 답방, 그리고 북중 수교 70주년을 기념하는 의미를 담고 있었다.

하지만 북중 우호관계의 확인이 북미 핵협상의 새로운 돌파구를 도출해 내지는 못했다. 시 주석의 방북 직후인 6월 30일 판문점에서 남북미 정상들의 회동(문재인-김정은-트럼프)이 있었으나, 이는 북미 핵협상의 새로운 물꼬를 트기 위한 노력이기보다는 트럼프 대통령의 자기 과시적인 정치적 행사로서의 의미가 더 컸었다.

북한은 2019년 2차 북미회담의 결렬 이후 방사포, KN-23~25, 잠수함 발사 탄도미사일SLBM, 순항미사일, 극초음속 미사일 등을 발사하며 한반도의 긴장을 다시 고조시켜왔다. 같은 기간 남북관계 역시 퇴조하기 시작했다. 재개된 북한의 미사일 실험과 함께 2020년 5월 3일에 북한군은 남측 비무장지대DMZ 감시초소GP에 총격을 가했다. 약 한달 후인 6월 9일에는 남측 탈북자 단체의 대북 전단 살포를 비난하며 남북 통신연락선의 단절을 통보해왔다. 이어 열흘 후인 6월 16일에 북한은 개성공단에 위치한 남북 공동연락사무소를 폭파하기에 이른다.

2021년 들어서 북한은 한국에 대한 비판과 남북 통신연락선의 복원과 단절을 반복했으며, 문재인 정부의 지속적인 노력에도 불구하고 남북 관계는 교류 재개의 돌파구를 찾지 못했다. 7월 27일에는 남북 통신연락선을 복원한다는 북한의 발표가 있었으나, 약 2주 후인 8월 10일에 김정은의 친동생인 김여정이 한미 연합 군사훈련을 비난하며 남북 통신연락선의 재단절을 발표했다. 같은 해 10월 4일에 남북 통신연락선은 재복원되었으나 북한의 한국에 대한 비판과 미사일 실험은 계속되었다.

북한은 2022년 들어와 장거리 탄도미사일과 신형 SLBM을 포함하여 6월까지 총 18차례의 미사일 실험을 단행하고 7차 핵실험 준비까지 마친 것으로 알려져 있다. 그사이 한국은 새로이 윤석열 정부가 출범하고 한미동맹을 중심으로 한 대북 억제력 강화를 강조하는 한편, 내부적으로는 문재인 정부 당시 발생했던 2019년 11월 발생한 탈북 어민 북송 사건 및 2020년 9월에 북한 측 서해상에서 북한군에 의해 피살된 해양수산부 공무원 고 이대준씨의 사건을 재조사하며 대북정책에서 분명한 입장을 취하고 있다.

특히 2022년 6월에 개최된 북대서양조약기구NATO 정상회의(스페인 마드리드)에 아시아에서 일본, 호주, 뉴질랜드의 정상들과 함께 초청된 윤석열 대통령은 참석 기간 중 열린 한미일 정상회담에서 북핵 문제를 주요 의제로 논의했다. 나토 정상회의에서 나타난 윤 대통령의 행보는 대북 억제력에 관해 한미동맹에 더하여 한미일의 협력 강화의 방향성을 확인해 주는 모습이었다. 윤 대통령은 한미일 정상회담에 참석하며 "북핵이 고도화될수록 안보 협력도 점점 더 강화될 것"이라고 강조하고 북핵 문제에 대응하기 위한 한미일 협력의 중요성이 더욱 커졌다고 언급했다. 따라서 윤석열 정부 시기 남북관계의 경색은 한동안 이어질 가능성이 높아 보인다.

한반도 주변 주요 국가들의 최근 반응도 북한이 전향적인 모습을 보이지 않는 한 당분간은 남북교류 재개 및 평화로운 대화와 협상을 통한 한반도 비핵화의 돌파구를 외부로부터 기대해보기는 쉽지 않아 보인다. 2022년 5월 정상회담을 위해 한국을 방문했던 조 바이든 미국 대통령은 북한 김정은 국무위원장에게 보낼 메시지가 있냐는 CNN 기자의 질문에 "헬로hello, 끝period"이라는 냉랭한 답변을 했다. 당시 국내외 언론들은 북미 협상을 통한 북핵 문제의 외교적 해결은 요원해졌다고 평가했다.

또한 제이크 설리번 미국 백악관 국가안보보좌관은 위에서 언급한 한미일 정상회담 후 "핵과 미사일 프로그램에 필요한 재원을 북한이 조달할 수 없도록 하는 방안을 비롯해 경제적 압박 차원에서 무엇을 할 수 있을지 논의할 기회가 있을 것"이라고 언급하며 대북제재 강화에 대한 의지를 밝혔다.

중국의 반응도 북핵 문제 해결을 위한 한국의 기대와는 차이가 있어 보인다. 2022년 3월에 북한이 ICBM 발사 실험을 하자 UN은 안전보장이사회를 개최하며 대응을 강구했다. 하지만 중국은 러시아와 더불어 북한을 두둔하고 미국을 비판하는데 집중했다.

대표적인 사례로 장쥔張軍 중국 주UN대사는 2022년 6월에 열린 UN 총회에서 미국은 대북제재 완화와 연합 군사훈련 중단 등의 행동을 통해 북한과의 대화에 나서야한다고 주장했다. 특히 그는 한반도에서 긴장이 고조되는 상황은 주로 미국의 정책 뒤집기에 원인이 있다고 지적하며, 북한이 2018년에도 비핵화 조치에 나섰지만 미국은 상호 조치를 취하지 않았다고 비판했다. 장 대사는 또한 UN의 대북 추가제재에 거부권을 행사하며 한반도 문제에 대해 미국이 근본적인 해결의 책임을 져야한다고 주장했다.

3. 북핵을 바라보는 중국의 시각

한중 수교 이후 역대 한국 정부는 전반적으로 중국과 좋은 관계를 유지하며 한국의 국익을 보호하고 확대하려 노력해 왔다. 특히 문재인 정부는 한국 국민들의 전반적인 정서와는 맞지 않는 저자세 외교 및 국빈 방문 중 '혼밥'이라는 의전의 논란을 포함해 한중 간 외교적 비대칭성이 증가하는 가운데서도 중국에 대한 유화적인 접근과 관계 증진을 적극적으로 모색했다.

문재인 정부가 이와 같은 대중정책을 펼친 데에는 크게 두 가지의 이유가 있었다. 첫째는 전임 박근혜 정부가 2016년 7월에 한국 내 사드 배치 결정을 발표함으로써 급속하게 냉각된 한중 관계를 조속히 회복하는 것이었다. 둘째는 문재인 정부가 총력을 기울였던 한반도 비핵화와 평화 프로세스에 대한 중국의 역할과 협력을 얻기 위해서였다.

하지만 문재인 정부의 대중정책은 한중 관계에서 일정 수준의 관계 회복을 이루어내기는 했지만, 북핵 문제에 관한 중국의 역할과 협력에 대해서는 실질적이고 의미 있는 성과를 거두지 못하였다. 오히려 중국은 앞서 언급한대로 문재인 정부 후반기부터 현재의 윤석열 정부 시기까지 연이어 미사일 실험을 단행하고 새로운 핵실험을 준비하는 북한을 두둔하고 미국에게 책임을 물으며 비판하는 입장을 표출하고 있다.

이렇듯 한국의 기대와는 다른 북핵 문제에 대한 중국의 입장을 이해하려면 무엇보다도 미중 전략적 경쟁 구도 하에서 중국이 가지는 한반도 정책의 본질을 이해하는 것이 필요하다. 실제로 중국의 대한반도 정책은 글로벌 레벨에서의 미중관계에 직·간접적으로 많은 영향을 받아온 것이 사실이다.

중국의 글로벌 전략은 다른 여러 국가들과 유사하게 국제사회의 다양한 변화 속에서 자국의 안정적이고 지속적인 발전 및 국제사회에서의 위상 강화를 기본적인 목표로 삼고 있다. 하지만 중국은 시진핑 지도부 시기에 들어와 미국과의 전략적 경쟁에서 우위에 서기 위한 방안 모색을 자국의 글로벌 전략이 추구하는 중요한 과제 중 하나로 설정했음이 분명해 보인다.

이러한 맥락에서 중국의 동북아 지역 및 한반도 전략은 역내에서 중국의 이익과 영향력 확대는 물론 중국의 글로벌 전략이 설정한 목표 달성을 위한 지원에 초점을 맞추고 지역 차원에서 목표를 수립해왔다. 특히 중국의 한반도 정책 하에서 세워진 대북정책은 한반도에서 미국과 전략적 균형을 이루기 위해 북한이라는 전략적 완충지대를 유지하는 것이 주요 목표일 것으로 추정된다. 따라서 현 상황에서 중국은 사실상 한미동맹이 한반도를 제어하게 되는 한국 주도의 한반도 통일도, 북한 내 급변사태를 포함해 김정은 체제를 심각하게 흔들 수 있는 어떠한 대내외적 혼란과 압박도 바라지 않을 것이다.

물론 중국은 평화적이고 자주적인 한반도 통일 및 비핵화에 대해 공식적으로 찬성하고 있으며 이러한 입장을 거듭 확인해 왔다. 특히 한반도 비핵화는 아마도 북한을 제외하고는 미국, 러시아, 일본 등 한반도 주변 국가들은 모두 공식적으로 찬성의 입장을 밝히고 있다. 하지만 비핵화 문제가 원칙적인 동의에 머무르며 실질적인 실행 단계에서 의미 있는 진전이 나타나지 않는 이유는 관련 강대국들이 북한 핵 문제를 바라보는 시각과 북한이 가진 전략적 가치에 대한 계산이 서로 미묘하게 다르기 때문이다.

중국에게 북핵을 포함한 한반도 문제는 한중 또는 북중관계의 현안으로 보기보다는 미중관계의 현안으로 인식되고 있다. 예를 들어 중국 정부는 북핵문제의 당사자는 북한과 미국이며 양자 간의 대화와 협상으로 문제를 해결하고 중국은 건설적인 역할을 하겠다는 입장을 견지하고 있다. 또한 한반도 비핵화에 대한 중국 정부의 공식입장은 '중국방안中國方案'이라 불리는 '쌍궤병행雙軌竝行'과 '쌍잠정雙暫停, 한국에서는 '쌍중단'으로 번역'이다. 쌍궤병행은 한반도 비핵화와 함께 한국전쟁을 종식시키고 정전기제停战机制를 평화기제和平机制로 전환하는 방안이며, 쌍잠정은 북한의 핵·미사일 활동과 한미의 대규모 군사훈련을 잠정적으로 중단하자는 제안이다.

이와 같이 한반도 비핵화와 평화 안착을 위한 중국의 해법에는 항상 미국에 대한 요구가 포함되어 있다. 즉, 한반도 비핵화와 평화 안착에 대한 중국의 방안은 대한국 및 대북정책의 목표를 내포하고 있기도 하지만, 동시에 역내에서 펼쳐지는 중국의 대미 전략적 경쟁에 대한 고려와 손익 계산이 그 기반을 이루고 있다.

더욱이 나날이 심화되는 미중 전략적 경쟁 구도 하에서 본다면 중국의 한반도 정책에서 가장 중요한 부분은 한반도 비핵화와 평화 안착이기보다는 역내에서 북한이라는 대미국 전략적 완충지대의 유지에 더욱 초점이 맞추어질 것이다. 물론 중국은 공식적으로 한반도 비핵화와 남북관계의 교류와 개선을 지지해왔다. 하지만 이러한 중국의 공개적인 입장은 내면의 전략적 계산과는 미묘한 차이가 존재했다.

이를 자세히 살펴보면 중국은 덩샤오핑의 주도로 1978년 말부터 공식적으로 개혁·개방 정책을 실시한 이후 자국의 안정적이고 지속적인 발전을 위해 평화롭고 우호적인 주변 환경을 추구해왔다. 또한 개혁·개방 시기 이익을 중시하는 중국의 실사구시實事求是 대외정책 기조 하에서 북중관계는 '항미원조抗美援朝' 전쟁의 혈맹에서 점차 정부 대 정부의 정상적인 국가관계로 변화하여 갔다. 이와는 대조적으로 중국은 탈냉전 시기에 들어와 한국과의 수교와 자국의 경제적 발전을 위한 한중 경제협력의 강화를 적극적으로 추구했다.

하지만 당시 중국 내에서는 한반도 정책에 대한 전략적 고민이 나타났다. 중국 공산당 지도부는 한반도에서의 남북 간 체제 경쟁은 한국의 압도적 우위의 결과로 나타났다고 보았다. 하지만 만약 체제 경쟁에서 앞서간 한국의 주도로 한반도 통일이 이루어진다면 이는 사실상 한미동맹이 한반도 전역을 장악하는 상황을 의미했다. 또한 이는 중국에게 동북아 지역에서 사실상 국경을 미국과 마주하고, 한반도에서는 대미 전략적 완충지대를 잃으며, 역내에서는 중국의 영향력이 현저히 감소하는 결과를 가져올 것으로 진단했다.

이로 인해 중국은 한반도에서 남북이 적정한 선에서의 교류와 긴장이 유지되며 균형을 이루는 상황을 선호했을 것으로 생각된다. 남북 사이의 적절한 균형이 이뤄질 경우 중국은 지속적이고 안정적인 자국의 경제 발전을 위한 한반도 주변 환경의 관리가 가능하다. 또한 한국에게는 북한을, 북한에게는 한미동맹을 지렛대로 남북 모두에게 영향력을 행사하는 주변외교의 이익을 얻을 수 있다. 무엇보다도 한반도에서 북한이 존재하며 대미 전략적 완충지대를 유지할 수 있기 때문이다.

이로 인해 중국은 한반도의 평화와 안정 및 대화와 협상을 통한 한반도 비핵화 과정을 지지한다는 것이 기본적인 입장이지만, 역내에서 미중 전략적 경쟁 구도가 점차 심화되는 현실 하에서는 한반도의 비핵화와 안정이라는 지역에 대한 공공재의 제공보다는 자국의 국익에 초점을 맞춘 한반도에서의 대미 전략적 이해관계에 더 무게를 두게 된다. 그리고 무

엇보다도 만약 북한에 고도화된 핵과 미사일 능력이 없다면 과연 한반도
에서 남북 사이에 중국이 원하는 적절한 힘의 균형이 유지될 수 있을까
에 대해 중국이 어떻게 생각할지와 관련 한국이 주의를 기울일 필요가
있어 보인다.

4. 한국의 가능한 대응 방안

　한반도를 둘러싼 현재의 동북아 정세 및 미중의 전략적 경쟁 구도를 종합해본다면 한국은 한반도의 비핵화를 진전시킬 돌파구를 찾기 어려운 현실과 마주하고 있다. 북한은 미국의 무관심과 '3중고(대북제재, 코로나, 자연재해)'의 어려움 속에서 '자력갱생'을 택하고 전략핵의 실천 배치를 통해 비대칭 전력을 강화할 가능성이 존재한다. 중국은 이러한 북한을 저지하기보다는 동북아 지역에서 한미일 지역안보협력체제의 강화 추세에 대응해 북한과의 전략적 협력관계의 범위 설정 및 활용 방안을 놓고 고민할 것이다.

　따라서 한국은 현실을 냉정하게 인식하며 한반도 비핵화에 대해 장기적인 틀로 접근해야 하며, 이 과정에서 중국의 역할과 협력에 대한 과도한 희망적 사고를 버려야 한다. 동시에 선택과 집중이 필요하다. 조급하게 한반도 비핵화의 진전을 추구하기보다는 한반도 정세의 안정적인 관리라는 목표에 집중해 중국과의 협력을 모색해야 한다. 이를 위해 한국은 크게 세 가지의 대응 방안과 이에 대한 일관된 실행이 필요하다.

　첫째, 한국은 북핵 문제에 관하여 중국에 대한 과도한 기대를 접어야 한다. 중국은 미중 전략적 경쟁 구도 하에서 북한이라는 전략적 완충지대가 필요하다. 한반도 비핵화에 반대하는 것은 아니지만, 그렇다고 미국과 국제사회가 추진하는 강한 제재로 북한 김정은 체제가 흔들리거나 커다란 혼란을 겪는 것을 바라지 않는다. 물론 북한 핵무기가 중국에 위협이 되지 않고 또한 관리가 가능하다는 판단 하에서이다.

외부로부터의 강한 제재와 압박은 자칫 김정은 체제의 붕괴 또는 심각한 내부 분열로 이어질 수 있으며, 이는 군사력을 포함한 종합국력에서 미국에 열세인 상황에서도 중국으로 하여금 한반도 및 동북아 지역에서 전략적 균형이 가능하게 했던 북한이라는 전략적 완충지대를 잃을 수도 있기 때문이다. 이로 인해 중국은 핵의 비확산이라는 국제사회의 보편적 가치에 동의하고 있으면서도 북한에 대한 강한 제재에 반대하고 있으며, 김정은 체제가 기존의 제재로 인해 경제적 및 정치적 어려움이 커진다면 물밑으로 생명선을 계속해서 북한에 제공할 것이다.

그간 한국 내에서는 북한이 비핵화를 이루는 대신 경제적 보상을 받고 개방적인 대외정책을 펴도록 한중이 함께 유도하는 것이 중국에게도 경제적으로 이익이 될 것이라는 시각이 있었다. 하지만 중국의 대외정책에서 현재 가장 중요한 목표는 경제적 발전이 아니라 미국과의 전략적 경쟁에서 우위에 서는 것이다.

따라서 중국의 입장에서 본다면 작은 경제적 이익을 추구하다가 글로벌 차원에서 벌어지는 미국과의 경쟁에서 변수가 발생해 자칫 커다란 전략적 손실이 올 수도 있는 한반도에서의 현상 변경을 원하지 않을 것이다. 결국 중국은 동아시아 지역에서 미국의 영향력을 퇴조시키기 전까지는 북한 김정은 체제를 흔들 수 있는 강한 대북제재나 남북한 사이에 자칫 균형이 깨어질 수 있는 조속한 한반도 비핵화를 바라지 않을 것으로 생각된다. 최소한 단계적으로 북한의 비확산 조치에 비례해 한반도에서 미국의 군사안보적 영향력이 동시에 감소하는 한반도 비핵화의 과정을 원할 것이다.

둘째, 한국은 한반도 현안에서 중국과 협력이 가능한 부분과 가능하지 않은 부분을 냉정하게 가려내고 가능한 부분에서 성과를 이루기 위해 정책적으로 집중하는 모습이 필요하다. 최근의 미중관계를 감안한다면 한반도 현안에서 중국과 협력이 가능한 부분은 북한의 핵과 미사일 도발을 한중이 함께 반대하고 압박을 가하며 예방하는 것과 3중고로 어려움이 가중되고 있는 북한에 대해 한중이 함께 협력하여 북한주민에 대한 인도주의적인 접근 방안을 모색하는 것이다.

먼저 중국의 입장에서도 북한이 핵과 미사일 실험으로 한반도의 긴장을 고조시키는 것에는 반대한다. 북한의 핵과 미사일 위협은 미국에게 북한에 대한 억지력 제고를 위해 한미동맹과 미일동맹의 강화는 물론 나아가 한미일 지역안보 협력 체제를 증진시키는 명분이 되기 때문이다. 또한 미국 주도의 동아시아 미사일 방어 체계에 한국이 참여할 가능성도 높아질 수 있다. 이러한 미국의 역내 행보는 북한에 대한 억제력 증강이기도 하지만 중국의 입장에서는 미국이 북한을 핑계로 사실상 자국을 전략적으로 압박하기 위한 군사·안보적 영향력 확대로 인식하고 있다.

따라서 중국은 일관되게 북한의 핵과 미사일 도발을 반대해 왔다. 하지만 북한은 체제의 생존과 북미 협상 카드로써 핵과 미사일 기술의 고도화를 자신들의 일정대로 진행시켜왔다. 동시에 핵과 미사일 도발로 인한 한반도의 긴장 고조를 미국에 대한 관심끌기와 더불어 중국에 대한 협상카드로도 활용해 왔다.

이러한 북중관계의 배경을 바탕으로 한국은 북한의 핵과 미사일 도발로 인해 한반도에서 긴장이 고조되는 상황에 반대한다는 점에서 중국과의 이익을 공유할 수 있다. 이점에서 한국은 북한의 핵과 미사일 실험에 대한 억제를 위해 중국이 국제사회의 제재 강화에 동의하고 진정성 있게 동참할 것을 강하게 권고해야 한다. 물론 북한이 중국의 압박과 국제사회의 제재에 순응할 가능성은 높지 않다고 생각된다. 또한 중국도 북한 김정은 체제를 흔들 정도의 강한 제재에 동의하기를 꺼려할 것이다. 따라서 한국은 중국의 대북제재 동참과 함께 북한에 대한 인도주의적인 접근을 병행하여 추진하는 방안을 모색해야 한다.

국제사회의 대북제재 강화와 중국의 동참을 통해 북한의 무력도발에 대한 김정은 체제의 비용과 외부로부터의 압박을 증가시키고, 중국이 우려하는 북한 내 혼란을 가능한 낮추는 인도주의적인 접근을 강화하는 방안을 중국과 논의할 필요가 있다. 이와 더불어 UN 안보리 결의안에 어긋나는 물밑에서의 대북 생명선 공급보다는 국제사회가 동의한 대북제재에 대한 진정성 있는 동참 및 공식적으로 승인된 북한주민들에 대한 인도주의적 접근과 지원이 중국에게도 자신들이 추구하는 '책임대국'의 위상을 확립하는 데에도 도움이 된다는 것을 인식시킬 필요가 있다.

셋째, 대다수 한국 국민들이 지지하는 가치, 정체성, 국익을 정의한 '원칙'을 바탕으로 대중정책을 실행하는 것이다. 이는 단지 한반도 비핵화를 포함한 북한 문제뿐 아니라 사드 배치 결정 이후로 냉각된 한중 관계의 재정립 및 나날이 기울어가는 한중 간 외교적 비대칭성을 최대한 바로잡는 점에서도 가장 우선적으로 추진되어야 하는 사안이다.

원칙 있는 대중정책에 대해 일각에서는 중국에 비해 상대적으로 국력이 약한 한국이 원칙을 내세운다면 자승자박의 사태를 초래할 수 있다는 우려를 표명하고 있는 것이 사실이다. 또한 한국이 국민들과 합의된 가치, 정체성, 국익을 대중정책에 투영한다면 민감하고 중요한 현안에서는 중국으로부터 비판과 압박이 가해질 가능성도 존재한다.

하지만 현재의 한반도 정세 및 국제정세를 감안한다면 한국의 대중정책에는 국민들과 합의된 원칙이 존재해야 하며 국민들과 합의된 원칙이 있어야 향후 한국 정부가 중국으로부터의 단기적인 압박과 갈등, 그리고 국익의 손실이 발생하더라도 장기적으로 한국에게 더욱 큰 이익을 가져오는 정책을 일관성 있게 펼칠 수 있기 때문이다.

또한 국민과 정부가 공유하는 분명한 원칙이 있어야 방향성 없는 눈치 보기의 '전략적 모호성'이 아닌, 원칙과 정책적 목표가 분명하지만 현실적인 상황을 고려한 '전략적 유연성'을 발휘할 수 있다. 또한 원칙과 정책적 목표가 분명해야 '전략적 유연성'을 수용하면서도 정책적 방향성을 잃지 않고 대내외 환경의 변화를 주시하다 적절한 시기를 맞이하면 다시 '전략적 명확성'으로 전환하기에 용이할 수 있기 때문이다.

결론적으로 한중 수교와 한반도 비핵화 선언 30주년을 맞이하는 현재의 시점에서 한국은 이제 비현실적인 희망적 사고를 버리고 장기적인 틀에서 한반도 비핵화의 목표에 접근해야 한다. 또한 만약 북핵 문제에 대한 장기적인 목표를 설정하고 중국과의 협력과 이익의 조정을 염두에 둔다면, 한국은 미중 사이의 치열한 전략적 경쟁 구도 하에서도 길을 잃지 않고 목표를 위해 나아갈 수 있도록 국민들과 합의된 가치, 정체성, 이익을 정의하고 이를 바탕으로 일관된 대중정책을 펼쳐나가야 할 것이다.

04

한중 경협,
경쟁 피하고
상생 추구할
묘안 있나

박한진

KOTRA 중국경제관측연구소 소장

필자는 1982년 "10년 후면 중국이 열린다"라는 부친의 말씀 한마디에 대학에서 중국을 전공하게 됐다. 당시 국내 유명 제과 회사의 국민 스낵에 버무린 땅콩이 중국 톈진항에서 인천항으로 들어오는 중국산이라는 말씀은 충격에 가까웠다. 그리고 정확히 10년 후, 우연인지 필연인지 부친의 '10년 후 예측'은 현실이 됐다. 1992년 한국과 중국은 수교했다. 그해 대한무역투자진흥공사KOTRA에 몸담은 필자는 지난 30년간 우리 기업의 중국진출을 지원하며 한중 경제교류의 현장에 있었다.

돌이켜보면 수교 후 한동안은 '아, 옛날이여' 같은 장면이 이어졌다. 필자가 막내급 직원이었을 때 일이다. 경제사절단의 일원으로 방한한 중국 상하이시 정부의 한 간부는 필자를 만나기 위해 복도에서 30분 이상 기다렸다. 중국 사절 단원들은 55층짜리 삼성동 무역센터(현 트레이드타워)를 신기하게 바라보며 기념사진을 찍었다. 건물 외관이 한국 경제와 무역의 비약적인 성장을 의미하는 수직 막대그래프를 디자인한 것이라는 필자의 설명에 그들은 탄성을 자아냈다. 양국 간 경제교류는 그런 분위기에서 시작됐다. 그로부터 10년이 채 지나지 않아 "상하이가 천지개벽했다"라는 말이 나왔다.

한국과 중국의 관계자들이 함께 참석하는 행사장의 인사말 중 단골 메뉴는 단연 경제적 상호보완성과 지리적 인접성이다. 경제교류의 당위성을 가장 잘 나타낸 말로 통했다. 수교 10주년 때도 그랬고 20주년 때도 그랬다. 지금도 여전한가?

1. 대중국 가공무역, 지속 가능성 떨어져

한중 수교 후 양국 간 교역은 전무후무한 기록을 쏟아냈다. 지난 30년간 우리나라 총수출 규모는 8배 늘어난 데 반해 대중국 수출은 60배나 급증했다. 수교 이듬해 바로 두 배로 커졌고 1996년 100억 달러, 2010년 1000억 달러를 각각 돌파했다. 수출하면 중국으로 통했고, 중국하면 수출로 통하며 장기 특수가 이어졌다. 세계에서도 유례를 찾기 힘들 만큼 빠른 속도로 이룬 큰 성과다.

중국은 오랫동안 제1위의 무역흑자 시장이기도 하다. 흔히 양국 간 교역의 태동기인 1970~80년대부터 줄곧 한국이 흑자였던 것으로 알려졌지만, 사실은 수교 당해 연도인 1992년까지는 한국이 중국에 대해 한해도 빠짐없이 매년 무역적자를 보는 구조였다. 흑자로 반전된 것은 1993년이다. 수교 전후로 무역·투자 관계 협정 등 제도적 장치가 속속 마련되면서 대중국 가공무역형 투자가 본격화된 것과 관련 있다. 당시 한국 기업은 해외시장에서 경쟁력을 확보하기 위해 저비용 생산기지가 필요했고, 저임금의 풍부한 노동력을 가진 중국에 대거 진출해 공장을 세웠다. 기업들은 한국에서 보낸 원자재를 가공해 만든 완제품을 구미 선진국으로 수출했다. 이렇게 해서 한국은 통계적으로 대중국 무역과 투자가 동시에 급증했고 전 세계에서 벌어들인 무역수지 흑자액보다 더 많은 이익을 중국에서 일궈내기도 했다.

경제의존도가 지나치게 높아지고 있다는 지적이 나오기도 했지만 큰 문제가 되지 않았다. 기술력이 부족했던 중국이 고용과 수출 확대를 위해 외국인투자에 절대적으로 의존한 시기였다. 한국과 중국은 경쟁 없는 상호보완적 관계를 유지했다. 중국이 성장하면 한국도 성장했고, 중국의 수출이 잘되면 한국도 수출 경기가 좋아지는 시절이 수교 후 20여 년간 이어졌다. 경제계와 전문가들은 한중 경제교류 관계를 중국의 경제대국 급부상과 이를 가장 잘 활용하는 한국이라는 프레임으로 정리했다. 한국이 1998년과 2008년 두 차례의 경제·금융위기에서 신속하게 벗어날 수 있었던 것도 탄탄한 제조업 기반과 함께 대중국 수출이 있었기 때문이라는 것이 정설이다. 하지만 중국 내수시장 용도의 수출 비중이 높지 않아서 엄격한 의미에서 본다면 많은 한국 기업에 있어 중국은 상품판매 시장이라기보다는 가공기지 성격이 강했다. 대중국 수출실적이 중국 내 수요보다는 선진국의 경기 등락에 따라 움직이는 특수성이 작용했다.

계속 늘어날 것만 같았던 대중국 수출은 2010년 무렵부터 추세가 달라졌다. 연도별로 증가와 감소가 번갈아 나타나기 시작했다. 연간 수출실적은 2000억 달러에 도달하지 못한 채 1000억 달러 대에서 멈춰 선 듯 하다. 출발이 좋았던 2022년은 첫 석 달 동안 10%대의 증가세를 보였으나 4월부터 불안해졌다. 수교 이후 연도별 1~5월 기간 대중국 무역 흑자액의 추세를 보면 1990년대 11억 4000만 달러에서 2000년대 58억 3000만 달러, 2010년대 180억 4000만 달러로 크게 늘었으나 2021년 100억 달러로 감소했고 2022년에는 54억 달러로 절반 수준에 그쳤다. 양국 간 경제의 상관성을 나타내는 상관계수correlation coefficient는 과거 마이너스에서 수교 이후 한때 +0.8 수준으로까지 커지며 매우 강한 동조성을 보이기도 했으나 지금은 갈수록 줄어들고 있다.

최근 대중국 수출 부진 추세는 중국 내 코로나 팬데믹 확산에 따른 전반적인 수입 감소 때문이라는 시각도 있지만, 수치의 증감보다는 거시적인 차원에서 경제교류의 틀과 흐름을 관찰해보아야 한다. 국가 간 가공무역형 경제 관계는 평시에는 문제가 없지만, 두 가지 상황이 되면 제대로 작동하기 어려워진다. 첫째 가공무역 기지 역할을 하는 국가(중국)의 경제가 성장하거나 정책이 변하는 경우다. 둘째 가공무역 기지 국가와 해외 수출시장 국가(구미 선진국)가 갈등 모드에 접어드는 경우도 그렇다. 한국과 중국 간 가공무역은 이 두 가지 상황 모두에 해당한다. 중국은 경제가 발전하고 산업 경쟁력이 강화돼 전체 무역과 투자에서 가공무역의 비중이 현저하게 줄어들고 있다. 트럼프 전 대통령 재임 시기에 관세 부과, 환율조작국 지정 등으로 시작된 미국의 대중국 압박은 바이든 대통령 취임 이후 핵심부품과 소재의 공급사슬 제한, 첨단기술 단속, 금융시장 개방 압력으로 옮겨가면서 양국 간 갈등이 심화·장기화 국면에 진입했다. 결국, 중국이 바뀌고 세계가 바뀌어 한중 가공무역형 경제교류 모델도 지속 가능성을 기대하기 어려운 구조가 된 것이다.

2. 당과 정부가 결정하는 정책시(政策市) 경제, 어떻게 볼 것인가

중국은 당의 방침과 정부의 정책에 따라 경제가 움직이는 정책시政策
市의 특성이 매우 강하게 나타난다. 한중 경제관계의 방향 설정을 위해서
는 중국이 무엇을 구상하고 어디를 지향하고 있는지에 대한 관찰이 매우
중요하다.

현재 중국경제의 가장 큰 고민은 불균형이다. 2001년 세계무역기구
WTO 가입과 함께 시작한 강력한 수출 드라이브 정책으로 고속 성장을 거
듭한 결과 남겨진 후유증이다. 지역 간·계층 간·산업 간 불균형이 동시다
발적으로 심화됐다. 2008년 미국발 글로벌 금융위기 이후 전 세계 경제
가 얼어붙자 수출 길이 막힌 중국은 내수로 정책 방향을 전환했다. 이때
사회간접자본SOC과 부동산 건설이 핵심 분야로 떠올랐다. 그러나 십여
년이 지난 후 중국은 경제성장률을 챙겼지만, 자본생산성과 노동생산성
이 낮아지고 부채가 늘어나 점차 정부와 가계를 짓누르는 아킬레스건이
되어갔다.

중국의 처방은 정책 재조정이다. 대외 재조정과 대내 재조정이 있다.
과도한 경상수지 흑자를 줄이는 것이 전자이고 수요와 공급, 신용의 쏠
림을 바로 잡는 것이 후자다. 이 과정에서 중국은 일정한 폭의 경제성장
률 하락도 감수하고 있다. 오랫동안 습관화된 몸집 불리기식 양적 성장
방식을 떨쳐내고 질적인 발전을 추구한다는 전략에서다. 대내외적으로
복잡한 변수가 많아 재조정의 결과가 어떻게 될지는 알 수 없다.

다만 앞으로 중국의 방향성을 '지금과 같은 미래' '더 나은 미래' '지

금보다 못한 미래' 등 세 가지 방향에서 가늠해볼 수 있다. 세계적인 미래학자이자 경영전략가인 피터 슈워츠 모니터그룹 글로벌비즈니스네트워크GBN 회장의 미래 예측방법론이 바로 이 시나리오 틀이다. 상황별로 변수를 대입하고 추세를 관찰하면 미래를 더 잘 볼 수 있다. 중국이 소비확대와 서비스업 개혁에서 성과를 내지만 국유기업 개혁과 예산 운용 측면에서는 지지부진하다면 '지금과 같은 미래'로 갈 것이다. 과감한 정책수단을 동원해 수요와 공급, 신용의 불균형을 전반적이고 실질적으로 교정하고 대외개방에 속도를 낸다면 '더 나은 미래'가 될 것이다. 경제 재조정 과정에서는 여러 영역의 정책 조화와 조합policy mix이 필요한데, 자칫 균형감각을 상실한다면 '지금보다 못한 미래'로 흐를 수 있다.

대외적으로 중국은 다자간 협력 구도와 이에 기반한 산업정책을 추진하고 있다. 양자 통상협정bilateral trade agreement에는 점점 무관심해지면서 대신 다자간 통상협정multilateral trade agreement에 공을 들인다. 특히 아시아태평양지역을 무대로 삼고 있다. 공급망과 가치사슬도 아태 지역을 대상으로 집중 관리하고 있다. 2022년 1월 발효한 역내포괄적경제동반자협정RCEP이 대표적인 사례다.

미국과 중국 사이에서 민감한 입장인 한국으로서는 대중국 경제관계와 통상전략을 역내 다자구조의 틀 속에서 양자 관계를 논의한다면 양국 간 마찰을 줄이고 협력 성과를 높이는 방안이 나올 수 있다. RCEP이라는 다자 구도에서 양자 경제협력 증진을 다룰 때 한중 FTA의 업그레이드 효과도 기대할 수 있을 것이다.

종래 세계화 시기가 글로벌 밸류체인의 시기였다면 현재 중국이 인식하고, 동시에 추진해나가려는 방향은 대륙 간 밸류체인CVCs, Continental Value Chains, 洲际价值链이다. 대륙 간 밸류체인은 미국 중심의 단일 세계화가 아닌 미주美洲-유럽歐洲-아시아亞洲 등 각 대륙별로 다봉분포multimodal distribution, 多峰分布 형태의 반半, semi 세계화를 의미하는 것으로 중국은 이를 쌍순환 전략과 연계한다. 이 같은 움직임은 한국이 미국과의 동맹 관계를 유지하면서 경제적으로는 아시아 역내 다자 틀 속에서 중국과의 양자 경제 관계를 관리하는 수단이 될 수 있을 것이다.

세계화 시기 이후의 '디커플링'decoupling·탈동조화 내지는 탈중국 이야기가 회자하고 있지만 중국에서는 '완전한 절연'breakdown보다는 '선택적 디커플링'의 가능성이 크다고 보고 있다. 특히 거시경제 정책 측면에서 중국은 미국과 다른 길을 가기 시작한 것으로 보인다. 앞으로 동조성이 점점 약해질 대표적인 부분으로는 금리 정책과 경기 주기를 꼽을 수 있다.

미국 미시시피주 작은 도시 스타크빌에 있는 글로Glo사의 사례를 보자. 이 회사는 형광 큐브 등 선물용품을 중국에 주문 제작하는 스타트업이다. 매년 5월 중국에 물량을 주문하고 11월 초에 화물을 받아 추수감사절과 블랙프라이데이, 크리스마스 시즌까지 판매를 한다. 운송비는 중국에서 캘리포니아까지 컨테이너당 2000 달러가량 되는데 2022년은 가격이 10배 올랐다. 그런 상황에서도 상하이 인근 닝보와 광동성 선전, 둥관 등에 자리한 3개의 합작공장에 주문을 넣었다. 운송비 폭등에도 전체 비용을 따지면 여전히 미국에선 도저히 맞출 수 없는 가격에 품질도 좋다고 한다.

이 회사 관계자는 미국과 유럽 정부들이 몇 년간 그렇게 몰아붙여도 제조업의 탈중국은 쉬운 게 아니라고 한다. 상하이 미국상공회의소가 중국투자 미국 기업 300개 사를 대상으로 실시한 설문조사 결과 60%의 기업이 중국투자를 늘릴 것이라고 했고, 72%는 향후 3년간 생산시설을 중

국에서 다른 지역으로 이전할 계획이 없다고 응답했다. 중국유럽연합상
공회의소의 유럽기업 600개 사 조사에서도 유사한 결과가 나왔다.

3. 앞으로 30년엔 새로운 패러다임 구축을

미래 30년의 방향을 정확하게 설정하기 위해서는 중국을 제대로 인식할 필요가 있다. 중국의 '롱long' 랜딩에 대비하자. 과거나 현재나 변하지 않은 중국 이슈가 있다. 경제의 '경착륙hard landing-연착륙soft landing' 논란이다. 많은 사람이 두 가지 착륙 시나리오를 두고 양자택일 진실게임을 벌이고 있지만, 필자의 판단으로는 둘 다 아니다. 지방 정부 부채 확대, 공급과잉 심화 등 성장의 고름들이 여기저기 터져 나오는 마당에 연착륙은 물 건너간 얘기다. 과거 한때 중국 경제가 계속 질주할 것이란 '노랜딩no landing' 주장도 있었지만, 경제성장률이 예상보다 빠른 속도로 떨어졌으니 이 또한 옛이야기가 됐다. 경착륙은 논쟁이 무성할 뿐 용어 자체에 대해 아직 명확한 컨센서스가 없다. 다만 통화·재정적 조치의 약발이 갈수록 약해지고 노동생산성의 향상 속도가 빠르지 않아 잠재성장률이 떨어지는 복합적 상황이란 차원에서는 대체로 의견이 일치한다.

최근 핫이슈로 떠오른 반부패 투쟁과 근검절약 캠페인에 이어 공동부유론, 부동산 및 테크 기업 단속 강화 등이 소비시장에 주는 충격은 예상만큼 크지 않아 보인다. 그래서 주의를 기울여 보자는 것이 '롱long 랜딩'이다. 롱 랜딩이란 한마디로 점진적 성장률 하락 시나리오이다. 항공기가 착륙할 때 충분한 시야와 거리를 확보하고 안전하게 내려앉는 것과 유사한 양상이다. 중국은 성장방식 전환을 목표로 한 강력한 개혁 조치에 속도를 내면서 성장률이 해마다 떨어질 것이다. 하지만 개혁과 구조조정이라는 좌표가 있기에 낮아져도 위기 상황이 되지는 않을 것이다.

'롱 랜딩'은 현재 중국에는 최상의 시나리오인 것으로 보인다. 급추락하지 않고 비록 힘들긴 하지만 점진적으로 낮아진다면 대내외적으로 정책 구상과 대응의 시간을 벌 수도 있다. 그렇다면 앞으로 예상되는 중국의 정책 처방은 앞서 언급한 법제화 강화와 경제체질 개선 노력이다. 이는 필연적으로 중국 내 기업 경영환경과 대중국 수출 여건을 서서히, 그러나 뚜렷하게 바꾸어놓을 것이다.

돌이켜보면 지난 30년간 우리는 특정 분야에 관심을 집중한 경향이 있다. 중국경제에 대해서는 경제성장률 수치에 집중했고 대중국 경제교류는 수출과 투자의 양적 팽창에 관심을 모았다. 그때 필요했던 일은 사회주의 시스템을 유지하면서 시장경제 요소를 가미하는 '중국식' 사회주의 시장경제가 과연 무엇을 의미하는 것인지, 기회와 위험 요인은 무엇인지, 앞으로 어떻게 진전될 것인지에 대한 세심한 관찰이었다.

이제까지 양국 간 경제교류의 틀이 한국의 자본·기술과 중국의 노동력을 결합해 양적으로 팽창했다면, 앞으로는 속도보다 방향성이 중요하며 이를 통해 질적인 성숙 단계로 나가야 한다. 미래지향적인 실용주의에 입각한 새로운 협력 패러다임을 모색하는 데 필요한 큰 틀의 과제가 한국 앞에 놓여있다. 최근 중국의 변화는 밭이 바뀌었음을 의미한다. 중국 시장이라는 밭이 바뀌면 그곳에 뿌리는 씨앗도, 씨앗 뿌리는 방법도 달라져야 한다. 수교 30년의 대중국 경제교류가 한국에 주는 시사점은 다음과 같은 방향으로 정리할 수 있다.

첫 번째, 한국과 중국은 1992년 수교와 함께 우호 협력 관계를 맺었다. 이후 양국 관계는 협력동반자 관계, 전면적 협력동반자 관계, 전략적 협력동반자 관계, 전략적 협력동반자 관계의 내실화 등으로 격상됐다. 전략적으로 동맹 관계를 맺지 않는 중국의 외교정책 특성상 한국과 중국

간에는 가장 높은 수준의 국제 관계가 마련된 것이라는 시각도 있었다.

산업 협력 분야에서는 1998년 이래 완성차, 고속철도로부터 시작해 첨단 분야, 서비스업, 금융에 이르기까지 다양한 협의와 합의가 이루어졌다. 그러나 실제로 이들 분야에서 양국 기업 간 교류 성과는 기대 수준에 크게 미치지 못한 것으로 평가한다. 그 원인 중 하나는 양국 공동의 관심 분야와 협력 과제가 폭넓게 고려되기보다는 사안별로 어느 한쪽의 희망 사항이 많이 반영되었기 때문이다. 실행 가능한 분야에서 작은 성과라도 쌓아가는 것이 중요한데, 초기부터 의욕이 앞선 느낌이다.

두 번째, 기존 대중국 주력 수출 품목은 중국 시장 내 경쟁력 약화 및 대중국 무역특화지수 악화 현상이 나타나고 있다. 또 최근 중국의 수입 수요가 부품보다는 소재 중심으로 재편되고 있음을 본다면 서둘러 고부가가치 소재 개발과 수출에 노력해야 한다. 동시에 안정적 공급망 구축을 위한 양국 간 협력 방안을 찾아내는 노력도 필요하다. 최근 한 국내 기업이 세계 최초로 배터리 소재 거래소 설립을 추진 중인 것으로 알려졌는데, 다양한 응용사례가 가능할 것이다.

4. 선택과 집중보다 중국이 원하는 분야로 특화해야

세 번째, 한국의 대중국 경제의존도가 매우 높은 상황에서 중국은 경제와 산업 경쟁력을 키워가면서 수입대체 효과가 급속히 확대되고 있다. 양국 간 상품교역의 특징은 과거 산업 간 교역에서 산업 내 교역으로 옮겨가고 있다. 양국의 미래 신산업 정책도 겹치는 부분이 많아 앞으로 경쟁은 더욱 치열해질 수 있다. 대중국 투자는 서비스업 신규 진출 또는 기진출 제조업과 서비스업과의 연계에 노력하고 미개발 내륙지역 진출은 타당성 조사 등 충분한 사전 준비와 특화 전략이 필수적이다.

네 번째, 새로운 경제협력의 연결고리를 찾아내는 노력이 절실히 필요하다. 과거엔 중국에 투자하고 부품·소재를 수출하면 성과가 났지만, 앞으로는 중국의 변화와 새로운 트렌드를 관찰하고 기회를 찾아가야 한다. 우리가 잘하는 분야에 선택과 집중을 하기보다는 중국이 필요로 하는 상품과 서비스를 내놓는 구조로 가야 한다. 그러기 위해서는 단기성과를 보기보다는 중장기적인 관점에서 경제·사회 전반의 변화를 읽어내야 한다.

가장 주목해야 할 분야는 도시화 건설과 인구 고령화다. 도시화 건설은 중국이 장기간 고성장 과정에서 누적된 지역 간·계층 간 불균형을 바로 잡기 위해 추진하는 거대 프로젝트다. 중국의 도시화율(도시거주인구/총인구)은 65% 수준이다. 도시호적戶口 인구를 기준으로 하면 50%에 못 미친다. 1인당 GDP 수준(1만 달러)이 비슷한 다른 국가들보다 현저하게 낮다. 1인당 가처분소득은 도시가 농촌보다 2.6배 많다. 내수 확대를 위해 더 많은 인구를 도시로 흡수하려면 호적제도 개혁 확대, 교육·의료 등 공공 부문의 손질과 투자가 필수적이다. 관련 시장이 커질 것이다. 중국은 이를 위해 토지 제도와 소득분배 제도를 손질하고 있으며(제도적 개혁) 지능형 교통체계ITS를 포함한 도시 인프라를 구축하고(하드웨어), 보건 의료 시스템, 교육, 공공 서비스도 확충하고 있다(소프트웨어). 여기서 다양하고 새로운 상품과 서비스 시장 공간이 형성된다.

이 과정에서 중국이 주목하는 추세는 종래 동아시아의 성장을 이끌었던 이른바 기러기 모형flying geese paradigm이 중국 내에서 형성되기 시작했다는 것이다. 즉 중국은 국내 지역별로 경제력 및 산업 수준이 상이하기 때문에 중국 연해 대도시의 자원resources과 가치value가 내륙지역으로 옮겨가면서 새로운 가치사슬이 중국 국내에서도 생겨난다고 본다. 도시화가 진전되면 많은 중산층이 생겨날 것이다. 이들은 출신 배경에 따라 다양한 종류의 시장을 형성할 전망인데, 전체적으로는 중급 품질과 중급 가격대의 상품과 서비스 수요가 크게 확대할 전망이다.

고령화 추세와 관련해서는 이런 말이 있다. "일본은 부자가 된 다음에 늙었고, 한국은 부자가 되면서 늙어가고, 중국은 부자가 되기 전에 늙어간다." 중국은 세계에서 가장 빠른 속도로 고령화가 진행되고 있다. 대한상공회의소가 국내 고령 친화 산업 300개 기업을 대상으로 조사(2015)한 바에 따르면 고령 친화 실버시장 규모 1위는 미국이지만, 고령 인구가 가장 많은 나라는 중국이다. 중국은 2021년 고령화율 14%로 고령화 사회에 진입했고, 2035년에는 초고령화 사회로 접어들 전망이다. 시장 규모는 2030년까지 3조 달러대에 달하고 미용·건강·패션 등의 온라인 쇼핑 인구가 크게 증가할 전망이다.

고령화 진전과 함께 인구구조가 변하면서 중국 영유아용품 시장이 급성장 후 성숙단계로 진입하고 있고, 실버시장은 이제 규모가 팽창하고 있다. 유아용품을 만들던 기업들이 노인용품으로 옮겨가는가 하면 월가의 자금은 미국 행정부의 대중국 압박과는 달리 중국 실버시장으로 속속 들어오고 있다는 이야기도 중국 증권가에서 흘러나온다.

다섯 번째, 리스크 요인을 새롭게 인식해야 한다. 대중국 수출은 우리나라 전체 수출 규모의 약 4분의 1 수준이지만, 이 비중 자체가 문제라기보다는 구조적인 충격에 빠질 수 있다는 점이 중요하다. 중국이 팔면 값이 싸지고 중국이 사면 값이 비싸진다. 중국이 팔지 않으면 공급망 충격이 오고 중국이 사지 않으면 시장이 사라지는 상황이 올 수 있다. 리스크는 국제적인 영향에 따른 것과 중국 자체의 요인에 의한 것, 한중 관계에서 발생하는 것 등으로 구분할 수 있다. 해외투자는 대중국 의존도가 최근 많이 완화됐지만, 여전히 높다. 중국 내 투자환경도 많이 달라졌다. 임금 상승 외에도 기업들이 가장 체감하는 분야는 기업 관련 법제화이다. 종래엔 법 규정이 미비해 제약이 없었으나 이제는 환경보호, 산업표준, 허가 등 전반에 걸친 법제화가 하루가 멀다고 진행되고 있다. 이는 필연적으로 기업 간 경쟁을 더욱 치열하게 만들고 있다.

한중 경제관계의 연결 정도는 '초얽힘hyperentanglement' 특성이다. 두 가지 이상의 특성으로 복잡하게 연계돼있다. 한국과 중국은 지정학적·지경학적으로 경제뿐 아니라 모든 이슈가 칡넝쿨처럼 얽혀 있다. 하나를 당기면 줄줄이 올라오기도 하지만, 자칫 부분이 얽히면 전체가 얽힐 수도 있다. 특정 영역의 사안이 경제에 영향을 미치는 현상을 경험한 적이 있다. 한중 간 민관합동 체제로 갈등관리 시스템을 운영해야 하는 이유다.

한국은 2차 전지, 반도체·자동차·항공기 부품을 포함한 핵심 소재 중 상당수를 90% 이상 중국에서 수입하고 있어 공급망 리스크가 크다.

2021년 산업계를 흔들었던 요소수 파동이 언제라도 재발할 수 있는 구조다. 문제의 심각성은 중국의 의도성 여부와 무관하게 사태가 발생할 수 있다는 데 있다. 예를 들면 중국 소비자들의 입맛이 변하거나 환경오염 대책 차원에서 오리와 거위 등의 사육을 줄여나간다면 나비효과 같은 연쇄반응이 일어날 수 있다. 중국산 다운 가격이 급등하고, 다운재킷을 즐겨 찾는 국가에서는 가격 급등으로 이어질 수 있다. 한국이 수입하는 다운의 90%도 중국산이다.

경제협력개발기구OECD 한국 대표부의 자료에 따르면 청정에너지 전환 추세로 인해 리튬·니켈·코발트 등 핵심 광물의 수요가 2050년까지 6배 늘어나는 데 반해 수입 대상국은 중국과 아프리카 등 특정 지역에 편중돼 있다. 당장 가격이 추세적 오름세에 있고 자원 무기화 흐름도 나타나고 있다. 전기차와 원전을 육성하는 한국에게는 적신호로 다가온다. 해외 자원개발이 유력한 대안이며 과거 시행 착오한 부분이 있다면 바로잡아서 해외 자원 확보를 위한 재정비에 나서는 방안을 검토해볼 수 있을 것이다.

5. 코로나 이후 중국 경제는 어떻게 달라졌나

여섯 번째, 중국의 '동태적 제로 코로나' 정책은 중국으로서는 불가피한 선택이었다고 해도 외국 기업에는 공중보건위생 리스크public health risk 외에 정책 리스크로도 작용해 작은 변화가 전체를 흔들 수도 있다. 팬데믹은 중국 경제에 무엇을 남겼는가? 상하이 등지의 장기간 봉쇄조치와 제로 코로나 정책은 중국과 세계 경제에 큰 압박요인이 됐지만 역설적으로 중국 내 생산시설의 탈중국 속도를 조절하는 역할을 했다. 중국은 2022년 중반이 되어서도 경제성장률 목표치(5.5%)를 포기하지 않고 있지만 팬데믹으로 인한 급등락세로 오락가락하면서 달성이 사실상 어려워졌다. 만약 상하이 봉쇄에서 긍정적인 시사점을 찾는다면 중국이 봉쇄에 따른 저성장과 마이너스 성장을 한동안 견뎌낼 수 있다는 점을 보여주었다는 것이다. 또한 중국의 지역적 차이는 국지적 침체를 완충하는 효과를 가져 올 수 있다. 예를 들어 상하이·지린·베이징의 도시 봉쇄는 현지와 주변 경제에는 큰 영향을 미쳤지만, 중서부 대부분 지역은 여전히 정상 가동했다. 농촌 지역과 내륙의 많은 지역은 소득수준이 낮고 여전히 추격단계에 있어 소비확대 잠재력이 크다. 중국의 방대한 금융시스템도 큰 위기 없이 안정성을 보였다. 시중은행들은 개별 지역은행의 유동성 위험 외에도 실물경제에 충분한 유동성을 공급하고 부실 위험을 일부 떠안았다. 특히 팬데믹 이후 공업 부문의 실적은 이미 그 산업 사슬이 다른 나라에 의해 대체되기 어렵다는 것을 증명해 보인 듯했다.

과거 중국이 사회 안정을 위해 고성장이 필요하다는 주장이 주류적 해석처럼 통했다. 그러나 코로나19 사태 이후 중국은 교육, 의료, 소득재분배, 지역 간 행정장벽 허물기 등 어려운 개혁 과제에 시동을 걸 여지를 만든 것처럼 보인다. 미래 중국의 성장은 더 이상 전통적인 인프라와 부동산에 의존할 수 없으며, 인민의 소득과 부를 향상할 수 있는 첨단기술 산업에 의존해야 한다는 점도 중국이 알게 된 교훈이다.

일곱 번째, 새로운 시각에서 다양한 시장진출 전략을 구사해야 한다. 중국은 아무나 열매를 딸 수 있는 시장이 아니다. 사회 변화의 중요한 징후를 앞서 관측하고 준비해야 한다. 그런 맥락에서 중국 경제와 시장의 이머징 이슈emerging issues는 아직 데이터가 부족하고 공공의제로 다루지 않아 주목을 받지는 못하고 있지만, 미래에 매우 큰 영향을 미칠 수 있는 변화의 징후다. 몇 가지 예시를 꼽을 수 있다. 중국은 자원은 풍부한데 상품화 정도가 낮은 분야가 많다. 농수산 가공식품 분야가 대표적이다. 한국 기업의 가공기술과 상품화 경험을 조합한다면 새로운 모델이 될 수 있을 것이다. 이 밖에 중국 내 우량 스타트업을 선발해 지분 참여 방식으로 진출한다면 유망 업종·유망 기업과의 연계를 강화할 수 있다.

여덟 번째, '쌍순환'雙循環 전략을 활용할 수 있다. 중국에서 국내 순환(내수)과 국제 순환(수출)을 통칭하는 이 말은 우리 표현으로 옮기면 '이중순환'이다. 당 중앙 정치국 회의가 "국내 대순환을 위주로 국내-국제 상호 촉진을 통해 새로운 발전 구조를 만든다"라고 의결하자 세계적으로도 뜨거운 경제 이슈화되면서 14차 5개년 경제발전규획(14.5규획, 2021-2025)의 핵심 키워드가 됐다.

쌍순환 전략은 생산-분배-유통-소비 전반에 걸쳐 국내시장 의존도를 높이고 새로운 가치사슬을 형성해 성장모델을 전환하는 것이 지향점이다. 그 핵심은 내수 확대다. 내수는 투자와 소비로 구성된다. 그중 하나는 과하고 다른 하나는 부족한 게 중국이 풀어야 할 과제다. 중국의 전략적 인식은 더 이상 글로벌 가치사슬의 하단인 가공제조에 머물러 있을 수 없다는 것이다. 내수를 키워 국내 가치사슬을 재편하고, 국제 경제와 연결해 연구개발과 디자인에서도 고부가가치화 하겠다는 것이 쌍순환 구상이다. 특히 서비스업종을 눈여겨봐야 한다. 현재 중국의 GDP 대비 서비스업 비중은 50% 남짓하다. 선진국 평균치(70% 이상)와 비교하면 갈 길이 멀고 그만큼 시장 공간도 크다는 의미다.

중국 경제는 이전보다 커지겠지만 동시에 복잡해지고 경험하지 못한 상황이 올 것이다. 경제를 분석하고 판단할 때 대개 4가지 방법이 있다. 현재를 과거와 비교하는 역사비교분석법은 코로나19를 글로벌 금융위기와 견주어 볼 때 유효하다. 1인당 GDP 증가세를 시계열로 보거나 선진국의 경험과 비교해볼 수도 있다. 경제활동은 축적액과 변화액으로 구분도 하고 결합도 하면서 보아야 하는데 지식 정보화 사회로 갈수록 변화액에 따른 부가가치 창출이 더 중요해진다. 새로운 시장기회도 여기서 더 많이 나온다. 이 밖에 회귀분석을 해서 변수 간의 상관관계를 추정해 볼 수 있고 자주 금값이 되는 돼지고기 가격 동향을 볼 때는 주기분석법이 좋다. 가치사슬이 바뀌는 대전환기의 중국 경제와 시장기회를 제대로 보려면 이 모두를 아우르는 종합적인 관찰과 분석이 필요하다.

아홉 번째, 금융협력을 강화해야 한다. 중국은 한국의 최대 교역대상국이며 한국은 중국의 제3위 교역대상국이 될 정도로 실물 교역은 급증했다. 하지만, 금융은 미미해 실물-금융 간 불균형이 심하다. 금융협력은 경제교류의 혈맥이다. 나아가 글로벌 금융시장의 불확실성 확산에 대비해 양국 경제에 미치는 부정적 영향을 완화하고 안정적인 경제발전에 기여할 것이다. 중국 경제의 영향력 확대와 최근 위안화의 국제무역 결제

비중 증가추세를 생각하면 위안화의 국제화는 예상보다 빠른 속도로 다가올 수 있음도 고려해야 한다. 양적 확대보다는 질적 발전이 중요하다.

6. 시장 파이 키워 공유하는 '코피티션' 전략을

열 번째, 경쟁competition과 협력cooperation의 전략 개념과 관계를 결합한 코피티션coopetition 전략을 한중 기업 관계에 선별적으로 적용하는 방안도 검토해볼 수 있다. 코피티션은 시장의 파이를 키워서 이익을 공유하는 것이 핵심이다. 2010년대 이후 주류 경영학과 기술경영학에서 중요한 테마의 하나로 관심을 두기 시작한 코피티션은 사안별로 때로는 협력하고 때로는 경쟁하는 전략을 의미한다. 해외시장에서 한국과 중국의 기업은 필연적으로 경쟁 관계에 있지만, 중국 내수시장에서는 경쟁 속에서도 협력해서 시장의 파이를 키워나가는 관계이다. 중국 내수시장은 모든 기업에 시장 규모를 키워야 하는 과제를 던져주고 있다. 즉 비즈니스 파이를 함께 키우고 협력할 때 한국기업은 중국의 관련 기업들과 전략적인 협력 관계를 모색할 수 있다는 것이다. 물론 이후 형성된 시장을 분할할 때는 경쟁 전략으로 전환할 수 있다. 새롭게 떠오르는 상품과 서비스 시장에서는 더욱 그러하다.

월스트리트 저널에 따르면 2022년 들어 외국인의 중국 채권·주식 투자는 일시적으로 매도세가 있었지만 전반적으로 순매수세 흐름이라고 한다. 대형 금융기관의 중국 시장 평가는 긍정적이다. UBS는 2018년 외국계 금융기관 중 처음으로 중국 합자 증권사 지분을 51%까지 늘렸는데 2022년 3월 다시 67%로 높였다. HSBC 홀딩스는 4월 초 중국 내 합작 증권사 내 지분율을 51%에서 90%로 늘린다고 발표했다. 빠른 속도로 성장하고 있는 중국 시장에 지속적인 투자를 하겠다는 반응이다.

모바일 기업들은 스마트폰 신규 시장을 차지하기 위해 서로 경쟁하지만, 부품 공급망에서는 협력적인 관계를 형성하며 공동보조를 취하기도 한다. e커머스(전자상거래) 기업들은 콘텐츠 사업에서 동종 기업들과 경쟁하면서도 플랫폼 공유 측면에서는 협력 전략을 함께 구사한다. 그러니까 코피티션은 경쟁과 협력이 공존하는 것인데, 기업 간 협력을 통해 시장가치를 창출하고 경쟁을 통해 시장을 분할하게 된다.

코피티션은 다음과 같은 측면에서 한국과 중국의 기업들에게 가장 적합하다. 시장의 파이를 키워가는 것이기 때문에 포지티브 게임을 지향한다. 경쟁과 협력은 동시에 일어나기도 한다. 관련 기업 간의 자원과 역량의 차이로 인해 비대칭적일 때 사안별로 충돌보다는 균형을 맞추어 갈 수 있다. 중국 내수시장에서 중국 기업과 경쟁하기 위해 한국기업이 제3국 기업과 합작할 수도 있다. 중국과 같은 반개방적이고 미개척 시장 공간이 여전한 곳에서는 시장 접근을 위해 협력할 수 있고, 특정 기술 영역에서 규모의 차이가 있는 기업들끼리 코피티션 전략 관계를 형성할 수도 있다.

마지막으로, 지방정부 간 교류협력을 활성화하는 방안을 적극적으로 추진할 필요가 있다. 한국과 중국의 지방정부들은 우호관계 또는 자매결연 체결 사례는 많지만 인적교류 수준에 머무는 경우가 대부분이다. 지방정부 간에 이미 체결한 우호 관계 등을 통해 지방정부가 교류협력은 물론 해당 지방 관내 기업 간 협력을 가능한 범위 내에서 확대해 나간다면 양국 관계가 때로는 긴장 국면일 때에도 경제교류는 큰 차질 없이 할 수 있다. 이 같은 협력을 잘 이루어가기 위해서는 내외부 전문가 그룹이 다양하게 참여할 수 있어야 한다.

양국 관계는 지금까지 시장 위주의 기능적 경제통합 속에 양적인 성장을 해왔다면, 이제는 제도적·규범적 경제통합으로 질적인 발전을 모색해야 할 시점이다. 경제통상 분야의 교류 확대는 물론 사회, 문화영역으로 확산해 양국 관계를 전반적으로 업그레이드해야 한다. 중국의 변화에 당혹해하기보다는 세밀하게 관찰하고, 양국 이익의 공통분모를 찾아내는 노력이 중요하다. 이를 담당할 수 있는 인력의 발굴과 육성은 아무리 강조해도 지나침이 없다.

실리콘밸리의 벤처 투자자 알리 타마세브는 저서 『슈퍼 파운더』에서 성공하는 유니콘이 되려면 통념을 벗으라고 말한다. 그가 스타트업 200곳을 분석해 밝혀낸 성공 방정식은 새 시장을 개척하는 것이 아니라 기존시장의 틈새를 파헤치는 것이다. "발견을 위한 진정한 여행은 새로운 풍경을 보는 것이 아니라 새로운 눈으로 보는 것이다." 『잃어버린 시간을 찾아서』의 작가 마르셀 프루스트의 말은 기업의 해외시장 진출과도 연결된다.

05

우리에게
중국 넘어설
미래 산업은 있나

조 철

산업연구원 연구위원

2021년 우리의 대중 수출은 홍콩을 포함할 경우, 전체 수출의 31.1%를 차지할 정도로 중요하다. 우리가 중국에 수출을 지속하기 위해서는 경쟁력을 지닌 제품과 기술을 가지고 있어야 가능하다. 우리 제품은 중국 시장뿐만 아니라 세계 시장, 더 나아가서는 우리 시장에서도 중국 제품과 경쟁할 수밖에 없다. 현재, 우리 수출의 많은 부분을 중국에 의존하고 있고, 무역수지도 흑자를 기록하고 있어 중국 대비 경쟁력을 지니는 것으로 보이지만, 전반적으로 대중 경쟁력이 하락하고 있어 우려가 나온다. 2022년 들어 월별 기준 처음으로 홍콩을 포함하지 않으면, 중국에 대해 무역수지가 적자를 기록했다. 이는 개별 산업에서 우리가 우위를 가지는 산업이 점점 줄어들고 있다는 것을 의미하고, 앞으로 어떤 산업에서 우리가 우위를 유지할 수 있을지에 대한 문제와도 귀결된다. 특히, 최근 중국 기업들이 빠르게 부상하면서 단순히 생산뿐만 아니라 산업의 질적 경쟁력을 나타내는 가치사슬 전반에 걸쳐 중국이 우리를 위협하고 있다.

1. 중국 대비 경쟁 우위 산업 빠르게 축소

OECD는 R&D 투자집약도에 따라 산업을 크게 고위기술산업, 중고위기술산업, 중저위기술산업, 저위기술산업 등으로 나누고 있다. 코로나19 이전인 2019년 기준으로 보면 우리나라는 수출에서 중고위기술산업의 비중이 38.6%로 가장 높고, 다음으로 고위기술산업이 31.6%, 중저위기술산업이 24.2%이며, 저위기술산업은 5.2%로 미미한 수준이었다. 한편, 중국은 고위기술산업이 34.2%로 가장 큰 비중을 보이지만, 다음으로 저위기술산업이 24.9%를 차지하고 있다. 확실하게 중국은 여전히 저위기술산업이 중요한 위치를 차지하는 반면, 우리나라는 아주 미미한 수준이다. 거의 비슷한 비중을 보이는 고위기술산업 내에서도 중국은 컴퓨터, 통신기기, 가전 등 IT제품의 비중이 매우 높은 반면, 한국은 반도체에 절대적으로 의존하여 중국과 수출구조에 있어 차이를 보이고 있다. 중고위기술산업에 있어서도 중국은 일반목적용기계와 전기기기 등의 비중이 높은 반면, 한국은 자동차와 석유화학에 절대적으로 의존하는 구조이다. 중저위기술산업의 경우 중국은 조립금속, 플라스틱, 철강 등의 비중이 높고, 한국은 석유정제, 철강, 조선 등의 비중이 높아 철강을 제외하면, 전반적으로 한중 간 차이가 나타나는 구조이다. 저위기술산업에서는 한국이 섬유와 음식료 등의 비중이 매우 높은 수준이며, 중국은 의류가 가장 높은 비중을 차지하고, 다음으로 섬유, 기타제조업, 가죽 및 신발, 가구 등으로 한국과 다소 차이를 보이고 있다.

특정 국가의 산업경쟁력을 살펴볼 수 있는 지표로 무역수지(수출-수입)와 무역특화지수(무역수지/총교역액)를 들 수 있다. 수출이 수입보다 크면, 무역수지나 무역특화지수가 플러스로 되어 특정 산업이나 산업 전반에 걸쳐 경쟁력이 있는 것으로 해석할 수 있다. 무역수지는 절대적인 수치여서 경쟁력 수준을 판단하기 힘들어 -1~1의 범위로 표준화한 무역특화지수를 사용하여 경쟁력을 판단한다. 한국은 중국에 대해 그동안 꾸준히 무역수지 흑자를 거두어와, 산업 전반에 걸쳐 경쟁력을 보유하고 있다고 할 수 있다. 2021년만 하더라도 홍콩을 포함하면 우리나라는 중국에 대해 594억 달러의 흑자를 거두고 있고, 무역특화지수도 0.174로 우리가 경쟁우위를 보이고 있다. 그러나 이러한 경쟁우위 정도는 점차 약화되고 있다. 2010년 이전 대중 무역특화지수는 0.3을 상회하여 경쟁우위도가 매우 높았고, 2019년만 하더라도 0.208을 기록했다. 절대적인 무역수지 흑자 규모도 2015년 759억 달러에 달하던 것이 2021년 500억 달러대로 감소했다. 이러한 현상은 산업 전반에 걸쳐 중국이 경쟁력을 강화해 온 데 따른 것으로 설명할 수 있다.

국가 간에는 양국 시장에서의 경쟁뿐만 아니라 세계 시장에서의 경쟁도 중요하다. 기술수준별 산업의 대對세계 경쟁력을 보면, 한국은 저위기술산업군에서 경쟁 열위가 매우 높은 반면, 중국은 절대적인 경쟁우위를 나타내고 있고, 중저위기술산업은 한중 모두 대세계 경쟁우위를 보이지만, 중국의 경쟁 우위도가 더 높다. 이에 반해 중고위기술산업, 고위기술산업 등에서는 한국의 대세계 경쟁력 지수(무역특화지수)가 더 높다. 기술 수준이 높을수록 한국이 세계 시장에서 더 경쟁력이 높다는 것을 알 수 있다. 한중 양국간의 경쟁력을 보면, 저위기술산업은 우리가 중국에 대해 절대적인 경쟁 열위(-0.61)를 보여 완전 수입특화산업이 되었고, 중저위기술산업군은 우리가 다소 경쟁 우위(0.09)인 것으로 나타났다. 우리 중고위기술산업이 중국에 대해 가장 높은 경쟁우위(0.28)를 보이고 있고, 고위기술산업도 우리가 경쟁우위(0.17)에 있는 것으로 나타났다.

세부산업별로 보더라도 고위기술산업에서는 한중 모두 의약, 정밀기기, 항공 등에서 대세계 경쟁열위이지만, 통신기기, 가전, 전지 등에서는 경쟁우위를 보이고 있다. 그러나 반도체의 경우 한국은 경쟁우위(0.34)이지만, 중국은 경쟁열위(-0.35)이고, 디스플레이는 양국 다 경쟁우위이지만 한국의 경쟁 우위도가 크게 높은 편이다. 한편, 컴퓨터는 중국이 절대적인 경쟁우위(0.65)이고, 한국은 절대적인 경쟁열위(-0.62)이며, 통신기기, 가전 등은 중국의 경쟁우위도가 한국에 비해 절대적으로 높은 수준이다. 우리의 대중국 경쟁력은 반도체(0.34), 디스플레이(0.80), 정밀기기(0.40) 등에서 우위를 보인 반면, 컴퓨터는 절대적인 경쟁열위(-0.86)이고, 통신기기(-0.23), 가전(-0.05), 전지(-0.11) 등도 경쟁열위에 있다.

중고위기술산업에서 한국은 기타수송장비를 제외하면 전 품목에서 대세계 경쟁우위를 보이고 있는 반면, 중국은 석유화학, 정밀화학, 기타전자부품, 특수목적용기계, 자동차 등에서 경쟁 열위를 보이고 있다. 한국은 자동차(0.56), 석유화학(0.30), 철도차량(0.33) 등에서 경쟁력이 높은 수준이고, 중국은 기타수송장비(0.91), 철도차량(0.56), 전기기기(0.41), 일반목적용기계(0.43) 등에서 경쟁력 우위가 명확했다. 반면, 한국의 대중국 경쟁력은 석유화학(0.42), 정밀화학(0.44), 기타 전자부품(0.12), 특수목적용기계(0.67) 등에서 우위를 보였지만, 전기기기(-0.14), 자동차(-0.22), 철도차량(-0.95), 기타수송장비(-0.91) 등에서 열위를 기록했다.

중저위기술산업에서 한국은 고무(0.33), 플라스틱(0.29), 시멘트

(0.26), 철강(0.27), 조선(0.88) 등만 대세계 경쟁우위를 보였지만, 중국은 석유정제(-0.22)와 비철금속(-0.56)을 제외한 전품목이 경쟁우위를 기록했고, 경쟁우위 수준도 매우 높았다. (고무(0.42), 플라스틱(0.56), 유리(0.41), 세라믹(0.89), 시멘트(0.53), 기타비금속광물(0.54), 철강(0.34), 주조(0.58), 조립금속(0.71), 조선(0.85) 등). 한국의 대중국 경쟁력은 석유정제가 절대적인 경쟁우위(0.92) 품목이고, 플라스틱(0.24), 비철금속(0.17), 조선(0.39) 등에서 경쟁우위를 보였지만, 다수의 산업에서 경쟁열위를 기록하고 있다.

저위기술산업에서 한국은 담배(0.42), 섬유(0.33) 등을 제외한 전 품목이 대세계 경쟁 열위인 반면, 중국은 음식료(-0.18), 담배(-0.15), 목재(-0.19), 제지(-0.05) 등을 제외하면, 전품목이 매우 높은 수준의 경쟁우위를 보이고 있다. (섬유(0.75), 의류(0.89), 가죽·신발(0.71), 인쇄(0.26), 가구(0.92), 기타제조업(0.83) 등). 저위기술산업에서 한국의 중국에 대한 경쟁력은 담배 한품목만 제외하면 전 품목이 경쟁열위에 있는 것으로 나타났다.

세계 시장에서 중국이 경쟁우위이고, 한국이 경쟁열위이며, 한중 관계에서 중국이 경쟁우위인 품목은 대체적으로 오랜 기간 이러한 관계에 변화가 없었지만, 한중 모두 대세계 경쟁우위 산업들은 최근에 중국이 대세계 및 대한국에 대해 경쟁우위로 전환되었다. 이는 최근 중국의 경쟁력이 강화되면서 한국의 산업이 중국에 위협을 받는 부문이 확대되고 있는 양상을 보여 주는 것이다. 지난 10년간(2010~2019년) 한중 간 경쟁력 변화를 보면, 우리가 중국에 대해 경쟁열위였다가 우위로 전환된 산업은 조선과 담배 등 두 업종에 불과한 데, 조선은 선박 자체의 거래가 거의 이루어지지 않아 대부분 기자재 거래인데, 중국에서의 블록 생산이 위축되면서 블록 수입이 이루어지지 않아 흑자로 전환한 것이다. 반면, 우리가 경쟁우위였다가 열위로 전환된 경우는 통신기기, 전지, 가전, 전기기기, 일반목적용기계, 자동차, 철도차량, 섬유, 제지, 차량 등 다수가 존재한다. 이들 중 자동차, 제지, 철도차량 등을 제외하면 대부분이 한국과 중국이 모두 세계 시장에서 경쟁우위인 품목들이다. 자동차는 우리가 세계 시장에서 확실한 경쟁우위를 지니고 있고, 중국은 아직 경쟁열위이지만, 중국과의 관계에 있어 우리가 열위로 전환된 품목이다. 이는 우리 완성차 및 부품업체 다수가 중국에 진출해 생산하고 있어 우리 수출이 주로 부품 위주로 이루어지다가 최근 중국 내 우리 자동차 판매 및 생산이 위축되면서 우리 수출도 크게 줄어든 데 기인한다. 반면, 전기차를 중심으로 한 완성차와 범용부품의 대중 수입은 증가되어 자동차산업 전반에 걸쳐 대중 무역수지가 적자를 면치 못하게 된 것이다. 철도차량은 세계 시장에서 우리가 경쟁 우위를 지속해온 품목이고, 중국은 경쟁 열위에서 우위로 전환된 품목인데, 한중 관계에 있어 우리가 우위에서 열위로 전환되었다. 철도차량은 중국이 자국 내 거대한 시장을 기반으로 빠르게 경쟁력을 확보하여 우리를 앞지르게 된 대표적인 품목이다. 제지는 세계 시장에서 양국 모두 열위지만, 중국은 경쟁력이 향상되어 대세계 무역특화지수가 거의 0에 근접하고 있으며 한중 관계에 있어 우리가 우위였다가 열위로 변했다. 중국에 대해 경쟁우위를 유지하고 있는 산업은 반도체, 석유화학, 기타 전자부품 등과 같이 세계 시장에서 중국은 열위이고, 한국은 우위인 품목이거나 정밀화학, 특수목적용기계 등과 같이 중국은 대세계 경쟁 열위이지만 한국은 대세계 열위에서 우위로 전환된 품목, 혹은 정밀기기, 항공기, 석유정제, 비철금속 등과 같이 한중 모두 세계 시장에서 경쟁 열위를 지속하고 있는 품목이다. 디스플레이의 경우 중국이 빠르게 경쟁력을 향상시켜 세계 시장에서는 경쟁우위로 전환했지만, 아직 한국에 대해선 경쟁열위를 보이고 있다. 고무, 시멘트, 철강, 조립금속 등은 양국이 모두 세계 시장에서 경쟁우위이지만, 한중 간에는 한국이 경쟁열위를 유지해오고 있고, 컴퓨터, 기타수송장비, 유리, 세라믹, 기타 비금속광물, 주조, 의류, 가죽·신발, 가구, 기타제조업 등 다수의 산업이 세계 시장에서 우리가 열위, 중국이 우위를 유지해온 산업들이다. 세계 시장에서 한국은 경쟁열위를 지속하고 있지만, 중국은 우위에서 열위로 전환된 의약과 음식료도 중국이 한국에 대해서는 경쟁우위를 유지하고 있다. 인쇄산업의 경우 우리는 세계 시장에서 경쟁열위로 전환되었고, 중국은 경쟁우위를 지속하는 품목으로 당연히 중국이 경쟁우위를 지속하고 있다. 한중 모두 경쟁열위를 유지하는 품목 중에서는 유일하게 목재만이 중국이 경쟁우위를 보인다.

세부 산업 중에서 주목되는 산업으로 화장품과 반도체 및 디스플레이 장비를 들 수 있다. 이들 산업은 우리의 대세계 수출 30대 품목에 전혀 포함되어 있지 않다가 2019년 대세계 수출의 16위와 10위를 기록했고, 대세계 무역특화지수도 0.674과 −0.070 등을 기록하고 있다. 대중국 수출에 있어서는 반도체 및 디스플레이 장비가 4위를 기록했고, 화장품은 9위를 기록했다. 이들의 대중국 무역특화지수는 각각 0.949, 0.975를 기록할 만큼 절대적인 경쟁우위 품목이다. 반도체 및 디스플레이 장비는 특수목적용 기계로서 미국, 일본, 유럽 등이 주도하고 있어 우리나라가 열위일 수밖에 없지만, 중국을 중심으로 대규모 투자가 이루어지면서 우리의 주요 수출 품목으로 부상하였고, 중국은 아직 이들 부문에서 국산화가 미진하여 수입에 의존하고 있는 것이다. 화장품도 정밀화학산업에 속하지만, 비내구 소비재의 하나로 대중국 경쟁력을 갖기 쉽지 않은 품

목이다. 그러나 같은 아시아 국가로서 피부 등의 유사성 및 K-Culture와
연계되어 중국을 비롯한 아시아지역 수출이 확대될 수 있었던 것이다.

한중의 대세계 및 양국 간 주요 산업의 경쟁력 변화 추이(2010~2019)

대중관계		한국의 대세계 경쟁변화	산업	비고 (중국의 대세계 경쟁)
현재	변화			
경쟁 우위	우위 유지	우위 전환	정밀화학, 특수목적용기계	열위 유지
		우위 유지	반도체, 디스플레이, 석유화학, 기타전자부품, 플라스틱	디스플레이(우위 전환), 플라스틱(우위 지속) 제외 열위 지속
		열위 유지	정밀기기, 항공, 석유정제, 비철금속	열위 지속
	우위 전환	우위 유지	조선, 담배	조선(우위 지속), 담배(열위 전환)
경쟁 열위	열위 유지	열위 전환	인쇄	우위 유지
		우위 유지	고무, 시멘트, 철강, 조립금속	우위 유지
		열위 유지	의약, 컴퓨터, 기타 수송장비, 유리, 세라믹, 기타 비금속광물, 주조, 음식료, 의류, 가죽·신발, 목재, 가구, 기타제조업	의약, 음식료(열위 전환), 목재(열위 지속) 등 제외 우위 지속
	열위 전환	우위 유지	통신기기, 전지, 가전, 전기기기, 일반목적용기계, 자동차, 철도차량, 섬유	자동차(열위지속), 철도차량(우위 전환) 제외 우위 유지
		열위 유지	제지	열위 유지

주: 무역특화지수(무역수지/총무역액)가 0보다 크면 경쟁 우위, 0보다 적으면 경쟁 열위

2. 한국을 추월하고 있는 중국산업의 질적 경쟁력

단순히 무역 경쟁력은 자국 내 생산 경쟁력을 의미하고, 가치사슬의 다른 영역 경쟁력은 판단하기 쉽지 않다. 진정한 의미에서의 경쟁력은 부가가치를 자국 내에서 얼마나 창출할 수 있는가를 나타내는 질적 경쟁력이 중요하다. 과거 중국산업의 질적 측면의 경쟁력을 단적으로 나타내 주는 것이 아이폰이었다. 아이폰5는 2013년 9월에 출시되었는데 그 대부분이 중국에서 생산되고 수출되어 내수 판매 외에 많은 부분이 중국 수출 통계에 잡혔다. 판매가격은 약 600달러였지만, 부가가치로 중국에 남는 부분은 단순 조립인력에 주어지는 6.54달러로 판매가격의 약 1/100에 불과했다. 각종 부품들은 한국, 독일, 프랑스, 일본, 대만 등에서 들여오고, 기술, 브랜드, 기획, 마케팅 등과 관련된 부가가치는 미국의 애플이 차지하는 구조였다. 심지어 생산을 대만기업인 폭스콘이 담당하여 생산의 부가가치도 모두 중국이 가지는 구조는 아니었다. 그러나 이러한 양상은 이제 크게 변하고 있다. 아이폰의 중국 생산에 있어 중국 내 핵심부품의 조달이 늘었고, 무엇보다 가치사슬 전반을 수행하는 중국 스마트폰 기업들의 성장이 두드러지고 있다는 것이다. 2012년만 하더라도 중국 시장에서도 삼성이 22.5%를 차지하여 절대적인 1위를 차지했고, 레노버, 화웨이, Coolpad, ZTE 등이 9~10%의 점유율을 기록하였으며, 애플이 7.7%로 그 뒤를 이었다. 2012년 세계 시장에서는 중국 업체 중 세계 5위에 화웨이와 ZTE 등 2개 업체가 올라 있었는데, 둘 다 5%에도 미치지 못하는 점유율을 기록했다. 그러나 지난해의 경우 세계 스마트폰 시장에서 삼성과 애플이 각각 20%와 18%를 기록하여 세계 1, 2위를 기록했지만, 3(샤오미), 4(vivo), 5(Oppo), 6(Realme), 8(Honor), 9(화웨이), 10위(Tecno) 등이 모두 중국기업으로 이들의 시장 점유율은 무려 46%에 달한다. 미중 분쟁 등으로 화웨이가 크게 위축되는 등과 같은 요인에도 불구하고 중국 스마트폰 기업들이 빠르게 부상한 것이다. 미중 분쟁에 따른 제재 등으로 화웨이는 독자적인 기술력을 확보하기 위해 많은 노력을 기울이고 있으며, 세계에서 가장 특허출원이 많은 업체 중 하나로 부상했다. 세계지적재산권기구WIPO에 따르면, 화웨이는 2017~2021년 5년 연속 세계에서 가장 많은 특허를 출원한 기업이다. 계열기업인 하이실리콘은 반도체 설계회사로서 이미 고성능의 5G용 반도체를 독자 설계한 바 있다. 스마트폰 시장에서 연구개발 등을 주도하는 중국 자체 브랜드가 크게 성장하여 해외브랜드를 단순 조립하는 구조에서 탈피하고 있다는 것이다.

브랜드별 세계 스마트폰 매출량

순위	업체	2021		2020		증가율 (%)
		판매량 (백만대)	점유율 (%)	판매량 (백만대)	점유율 (%)	
1	삼성(한)	271.5	20.3	256.3	19.8	5.9
2	애플(미)	236.2	17.6	204.4	15.8	15.6
3	샤오미(중)	190.2	14.2	148.3	11.5	28.3
4	비보(중)	134.2	10.0	107.9	8.3	24.4
5	오포(중)	134.1	10.0	104.9	8.1	27.8
6	Realme(중)	58.1	4.3	39.1	3.0	48.6
7	모토로라(미)	48.0	3.6	33.3	2.6	44.1
8	Honor(중)	39.8	3.0	0.0	0.0	–

순위	업체	2021		2020		증가율(%)
		판매량(백만대)	점유율(%)	판매량(백만대)	점유율(%)	
9	화웨이(중)	35.0	2.6	189.7	14.7	-81.5
10	Tecno(중)	30.6	2.3	23.2	1.8	31.9
	기타	161.1	12.0	187.6	14.5	-14.1
	계	1,338.8	100.0	1,294.7	100.0	3.4

자료: Omdia Global Smartphone Shipment Preliminary Result 4Q21, 2022.

　　스마트폰, 컴퓨터, 커넥티드카, TV 등의 핵심부품 중 하나인 디스플레이는 과거 중국이 한국 및 한국 기업에 절대적으로 의존하는 구조였지만, 최근 중국 업체들이 빠르게 부상하고 있다. 지난해 세계 디스플레이 시장에서 중국 업체가 차지하는 비중은 41.5%에 달해 33.2%인 한국 기업을 추월했다. 특히 LCD 시장은 2021년 중국기업의 비중이 50.7%이고, 한국 기업은 14.6%에 불과했다. OLED에서는 한국 기업의 세계 시장 점유율이 82.8%에 달해 절대적인 우위를 보이지만, 중국 업체도 15.5%의 점유율을 보여 점차 부상하고 있는 모양새다.

　　중국 업체의 부상을 가장 명확하게 볼 수 있는 산업은 이차 전지 분야이다. 이차 전지는 모바일 IT 제품의 중요부품일 뿐 아니라 최근 미래 자동차로 부상한 전기자동차의 핵심부품이기도 하다. 과거 이차 전지는 일본의 파나소닉과 더불어 한국의 LG 화학, SK 이노베이션, 삼성 SDI 등이 세계 시장을 주도했다. 그러나 전기자동차 시대가 도래하면서 전기자동차 생산 및 판매를 주도한 중국 자동차산업을 기반으로 이차 전지도 중국기업들이 주도하게 되었다. 2021년의 경우, 전기자동차용 전지의 세계 시장 점유율을 보면, 중국의 CATL이 32.6%로, 20.3%를 차지한 LG 에너지 솔루션을 크게 추월하여 세계 1위를 기록했다. 비야디도 8.8%를 차지하여 4위를 차지했고, 이밖에도 다수의 중국 이차 전지 기업들이 존재한다. 한국 기업은 성능이 뛰어난 니켈, 코발트, 망간 등NCM을 소재로 하는 삼원계 리튬 이온 배터리에서, 중국기업은 가격 우위를 보이는 리튬인산철 배터리에서 경쟁력을 보유하고 있다. 2021년 이후 중국 업체들의 시장 점유율이 크게 는 것도 원자재 가격 상승 등으로 가격 경쟁력이 중요해졌기 때문이다. 중국은 이차 전지뿐만 아니라 이차 전지 관련 소재, 원자재 등의 절대적인 공급자여서 중국 의존적 이차 전지 공급망에 대한 우려가 나오는 수준이다. 결국, 가치사슬에서 중요한 역할을 하는 핵심부품과 소재 등에서도 중국 및 중국기업의 역할이 크게 강화된 것이다.

브랜드별 세계 동력 이차전지 매출량

순위	업체	2021		2020		증가율 (%)
		판매량 (Gwh)	점유율 (%)	판매량 (Gwh)	점유율 (%)	
1	CATL(중)	96.7	32.6	36.2	24.7	167.1
2	LG에너지솔루션(한)	60.2	20.3	34.3	23.4	75.5
3	파나소닉(일)	36.1	12.2	27.0	18.4	33.7
4	비야디(중)	26.3	8.9	9.8	6.7	.168.4
5	SK On(한)	16.7	5.6	8.1	5.5	106.2
6	삼성SDI(한)	13.2	4.4	8.5	5.8	55.3
7	CALB-Tech(중)	7.9	2.7	3.4	2.3	132.4
8	Gotion High-Tech(중)	6.4	2.2	2.4	1.6	166.7
9	Envision(중)	4.2	1.4	3.9	2.7	7.7
10	SVOLT(중)	3.1	1.0	0.6	0.4	416.7
	기타	26.0	8.8	12.5	8.5	108.0
	계	296.8	100.0	146.7	100.0	102.3

자료: SNE Research

자동차산업에서도 중국 업체들은 2012년만 하더라도 판매 3개월 된 차량(100대 기준)의 문제 발생 건수IQS가 212개로 중국에 생산·판매되는 글로벌업체의 117개에 비해 95개나 높은 수준이었다. 2017년 들어 이 수치는 중국 로컬업체 평균이 112개로, 글로벌업체의 99개에 비해 13개 차이로 줄어 단순 품질 수준은 중국기업과 글로벌기업 간 크게 차이가 나지 않게 되었다. 내연기관 차량에서는 2022년 1~5월 중 중국 자동차업체가 중국 승용차 시장에서 차지하는 비중이 47.9%로 중국 시장 내에서도 여전히 외자계 기업의 비중이 50%를 넘어서고 있다. 그러나 차세대 자동차인 전기차(플러그인하이브리드자동차 포함)는 중국 업체들이 세계적으로 중요한 역할을 담당하고 있다. 2021년의 경우 테슬라가 94만대를 판매하여 1위 자리를 지켰지만, 이를 이어 중국의 비야디와 상하이GM우링이 각각 59만대와 46만대를 판매하여 2위와 3위를 기록했다. 이밖에도 7위 상하이자동차, 12위 창청자동차, 14위 광조우신에너지자동차, 18위 치루이, 19위 샤오펑, 20위 창안 등이 세계 전기차 판매 20위에 포함되어 있다. 이밖에도 니오를 비롯한 수많은 중국 전기차 업체들이 전기차 시장에서 경쟁하고 있다. 전기차는 세계 판매의 50%를 중국이 차지하고 있어 이러한 거대 시장을 기반으로 중국기업들이 빠르게 성장한 것이다. 또 다른 미래 자동차분야인 자율주행차에서도 중국의 바이두가 구글 웨이모, 포드 Autonomous Vehicles, GM 크루즈 등에 이어 4위를 기록하고 있고, 중국내 수많은 기업이 자율주행차를 연구·개발하고 있다.

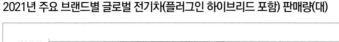

2021년 주요 브랜드별 글로벌 전기차(플러그인 하이브리드 포함) 판매량(대)

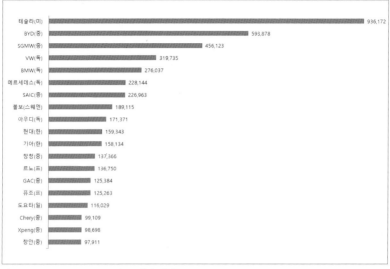

자료: EV Volume, Clean-Technica에서 재인용

　반도체를 대량으로 수입하고 있는 중국은 반도체 경쟁력이 매우 취약하지만, 반도체산업 내 경쟁우위 분야도 존재한다. 한국 기업이 세계 시장의 59%를 점유하고 있는 메모리반도체는 아직 중국기업의 존재감이 거의 없다. 한국 기업이 세계 시장의 19%를 점유하여 대만기업에 이어 두 번째로 높은 점유율을 보이는 웨이퍼 가공(파운드리)은 중국도 16%를 차지해 비교적 비중이 높은 편이다. 그러나 세부 내용을 보면, 삼성이나 대만의 TSMC 등은 5나노 이하의 파운드리가 가능하지만, 중국의 대표적인 파운드리업체인 SMIC은 아직 28나노 이상의 파운드리를 생산하고 있고, 14나노만 하더라도 최근에야 양산을 시작했다. 부가가치가 비교적 낮은 조립·패키징·테스트 공정은 중국의 시장 점유율이 38%로 세계에서 가장 높은 비중을 차지하고 있고, 한국은 11%에 불과하다. 시스템반도체

및 설계, EDA&코어 IP 등은 주로 미국이 높은 비중을 보이고, 한중 모두 미미한 수준이지만, 한국이 더 취약한 것으로 나타났다. 장비는 주로 미국, 일본, 유럽 등이 생산하고 있고, 한중 모두 취약하지만, 한국이 중국에 비해서는 다소 앞서 있다. 소재는 기술적 난이도 등에서 차이가 있지만, 한중 모두 16%의 세계 시장 점유율을 보여 일정 비중을 차지하고 있다.

반도체 가치사슬별 주요국가의 점유율 현황

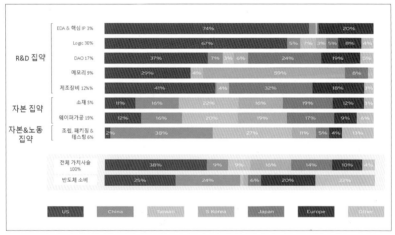

주: 1) other은 이스라엘, 싱가폴 등을 포함
   2) 지역별 분포 : EDA, 설계, 제조 장비, 소재 등은 기업 매출과 본사 위치 기준이고, 웨이퍼가공, 조립, 패키징&테스팅 등은 공장의 위치와 생산능력 기준
자료: BCG analysis with data from company financials, Capital IQ, Gartner, SEMI, IHS Markit, Antonio Varas, Raj Varadarajan, Jimmy Goodrich, Falan Yinug, Strengthening The Global Semiconductor Supply Chain in an Uncertain Era, April 2021.에서 재인용

　앞에서 살펴본 바와 같이 단순히 생산 및 수출이라는 차원뿐만 아니라 가치사슬의 고부가가치 부문 활동을 추진하는 기업이라는 차원에서도 중국의 경쟁력은 향상되고 있다. 물론 제품의 성격이나 기술력 등에서 아직 우리와 차이를 보이기는 부분이 있기는 하지만, 점차 경쟁력을

향상시켜 나가고 있는 것은 분명하다. 예를 든 이들 기업뿐만 아니라 중국에서는 많은 기업들이 새로 생겨나고 빠르게 성장하고 있어 기업을 통한 중국 산업의 질적 경쟁력 향상은 빠르게 이루어질 전망이다. 2022년 2월 기준CB Insights으로 보면, 미국이 510개로 가장 많은 유니콘기업을 보유하고 있고, 다음으로 중국이 167개를 보유하고 있으며, 한국은 11개를 보유하여 세계 11위를 기록했다. 포천의 세계 500대 기업은 2021년 중국이 143개로 122개의 미국을 이미 추월했고, 한국은 15개에 불과했다.

3. 기회보다 위협이 더 많은 우리의 대중 경쟁환경

중국은 2009년 일본을 제치고 미국에 이어 세계에서 두 번째로 연구개발비를 많이 투자하는 국가가 되었고, 매년 미국과의 격차를 줄여나가고 있다. 2019년만 하더라도 중국의 연구개발비가 미국의 80%를 넘어서고 있다. GDP에서 차지하는 연구개발비 비중은 중국이 2020년 2.4%로 주요 선진국에 비해 낮은 수준이지만, 꾸준히 상승하고 있다. 우리나라의 절대적인 연구개발비 투자액은 중국에 크게 미치지 못하지만, GDP 대비 연구개발비 비중은 4.64%로 세계에서 가장 연구개발투자 집중도가 높은 국가 중 하나이다. 중국은 막대한 연구개발비 투자를 통해 많은 분야에서 한국을 앞설 수 있는 기술개발이 이루어질 가능성이 있어 우리 산업 전반에 위협적이라는 것이다. 그러나 우리나라는 연구개발 투자 집중도가 높아 그만큼 특정 부문에서 연구개발 활동이 상대적으로 활발하여 집중 투자부문에서는 우리가 유리한 부분도 존재한다.

전반적인 연구개발과 더불어 중국은 4차 산업혁명과 관련된 분야에 대한 투자를 크게 확대하고 있고, 4차 산업혁명관련 기술도 빠르게 발전하고 있으며, 이를 활용하여 일하는 방식, 소비 방식, 생산방식, 제품 구조 등이 빠르게 변하고 있다. 4차 산업혁명 분야에서 중국은 미국과 선두경쟁을 하는 것으로 보고 있다. 이에 따라 4차 산업혁명은 중국의 산업경쟁력 향상에 중요한 역할을 할 것이다. 중국은 4차 산업혁명과 관련된 디지털 경제 규모 및 비중이 빠르게 늘고 있다. 신형인프라 정책을 통해 4차 산업혁명 관련 분야에 집중적인 기반 투자가 이루어지고 있다. 신형

인프라에 대한 투자는 2020년 26%의 증가율을 보인 이후 매년 12~15% 의 증가율을 기록할 것으로 예상되고 있다. 4차 산업혁명과 관련하여 가장 중요한 분야가 인공지능이고, 이를 응용하는 것이 중요하다. 중국은 현재 단일영역에 대한 대응, 작업원리에 딥러닝 적용 등의 약弱인공지능 단계에서 복잡한 상황의 지능화 요구를 충분히 만족시키는 과도기 단계에 도달했다고 평가한다. 앞으로 중국은 인공지능이 거의 인간급의 인공지능, 사고 능력 보유 등이 이루어지는 강强인공지능으로 진전할 것으로 보고 있다. 우리나라도 4차 산업혁명관련 디지털 인프라 투자 전략이 추진되고 있고, 스마트제조, 자율주행 및 커넥티드카 전략 등 세부산업이나 적용관련 사항에 대해서도 정책에 중점을 두고 있다. 양국이 4차 산업혁명과 관련된 분야에서 서로 경쟁하고 있고, 중국이 더 빠른 속도로 발전하고 있어 우리에게 위협이 될 것이다. 코로나19가 소비 및 생산구조에 많은 영향을 주고 있는데, 이는 4차 산업혁명 시대를 보다 앞당기는 요소로 작용하고 있다.

최근 논의되고 있는 탄소중립 등 환경적 요인도 한중 산업의 경쟁 및 분업관계에 많은 영향을 줄 것으로 예상된다. 우리나라는 2014년 이미 탄소배출 최고치에 도달했고, 2050년까지 탄소중립을 달성한다는 목표를 가지고 있다. 그렇지만 중국은 2020년 UN에 2030년 탄소배출 최고수준 도달, 2060년 탄소중립 달성 등의 목표를 제시한 바 있다. 중국은 2019년 현재 98.3억톤의 탄소를 배출하여 전세계 배출량의 28.8%를 차지하고 있으며 탄소중립 목표 실현을 위해서는 전 사회적인 대규모 투자 및 산업구조 전환, 기술 승급, 사회변혁 등에서 적절한 조치가 필요하다고 보고 있다. 우리에 비해 탄소중립 목표 달성 기간이 다소 늦어 우리가 이 분야에서 앞선 경험과 관련 산업의 경쟁력을 확보할 수 있겠지만, 다른 측면에서는 탄소배출을 줄이기 위해 추가 비용이 들어가고 이는 가격 경쟁력 등에서 우리가 불리할 수 있다는 우려도 존재한다.

중국은 코로나19 이전에도 거대 경제 규모에 비해 비교적 빠르게 성장하는 국가였다. 코로나사태에도 불구하고 몇 안 되는 플러스 성장을 이룬 국가여서 미중 분쟁 등의 요인이 존재함에도 불구하고, 중국 시장의 중요성은 더 커지고 있다. 소득의 빠른 성장과 더불어 인구구조의 변화 등이 이루어지면서 중국의 소비구조가 빠르게 변하고 있다. 인구 고령화에 따라 노인인구 비율이 상승하면서 노인관련 소비 등이 중요해지고, 90년대 중반 이후 출생한 Z세대(1995~2009년)의 소비 주도, 확대된 도시 중산층의 증가, 3~4선 도시에서의 가성비 높은 대중 브랜드 소비 증대 등과 같은 소비구조의 변화도 이루어지고 있다. 이렇게 중국 소비 시장이 확대되고, 구조가 보다 세분화되면서 다양한 틈새시장이 생겨나 우리에게 기회로 작용할 수도 있지만, 이에 적절히 대응하지 못하면 중국 시장에서의 도태가 더 빨라질 수 있다.

미중 분쟁은 한중 산업의 경쟁구조에 매우 많은 영향을 줄 것으로 전망된다. 미중 분쟁은 관세 등으로 대표되는 무역분쟁과 기술적 제한을 가하는 기술분쟁 등으로 나눌 수 있다. 관세부과는 트럼프 당시 이루어졌던 것이지만 이후 큰 변화가 없이 유지되고 있고, 바이든 정부는 중국의 불공정 무역관행에 대한 제재를 보다 강화하겠다는 의지를 보이고 있다. 미중은 분쟁 이전 각각 상대국에 대해 평균 3.1%, 7.5% 부과하던 관세를 2020년 2월 이후 22.48%, 24.02%까지 상승시켰다. 미중 간의 무역전쟁은 중장기적으로 글로벌 공급망을 변화시켜 글로벌 공급망을 미중에 크게 의존하고 있는 우리에게 많은 영향을 줄 것으로 전망된다. 한중 관계에 더 큰 영향을 줄 수 있는 요인으로 미중 간 기술분쟁을 들 수 있다. 미국은 불법적이고 불공정하게 중국의 손에 넘어간 자국의 기술이 미국의 국가안보와 이익을 침해하는 데 사용되고 있다는 인식하에 각종 무역 규제와 투자규제를 실시하여 왔다. 대표적인 것이 수출관리인데 수출통제기업리스트를 활용하여 리스트에 오른 기업에 대한 수출 규제(특히 첨단제품 등), 세컨더리 보이콧secondary boycott, 최종용도end-use 규제, 중국인과의 공동연구 금지 등을 시행하고 있다. 수출 규제는 첨단산업의 중국기업을 견제하는 효과를 가지고 있는데, 바이든 정부 들어서 이들 수출통제 기업 리스트에 들어가는 업체가 더 확대되고 있다. 기술분쟁은 중국의 기술력 향상을 제한하는 역할을 하여 우리 기업의 경쟁력을 더 오래 지속시키는 역할을 할 수 있겠지만, 중국이 자체 공급망 및 자체 기술 확충 등을 통해 우리 기업을 더 위협할 수도 있다.

최근 중국은 자체 공급망 강화에 정책적으로 많은 노력을 쏟고 있다. 이미 2013년 중국의 배타적 자국 완결형 가치사슬을 뜻하는 홍색공급망 논의가 이루어졌고, '중국제조 2025'와 같은 정책을 통해 종합적인 자체 공급망 구축에 대한 의지를 밝혀 실천에 옮긴 바 있다. 그러나 최근 미국의 공급망 및 기술 제재, 코로나19 등에 따른 공급망 불안 등이 발생하면서 단순히 산업구조 고도화 차원보다는 공급망 안전이라는 차원에서 자체 공급망 구축을 강화하고 있다. 중국의 '14차 5개년 계획 및 2035년 장기발전 목표'에서는 공급사슬 문제가 원천적인 기술 부족에 기인한다고 보고, 기술혁신을 강조하고 있다. 결국, 미중 분쟁 등에 따라 이루어지고 있는 자체 공급망 구축은 자체 기술 및 브랜드 육성으로 귀결되고 이는 한중 간에도 치열한 기술 경쟁이 이루어질 수 있다는 의미를 내포한다. 또한, 이로 인해 애국 소비 및 부품·소재·장비 등의 자국 제품 수요 등이 강화되어 우리 기업 및 산업의 중국 시장에서의 경쟁을 더 어렵게 할 것이다.

4. 산업 전반에 걸친 경쟁 심화와 일부 경쟁우위 지속 전망

기본적으로 다양한 분야에서 중국기업과의 경쟁은 심화되고 있다. 제품의 경쟁은 기업차원에서 이루어지는데, 기획, 연구개발, 브랜드 등 생산 이외의 부분이 경쟁에 있어 더 중요한 요소이다. 단순히 우리나라에서 얼마나 생산해서 수출하느냐의 문제가 아니라 해당 제품 생산의 전체 가치사슬 업무를 수행할 수 있는 기업들이 존재하느냐가 중요하다는 것이다. 스마트폰, 자동차 등에서 우리 기업이 중국 시장에서 치열한 경쟁에 직면하여 위상이 크게 위축되었고, 향후 세계 시장에서도 경쟁이 심화될 전망이다. 소비자들의 합리적 선택이 이루어지고 있는 세계 시장에서는 한국 스마트폰과 자동차가 중국 제품에 비해 우위에 있지만, 애국소비, 한국의 국가 브랜드 등이 작용하는 중국 시장에서는 거의 퇴출이 이루어진 상태에서 중국 브랜드가 후발국들을 중심으로 시장을 확대해왔고, 최근에는 유럽 시장까지 본격 진출하고 있다. 산업에 따라서는 미중 분쟁이 우리에게 유리하게 작용할 수도 있겠지만, 자체 공급능력, 특히 중국 브랜드의 육성 등을 통해 경쟁이 심화될 수밖에 없어 소재·부품·장비 등에서도 한중 간 경쟁은 더욱 치열해질 것이다. 4차 산업혁명시대의 핵심 부품산업인 디스플레이, 이차 전지 등에서 한중 기업 간 경쟁은 더욱 격화될 전망이다. 디스플레이는 후발주자로서 BOE 등이, 이차 전지는 CATL 등이 세계적인 기업으로 성장했다. 디스플레이에서는 이미 LCD를 뛰어넘어 OLED까지 경쟁이 확대되었다. 석유화학에서는 중국의 생산능력이 확대되면서 우리와의 경쟁이 심화되는 양상이다. 이들 소재·부품·장비 등은 단순 생산능력이 중요한 것이 아니라 기술력이 뒷받침되어야 하기에 연구개발 능력이 경쟁의 핵심이 되고 있다.

한편, 많은 분야가 경쟁열위가 되거나 경쟁심화로 되겠지만, 특정 분야에서는 우리 기업의 우위가 지속될 것이다. 메모리반도체는 단순 제조뿐만 아니라 설계 등에 있어서도 우리가 앞서 있고, 그 격차를 쉽게 축소하지 못할 것으로 판단된다. 미중 기술분쟁으로 파운드리에서도 10나노 이하의 공정은 중국에서 발전하기 쉽지 않아 고정밀 파운드리에서 우리의 우위가 당분간 지속될 것이다. 조선도 가스선과 같은 고부가가치선박에서 우리의 우위가 당분간 지속될 전망이고, 최근 탄소중립으로 무배출 수소 및 암모니아 연료전지 선박 등의 개발이 핵심 이슈로 떠오르고 있는데 이들 분야에서도 우리가 앞서고 있다. 최근 전기자동차나 자율차의 보급 확산으로 기존 자동차부품이 기계식에서 전자식으로 변화되고 있는데, 이에 대한 대응은 중국 업체에 있어 쉽지 않은 것으로 나타났다. 스마트 제조는 단순한 알고리즘뿐만 아니라 그동안의 제조 경험 등이 중요한 요소로 작용하는데 우리는 이러한 부문에서 축적된 데이터들을 보유하고 있다. 다양한 기술을 융복합하여 차별화된 프리미엄 제품을 만들어내는 기술에서 한국이 우위에 있다. 제품의 디자인 등에 있어서도 우리가 중국에 비해 우위에 있고, 식품 등에서 한국이 보다 안전하고, 건강에 효과적이라는 이미지를 가지고 있다. K-pop, 드라마, 영화 등 문화산업의 우월성도 중국과 비교해 우리 산업의 우위 요인으로 정의할 수 있다.

다양한 분야에서 중국의 우위가 지속되거나 새로운 중국의 우위 분야가 생겨나게 될 것이다. 동남아 등 대체 공급기지가 부상하고 있지만, 중국은 단순 가공 및 조립제품에 있어 한국에 비해 여전히 절대적인 비교우위를 지니고 있다. 최근 중국 내 임금, 여타 노동조건 등이 악화되면서 중국 내 생산에 애로가 존재하지만, 스마트 제조 확대 등을 통해 이를 극복하고자 하는 노력도 존재한다. 대규모 수요를 바탕으로 성장한 항공, 우주, 철도차량, 발전설비 등 대형 설비산업에서도 중국은 강점이 있고, 앞으로도 이러한 강점이 지속될 것이다. 원자재 및 소재에서도 중국의 강점은 여전히 유지될 것이다. 이들 부분은 에너지 다소비, 공해 유발, 저임금 노동 등의 문제가 있지만, 기술적인 부분도 요구되기 때문에 현재 선진국이나 저개발국 모두가 생산이 쉽지 않은 부분이다. 중국은 대규모 R&D 투자를 통해 항공, 우주, 바이오, 의약 등에서 원천기술 성격의 다양한 기술을 개발하고 있어 이들 분야도 우리에 앞서 나가고 있다고 판단된다. 중국은 4차 산업혁명 관련 기술 및 여건이 빠르게 개선되고 있어 4차 산업혁명 관련 분야에서 빠른 성장이 예상되고, 빅데이터나 인공지능 등에서 우리에 비해 높은 경쟁력을 가질 것이다.

5. 중국과의 미래 차별화 및 초격차 전략

   중국 및 세계 시장, 국내 시장 등에서 중국과 경쟁하기 위해서는 전산업에 걸쳐 중국 제품과의 명확한 차별화 및 초격차 전략이 필요하다. 비슷한 제품으로는 우리가 가격 경쟁력 등에서 열위이기 때문에 도저히 경쟁이 안된다. 우리가 다소 경쟁력이 높다고 하더라도 중국의 애국주의 소비나 수요, 한국 브랜드에 대한 부정적 인식 등으로 인해 중국 시장에서 어려움을 겪을 수밖에 없다. 먼저, 최종재를 중심으로 하는 산업 전반에서는 기초연구보다 융복합을 통해 신제품 및 신서비스 개발에 집중하여 제품을 차별화하고 프리미엄화해야 할 것이다. 앞으로 융복합 신제품은 4차 산업혁명 기술과 관련하여 생겨날 것이다. 인공지능, 빅데이터, 클라우드 컴퓨팅, 블록체인, IoT 등 4차 산업혁명 기술 자체가 산업으로 중요한 의미가 있지만, 이를 기반으로 다양한 제품 및 서비스 등이 창출될 수 있다. 이러한 산업이 창출될 수 있는 환경이 4차 산업혁명관련 인프라이다. 과거 IT인프라 투자는 미국이 주도했고, 이를 기반으로 세계적인 IT기업이 미국에서 생겨났다. 우리도 IT 버블이라는 얘기가 나올 정도로 막대한 투자가 이루어졌고, 이에 따라 IT 강국이 될 수 있었다. 앞으로는 4차 산업혁명 관련 인프라 경쟁 시대다. 중국은 신형 인프라 구축이라는 명목으로 막대한 투자를 실시하고 있다. 우리도 디지털 인프라 투자를 추진하고 있지만, 중국만큼의 강도로 이루어지지는 않고 있다. IT인프라도 그랬지만, 디지털 인프라도 우리에게 유리한 측면이 존재한다. 좁은 국토에 많은 인구가 몰려 있어 상대적으로 투자비용을 적게 들이고

도 완벽한 4차 산업혁명 환경을 조성할 수 있다는 것이다. 다른 나라에 비해 빠르게 4차 산업혁명관련 인프라가 구축된다면 새로운 제품 및 서비스가 개발될 가능성이 높아질 뿐만 아니라 관련 산업의 세계적 테스트베드로서 역할도 할 수 있을 것이다.

향후 수요 확대가 예상되고 우리가 경쟁력을 일정 정도 확보한 분야는 근본적인 측면에서 경쟁력 유지 및 강화를 위한 노력이 필요하다. 제품 자체의 개발이나 제조 기술뿐만 아니라 관련 소재 및 부품, 장비 등을 같이 발전시켜야 하고, 관련 기초과학 기술개발도 강화해야 한다. 이는 단순히 차별화의 문제가 아니라 중국과 격차를 보다 벌리는 초격차 전략이 될 것이다. 이의 대표적인 산업이 4차 산업혁명 시대에 수요가 크게 늘고 있고, 우리 기업이 일정 수준 경쟁력을 보유한 반도체, 디스플레이, 이차 전지 등이다.

일반 제품으로는 우리가 중국 시장에서 생존하기 힘들다. 따라서 틈새시장에서 고급화 제품으로 승부해야 한다. 중국에 앞서 고령화 사회에 진입한 우리로서는 중국의 실버마켓 공략이 좋은 전략이다. 또한, 탄소중립 등에서 앞선 기술이나 제품 및 시스템, 설비 등으로 뒤따라오는 중국을 시장으로 삼아야 할 것이다. 선도적 탄소중립 및 환경문제 대응과 더불어 관련 산업의 육성에 주력하여 중국 시장에 선도적으로 진출해야 한다. 문화 자체도 산업적 중요성을 지니지만, 문화와 결합한 제품 및 서비스 개발, 문화를 통한 브랜드 이미지 향상(광고) 등을 통해 국가 브랜드 이미지의 약점을 보완하는 요소로 활용할 수 있다. 국내 생산이 위축된다고 하더라도 국내에서 생산방식의 혁신은 앞으로도 지속되어야 할 것이다. 제품이 대중화되면 결국 최종적 경쟁력은 생산에 있다. 저비용으로 고품질의 제품을 생산할 수 있는 경쟁력이 존재해야 기업이 생존할 수 있다. 이와 더불어 산업환경 변화에 따라 우리 기업의 글로벌 배치전략도 빠르게 변화해야 할 것이다. 시장이나 생산 여건을 적절히 고려하여 생산기지를 글로벌로 적절하게 배치하는 것이 기업의 경쟁력을 높이고, 우리 산업을 발전시키는 요소가 될 것이다.

06

멀어지는
한중 국민감정
어떻게 극복할 것인가

이욱연
서강대학교 중국문화학과 교수

1. 한중 상호 혐오인가

젊은이들 사이에서 마라 요리 열풍이 거세다. 마라 요리는 중국에서 건너왔다. 마라는 매울 뿐만 아니라 입을 얼얼하게 하게 톡 쏘는 맛이다. 원래 중국 쓰촨 지방 요리다. 달면서 매운 우리 매운맛하고는 다른 마라 맛이 청소년과 청년 사이에서 인기다. 신한은행이 2019년부터 2022년 1분기까지 조사한 창업 트렌드 관련 키워드 순위에서 마라탕은 2020년 1분기에는 475위였지만, 2021년 1분기에는 211위로 순위가 껑충 뛰었고, 2022년 1분기에는 77위로 순위가 빠르게 올랐다. '양꼬치엔 칭따오' 열풍을 잇는 중국 요리 열풍이다. 그런데 마라 열풍은 한국만이 아니라 중국에서도 거세다. 쓰촨 지방에서 주로 먹던 마라 요리가 중국 전역으로 빠르게 확산하고 있다. 코트라가 중국 중상산업연구원中商産業研究院 통계를 바탕으로 낸 2022년 중국 마라탕 시장 규모 동향을 보면, 2016년 이후 마라 시장 규모는 매년 20%가량씩 성장하고 있다. 한국과 중국에서 마라 열풍이 동시에 부는 것이다.

한국인과 중국인이, 특히 양국의 미래세대가 이렇게 맵고 화끈한 마라 맛에 동시에 빠져들고 있지만, 양국 국민 사이 공감과 소통은 그저 마라 맛 차원일 뿐이다. 두 나라 국민이 서로를 보는 마음의 거리는 갈수록 멀어져 가고, 공감과 마음의 연결은 갈수록 줄어들고 있다. 특히 한국인의 마음이 중국에서 돌아서고 있다. 한국인의 중국 인식은 2016년 사드 사태 이후 급격하게 나빠진 뒤, 최근 코로나 국면에서 정점을 찍고 있다. 국내외 여론조사 기관과 언론사, 연구소 등에서 실시한 중국에 대한 호감도나 중국 인식 관련 조사를 보면, 한국인 가운데 대략 70% 정도가 중국에 비호감 정서, 또는 부정적인 인식을 지니고 있다.

이렇게 한국인의 마음이 중국에서 떠나고 있지만, 중국인의 마음은 상황이 조금 다르다. 전체적으로 보자면 여전히 한국을 우호적으로 생각하는 중국인 비율이 높다. 우리나라 해외문화홍보원이 해마다 시행하는 국가 이미지 조사에 따르면 중국인 가운데 60~70%는 한국에 우호적인 생각을 지니고 있다. 한국을 긍정적으로 보는 비율이 2019년 조사에서는 61.6%였고, 2020년과 2021년에는 각각 69.4%와 68.6%였다. 이렇게 보자면, 한중 두 나라 국민 사이에 마음의 거리가 멀어지고 있지만, 엄밀하게 볼 때, 그 멀어지는 거리는 한국이 중국에서 멀어지면서 생긴 거리이다. 한중 수교 30주년을 맞는 시점에 한중 사이에 상호 혐오가 폭넓게 존재한다는 것은 정확한 진단이 아니다. 한국인이 지닌 일방적인 반중 내지는 혐중 정서가 강하다. 하지만 개인 차원이든 국가 차원이든 혐오의 감정이 일단 일어나면 상호 작용하기 마련이어서, 한국인이 지닌 중국 혐오의 감정이 앞으로 한중 상호 혐오로 발전할 가능성이 크다.

한중 상호 감정을 전반적으로 보면 이렇지만, 세대별로 보면 상황이 다르다. 두 나라 국민이 지닌 상호인식을 세대별로 나누어 보면, 한중 청소년과 청년 등 이른바 미래세대 혹은 MZ세대 사이에는 단방향의 혐오나 부정적 인식을 넘어, 쌍방향의 상호 혐오나 상호 부정적 인식이 있다고 보는 게 맞다. 주간지 시사인이 2021년에 한 여론조사를 보면, 한국 MZ세대는 기성세대에 비해 훨씬 더 중국을 부정적으로 본다. 중국을 적이라고 생각하는 비율이 18~29세 사이는 62.8%로, 나머지 연령층의 평균 49.1%보다 크게 높았다. 중국에 대한 감정 온도 역시 60대, 50대, 40대가 각각 31.1, 30.8, 28.3인 것에 비해, 30대는 21.8, 20대는 15.9

였다. 한국인 연령층이 낮아질수록 중국에 호감을 느끼는 비율이 줄어들었다.

그런데 우리만 그런 게 아니라 중국에서도 연령층이 낮아질수록 한국에 호감을 느끼는 비율이 낮다. 2020년 해외문화홍보원이 조사한 국가 이미지 조사 통계를 보면, 중국인이 한국에 갖는 호감도는 70.4였다. 그런데 주목할 것은 중국 청소년과 청년의 마음이 최근 3년 사이에 한국에서 멀어져 가고 있다는 점이다. 2019년 조사에서 중국인이 지닌 한국에 대한 호감도는 전체 평균이 66.0%였는데, 10대의 경우는 다른 연령층보다 훨씬 낮은 47.4%로, 평균보다 훨씬 낮았다. 2020년에는 한국에 긍정적 이미지를 지닌 중국 10대는 42.1%, 20대는 60.2%였고, 2021년에는 10대 34.4%, 20대 59.3%였다. 기타 연령층 중국인이 한국을 보는 긍정적 시각이 매년 조사에서 70%를 웃도는 것과는 크게 다르다.

한중 상호 감정을 비교하면, 중국인의 경우 전체적으로 볼 때 한국에 대한 부정적 인식이 강하지는 않지만, 중국 미래세대는 한국에 대한 부정적 인식이 강하다. 이렇게 보자면 한중 미래세대는 서로 상대국을 부정적으로 생각하고, 한 걸음 더 나아가 혐오하고 있다. 이는 한중 수교 30년 이후 한중 관계에 나타난 새로운 양상이자, 한중 관계의 미래를 위협하는 중요한 위기 요소다. 한중 양국 미래세대 사이에서 상대 국가에 대한 혐오 정서가 강하다는 것은 한중 관계 차원을 넘어 양국 국내 차원에서도 바람직하지 않다. 혐오 이론에서는 혐오의 기원을 설명하면서, 혐오가 특정 상대 때문에 생기기도 하지만, 자기 문제에서, 특히 자신의 불안에서 기원한다고 지적한다. 한중 양국이 양국의 미래세대가 지닌 상대 국가에 대한 혐오 정서를 한중 관계 차원만이 아니라 자신의 국내 문제 차원에서 엄중하게 인식해야 할 이유가 여기에 있다. 한중 수교 30주년 즈음에 한중 양국 국민의 마음이 서로에게서 멀어진 데에는 2020년 이후 세계와 한국, 그리고 중국의 상황변화라는 상황적 요인과 더불어, 한중 관계 자체가 지닌 역사적, 구조적 요인도 동시에 작용하고 있다. 먼저 상황적 요인을 살펴본 뒤, 역사적, 구조적 요인과 더불어 어떤 해결책이 필요한지 살펴보도록 하겠다.

2. 한국인의 마음은 왜 중국에서 멀어졌는가

한중 수교 이후 30년 동안 한중 관계를 되돌아볼 때, 한중 양국 국민의 상호인식이라는 측면에서 보자면 수교 이후 첫 10년 동안 (1992~2002)은 밀월기였다. 오랜 단절이 무색할 정도로 체제와 이념의 차이를 넘어서 활발한 경제적, 문화적, 인적 교류가 이루어진 것과 맞물려 상대국에 대한 인식도 약 70~80% 정도의 호감도를 보일 정도로 긍정적이었다. 하지만 그 밀월은 오래 가지 않았다. 한국인의 마음이 점점 중국에서 멀어졌는데, 한중 수교 30년 동안에 한국인의 마음이 중국에서 멀어지는 데는 세 차례 계기가 있었다. 첫 번째는 중국 역사학계가 고구려 역사를 중국사에 포함한 이른바 '동북공정' 파문(2003) 때문이었고, 두 번째는 우리 정부가 사드 배치(2016)를 결정하자 중국이 여기에 반발하는 가운데 이른바 '한한령' 같은 대한국 제재조치를 잇달아 내놓으면서다. 그리고 세 번째는 코로나19 팬데믹 시기다. 그런데 앞의 두 차례와 비교하여 2020년 이후 코로나19 팬데믹 시기는 몇 가지 다른 특징을 지닌다. 동북공정과 사드 배치로 인한 갈등의 경우, 사안의 성격으로 보자면, 사안이 비교적 단일하고 분명하였고, 따라서 해당 사안에 대해 양국이 어느 정도 타협점을 찾는 것으로, 상황이 더는 악화하지 않고 회복되었다. 하지만 코로나19 팬데믹 국면에서는 한국인이 지닌 대중국 부정적 정서의 배경이 매우 복합적이고 부정적 인식의 정도가 심하며, 이로 인해 해결의 전망이 쉽지 않다는 차이가 있다.

물론 2020년 코로나 팬데믹 이후 한국에 유행한 중국에 대한 부정적 정서는 한국에서만 일어난 현상은 아니다. 세계 곳곳에서 일어난 현상이다. 미국이나 서구 국가의 경우엔 원래 중국에 대한 우호적인 정서가 높지 않았다고 해도, 그동안 중국에 상대적으로 높은 호감도를 지녔던 인도네시아 같은 동남아 지역 국가에서도 호감도가 크게 낮아진 것은, 반중국, 심지어 혐중국이 세계적 현상이라는 것을 말해 준다. 세계 여론 기관의 조사를 보면, 여기에는 코로나19가 중국 우한에서 세계 최초로 대규모로 폭발하였다는 점이 가장 크게 작용하고, 이와 더불어 △중국의 홍콩 민주화 시위 탄압 △시진핑의 장기 집권 구상과 강성 외교의 영향 △중국 인권 상황 △미중 갈등이 격해지는 가운데 미국 선택 경향 고양 △중국이 부상한 것에 대한 경계의식 등이 복합적으로 작용하고 있다. 이러한 요소들이 세계적으로 중국에 대한 부정적 정서가 퍼지게 한 상황적 요인이다.

그런데 한국의 혐중 정서에는 이런 세계적인 추세만이 아니라 한국만의 배경도 있는데, 그것은 바로 한중 문화갈등이다. 동북공정과 사드 사태로 인한 중국에 대한 부정적 정서가 한국인 마음속에 여전한 상황에서 2020년대 이후 양국 사이에 문화갈등이 자주 일어나면서 중국에 대한 부정적 인식이 강해진 것이다. 주요 여론조사를 보면 한국인은 중국을 부정적으로 보는 이유로, 코로나19, 사드 보복과 함께 한중 문화갈등(동북공정 포함)을 꼽았다. 이는 한국인의 혐중 인식이 서구 자유주의 국가에서 나타나는 혐중 인식과 다른 점이다.

그렇다면 한중 수교 이후 한중 문화갈등은 어떻게 전개되었고, 한국인이 중국을 부정적으로 인식하는 배경으로 작용하였는가? 우선, 한중 수교 이후 한중 사이에 일어난 문화갈등 사례를 정리해 보자. 한중 문화갈등 사례를 △양국 사이 상호 연동성 △지속성 △언론 및 대중적 파급력 등을 기준으로 뽑아보면 총 14건이다. 시간순으로 보면 다음과 같다. △고구려사 중국사 편입(일명 동북공정, 2003), △강릉단오제 유네스코 등재신청(2005) △동의보감 유네스코 등재 신청(2006) △한글 자판 표준화(2010) △아리랑 유네스코 등재 신청(2011) △온돌 유네스코 등재 신청(2014) △가수 쯔위의 타이완 국적(2015) △사드 배치로 인한 한한령(2016) △이효리의 마오 발언(2020) △BTS의 밴플리트상 수상 소감 발언(2020) △한복 기원 논쟁(2020) △김치 종주국 논쟁(2020) △드라마 조선구마사 파문(2021) △베이징 동계올림픽 개막식 한복(2022) 파문.

이 14건을 갈등 성격에 따라 분류해 보면, 이 가운데 10건이 문화 귀속권을 둘러싸고 일어났다. 그 양상을 보면 2020년 이전에는 문화 귀속권을 둘러싼 문화갈등이 주로 양국 정부가 유네스코 문화유산 등재를 신청하는 과정에서 일어났고, 이런 의미에서 보자면 문화갈등 유발 주체가 양국 정부였다. 그런데 2020년 이후에는 상황이 달라져서 정부 차원이 아니라 주로 민간 차원에서 일어났다. 양국 언론과 네티즌이 문화갈등을 촉발하고, 주도하는 경향이 새롭게 나타났고, 문화갈등이 주로 젊은 세대가 많은 관심을 지닌 연예와 오락, 게임 등에서 시작된 것이다.

한국 미래세대가 자신들이 중국을 부정적으로 보는 요인으로 문화갈등을 지적한 것도 이와 관련된다. 자신들이 주로 관심 있는 문화 영역에서 중국이 한국문화를 침탈하려 한다고 생각하는 것이다. 한중 문화갈등이 일어나는 과정에서 한국 언론과 한국 네티즌이 문화갈등 사안을 두고 '동북공정'과 연결하여 중국의 '문화공정'이라고 부른 것도 이런 배경에서였다. '동북공정'이 중국 역사학계가 한국역사를 침탈해 가려고 했다면, 이제는 한국문화를 중국이 침탈해 가려고 한다는 차원에서 한중 문화갈등의 성격을 규정하고, 여기에 반발한 것이다. 물론 중국 요인으로 촉발된 한중 문화갈등 사례를 보면, 중국 정부가 주도하지 않고, 중국 네티즌과 오락 회사, 그리고 사회관계망 인플루언서가 촉발한 사례도 있다. 하지만 한국 미래세대와 언론은 이를 구분하지 않은 채 '동북공정'처럼 중국 정부와 중국 공산당이 의도하고 개입하였다고 해석하였다. 그 근거로는 중국에서 인민일보 계열사인 환구시보가 잇달아 악의적으로 사실을 왜곡하거나 과장 보도를 하면서 한중 문화갈등을 촉발하거나 조장하는 경우가 많았다는 점, 2020년에 일어난 김치 파동에서 보듯이, 중국공산당 정법위 웨이보 계정이 여기에 적극적으로 개입하였다는 점 등을 들었다. 결국, 2020년 이후 더욱 빈발하게 일어난 문화갈등은 한국인에게 '동북공정'의 기억을 불러일으켰고, 이것이 코로나19 팬데믹 등의 상황적 요인과 결합하면서 한국인이 중국을 보는 정서가 크게 나빠졌다.

한국인 가운데 특히 미래세대에게서 혐중 정서가 강해진 것은 이러한 문화갈등 요인과 더불어 한국 미래세대 사이에 퍼지고 있는 혐오 정서도 작용하였다. 혐오는 자기 불안의 산물이라는 독일 철학자 아도르도의 견해를 굳이 빌리지 않더라도 최근 한국에서 미래세대는 근대 이후 가장 힘들고 불안한 현재를 살고 있고, 어둡고 우울한 미래 전망 속에서 살고 있다. 이런 불안한 현실 속에서 한국 청년세대는 불안을 초래한 적 찾기에 나서게 되고, 결국 각종 혐오가 유행하게 된다. 혐오가 이들 세대의 문화와 오락으로 자리 잡을 정도이다. 한국 미래세대의 이러한 혐오 정서 속에서 중국과 한국에 거주하는 조선족은 이들이 역반응이나 비판이 거의 없는 채로 가장 손쉽고 안전하게 혐오를 표출할 수 있고, 더구나 혐오를 통해 자신의 민족주의적 우월함과 이념적 선진성을 표출할 수 있는 대상이기도 하다. 또한 경제적 이익도 얻을 수 있다. 한국 사회에 혐중 분위기가 고조되면서 각종 사회관계망에서 혐중, 반중 콘텐츠는 많은 조회 수를 유도하여 큰 수익을 가져다주는 콘텐츠이기도 하다. 사회관계망 공간과 여러 영상 플랫폼에서 혐중 콘텐츠는 혐중 상업주의 및 혐중 민족주의와 결합하면서 확대 생산되고, 이것이 다시 혐중 정서를 확산하는 순환이 이루어지게 된 것이다.

2020년 이후 한국에서 강해진 혐중 정서의 상황적 요인에는 정치적 요인도 작용하였다. 2022년 대선 국면이 코로나19 상황 속에서 진행되고, 친중 혹은 친일 프레임이 정치 진영에 따라 작동하고, 여기에 미중 대립이 격해지는 상황 속에서 한국이 미국과 중국 두 나라 가운데 어느 나라를 선택해야 할지에 대한 논의가 정치적 프레임 속에서 활발해진 점도 혐중 정서 확산에 영향을 미쳤다. 2021년에 퓨리서치 센터가 실시한 '미래 세계를 이끌 경제력을 지닌 나라'에 관한 여론조사를 보면, 한국인 가운데 77%가 미국을 13%가 중국을 꼽아서, 조사 대상 13개국 가운데 가장 높은 비율로 미국을 선택하였다. 이 조사에서 유럽 국가들은 주로 중국을 꼽았고, 13개국 평균을 보면 미국을 선택한 비율이 34%, 중국을 선택한 비율이 48%였다. 미중 대립이 격화하는 가운데 한국 사회에 미중 양자택일 분위기가 높아지고, 한국이 궁극적으로 미국을 선택해야 한다는 여론 역시 고조되면서, 중국에 대한 우호적인 감정은 낮아지고, 반대로 혐중, 반중 정서는 높아진 것이다.

3. 중국인의 마음은 왜 한국에서 멀어졌는가

한중 수교 이후 중국인이 한국에 지녔던 우호적 정서에 변화가 일어나기 시작한 것은 한류가 중국에서 유행하면서다. 중국에서 한류가 크게 유행하자 한국 대중문화를 비판하면서 반감을 드러내는 반한류 흐름이 일어나고, 반한 감정도 대두하기 시작한 것이다. 한류 드라마가 유행의 정점에 이른 2005년을 기점으로 중국 정부는 한국 드라마 수입 편수를 통제하면서 한류를 견제하기 시작하였고, 중국 대중문화계에서 반한류 주장이 나타나기 시작하였다. 2007년 중국에서 실시된 한 여론조사에서는 '좋아하지 않는 이웃 나라'로 한국이 1위였고, 2008년 중국청년보中國靑年報가 실시한 가장 싫어하는 드라마 여론조사에서 외국 드라마로는 유일하게 「대장금」이 포함되었다.

물론 이렇게 한류 유행에 대한 반감 차원에서 혐한류와 한국에 대한 부정적 정서가 일기 시작하였지만, 전체적으로 보자면 2000년대 초중반까지 한류는 중국인이 한국에 호감을 갖도록 하는 데 이바지했다. 대다수 중국인의 정서는 한국에 우호적이었고, 중국이 한국의 발전 경험을 배워야 한다는 인식도 있었다. 더구나 한류 유행은 많은 중국인이 현대화를 추구하면서도 전통을 간직한 한국, 깔끔하고, 예의 바르고, 적극적인 한국인을 선망하고, 호감을 지니는 촉매 역할을 하였다.

중국인이 한국을 보는 부정적 정서가 높아진 것은 2008년 무렵이다. 2008년 이전 유네스코 문화유산 등재 신청 등의 과정에서 중국 환구시보를 비롯한 몇몇 언론이 이를 왜곡하거나 과장 보도하면서 중국인의 반한국 감정이 서서히 고개를 들기 시작하였다. 한국의 강릉단오제 문화유산 등재 신청(2005)이라든가, 동의보감 유네스코 문화유산 등재 신청(2006), 창춘 동계 아시안게임에서 우리 선수가 '백두산은 우리 땅'이라는 펼침막을 들고 시위를 한 사건(2007) 등으로 인해 반한국 여론이 높아지기 시작하였고, 여기에 기존 혐한류 흐름이 가세하였다. 하지만 이러한 반한국 정서가 중국에서 주류를 차지하는 것은 아니었고, 일시적이고 일부의 반응에 그쳤다. 반한국 정서가 잠복하고는 있었지만, 2012년부터 '강남스타일' '상속자들' '별에서 온 그대' '태양의 후예' 등이 중국에서 크게 유행하면서 다시 일기 시작한 한류 열풍, 이른바 중국의 '신한류' 열풍이 말해 주듯이, 한국에 대한 우호적인 정서는 여전하였다.

그런데 중국인 사이에서 신한류 열풍이 밀려나고 잠복하던 반한국 정서가 수면 위로 올라온 계기는 한국 정부가 사드 배치를 결정한 이른바 '사드 사태'(2016)였다. 중국인은 사드 배치를 갑작스럽게 발표한 한국 정부의 결정, 그리고 한중 수교 이후 중국 관광객을 상대로 많은 수익을 본 롯데가 사드 부지를 제공하기로 한 것에 크게 불만을 보였다. 중국 환구시보 조사에 따르면, 한국에 대한 긍정적 인식은 2010년에는 5.75였지만, 사드 배치 발표 이후 2017년 조사에서는 3.40으로 뚝 떨어졌다.

한중 관계 측면에서 볼 때 사드 배치 사태는 한중 관계 전반에 큰 영향을 미쳐서, 한중 수교 30년 역사를 둘로 나누는 분수령이라고 해도 과언이 아닌데, 한중 양국 국민이 상대국가를 보는 인식과 정서에도 큰 영향을 미쳤다. 미중 관계가 격해지면서 중국인의 한국 인식에 미중 관계가 영향을 미치기 시작하는 데 그 계기가 사드 사태였다. 중국인은 사드 배치 사안을 한중 관계 차원만이 아니라 날로 대립이 격해지는 미중 관계 차원에서 해석하였다. 사드 배치 이후 중국은 미중 관계 속의 대미국

인식 차원에서 한국을 바라보고 대하는 경향이 늘어나고 있다. 중국 정부와 중국인이 "한국이 미국에 얼마나 경사되고 있는가", 그리고 "한국이 미국이 주도하는 중국 봉쇄의 국제 연대에서 어떠한 역할을 할 것인가?"라는 차원에서 한국을 보기 시작한 것이다. 그리고 한국이 미국에 기울수록 중국인이 한국을 보는 인식과 감정은 부정적 경향을 지니게 되었다. 2020년 BTS가 밴 플리트상 수상 소감에서 "한미 두 나라가 함께 한 고통의 역사를 기억한다"고 말한 것을 두고 중국 외교부와 언론, 그리고 네티즌을 비롯한 중국 여론이 크게 반발한 것도 이런 중국인의 인식변화를 보여준다.

중국인 중에서도 특히 중국 미래세대가 한국에 부정적 인식과 정서를 지니는 요인 가운데 빼놓을 수 없는 것 중 하나는, 2008년 이후 중국 미래세대가 중국에 대한 자부심이 더욱 강해지고, 강한 애국주의 성향을 지니게 된 점이다. 중국에서 1990년, 2000년 이후 출생한 세대는 이전 세대와 비교하여 애국주의와 민족주의 의식이 더 강하다. 이들 세대는 중국이 세계 경제대국으로 빠르게 발전하던 시기와 미중 대립이 갈수록 심해지는 시기를, 그리고 중국 근대사의 치욕을 상징하는 마카오와 홍콩이 다시 조국으로 귀환하는 기쁨과 홍콩 시위의 불안을 동시에 겪으면서 성장한 세대이다. 강한 애국주의 교육을 받은 세대이기도 하다. 강한 민족적 자부심을 지닌 세대이자, 미국을 비롯한 서구의 중국 봉쇄론에 맞서 중국을 수호하려는 애국주의 의식이 강하고, 외부 세계의 위협에 맞서는 중국 정부와 중국 공산당에 대한 지지도가 강한 세대인 것이다.

중국 미래세대의 이러한 의식은 한국을 대하는 인식과 정서에도 영향을 미쳤고, 특히 중국 한류 팬이 애국주의로 돌아서면서 한국에 대한 부정적 인식을 지니게 되는 배경이 되었다. 중국 한류 팬은 미중 대립의 심화와 홍콩 사태 등을 겪으면서 정체성에 큰 변화가 일어난다. 중국 한류 팬의 친한국 정체성에 변화가 일어나기 시작한 것은, 트와이스 멤버 쯔위의 중화민국 국기 사건 및 사드 사태가 일어난 2016년 무렵이다. '샤오펀훙小粉紅'을 비롯한 이른바 중국의 애국주의 네티즌은 2016년 1월 20일 타이완과 홍콩의 분리 독립 주장을 비판하면서 타이완 총통 차이잉원蔡英文과 홍콩 애플 데일리Apple Daily 등의 페이스북을 집단으로 공격하는 이른바 '디바 출정帝吧出征' 사건을 일으켰다. 중국 네티즌 애국주의를 상징하는 대표적인 사건이다. 이 '디바 출정'이 일어난 배경 중 하나가 쯔위 사건이었다. 이들 사건을 계기로 중국 한류 팬 정체성에 변화가 일어났는데, 그 변화를 상징하는 것이, '국가가 아이돌(우상)보다 높다國家高於偶像' '국가 앞에 아이돌/우상은 없다國家面前無愛豆/偶像'라든지, '조국이 최고다祖國才是大本命' 등과 같은 애국주의 구호가 한류 팬 사이트에 등장한 점이다. 한류 팬이 친한국 정서에서 벗어나 중국 정부를 지지하는 애국주의 성향을 보인 것이다. 또 2016~2017년에는 중국 한류 팬들이 한류 스타 팬클럽에서 탈퇴하는 현상이 나타났고, 한류 팬클럽 탈퇴 인증을 올리는 것이 한류 팬 사이에서 유행하였다. 2017년에는 지드래곤 팬클럽 탈퇴 인증이 유행하였고, 팬클럽 탈퇴를 알리는 글에 11만 개 지지 댓글과 7만 개 '좋아요'가 달리기도 했다.

이런 흐름은 중국 내 한류 유행에도 반영되어, 2018년에 문화콘텐츠진흥원에서 발간한 「한류 백서」에 따르면, 중국은 한류에 대한 부정적 정서가 가장 강한 국가가 되었다. 그 부정적 정서는 49.4%였다. 이런 흐름 속에서 중국의 대표적인 한류 커뮤니티 가운데 하나인 '떠우반 한류 커뮤니티豆瓣韓娛'에서는, 이효리의 '마오' 발언 사건(2020) 이후, 한국을 남조선으로 부르기 시작하였으며, 이후 남조선이라는 호칭이 중국 K-pop

팬들 사이에 유행하였다. 중국에서는 한류가 유행하면서 한류 팬과 네티즌 민족주의 사이에 갈등이 있었고, 민족주의(애국주의) 네티즌의 여론은 한류 팬을 '골 빈 것들腦殘'이라고 비하하기도 했다. 그런데 쯔위 사건과 사드 사태 이후 기존 대립 관계였던 한류 팬과 민족주의(애국주의) 네티즌이 애국주의를 매개로 결합하는 양상이 나타났고, 중국 네티즌의 '팬덤 애국주의飯圈愛國主義'가 활발해지면서, 이제 '한류 오빠' 대신 '중국 오빠'阿中哥'를 추종하고, 이런 흐름이 일련의 한중 문화갈등에서 혐한국, 반한국 여론으로 나타난 것이다. 2021년 들어 중국에서 한류 팬은 계속 감소하고 있다. 2021년에 나온 「한류백서 2020」에 따르면, 2020년에는 전 세계 한류 동호회원 수가 1억 명에 달했지만, 중국에서는 전년 대비 1000만 명이 감소하였고, 한류 동호회 가운데 16개가 폐쇄되었다. 이러한 중국 한류 팬의 정체성 변화로 한국과 한국 문화에 익숙한 이들이 사회관계망과 인터넷 공간에서 한중 문화갈등을 촉발하고 확대하는 주역이 되었으며, 중국에서 반한국 여론과 정서를 선도하게 되었다.

4. 한중 상호 혐오의 역사적, 구조적 요인은 무엇인가

한국과 중국인 사이에서 상대국을 부정적으로 보고, 나아가 혐오하는 인식과 정서가 강해진 것은 위에서 살펴본 것처럼 한중 수교 20주년과 30주년 사이에 일어난 일련의 상황적 요인이 크게 작용하였지만, 동시에 여기에는 한중 관계가 지닌 역사적, 구조적 요인도 작용하고 있다. 그 역사적, 구조적 요인은 크게 보면 둘이다. 하나는 전통시대와 근대 이후, 특히 냉전시대에 형성된 한국인과 중국인의 상호인식 문제이고, 다른 하나는 한중 두 나라 사이 문화적 유사성이다. 이는 한중 관계가 지닌 역사적, 구조적 조건에서 파생되는 문제로, 한중 관계에서 늘 수면 아래 잠복하고 있다가 특정한 상황적 갈등 사건이 발생할 때면 수면 위로 부상하여 양국 관계를 악화시킨다.

그렇다면, 한중 상호 혐오에 작용하는 한중 관계의 역사적, 구조적 요인인 한중 상호인식은 수교 이후 어떻게 변화하였는가? 먼저 한국인의 중국 인식을 보자. 한국인은 전통 시대에 중국을 사대하거나 비하하였다. 조선 시대에는 명나라는 사대하였지만, 명나라를 무너뜨리고 들어선 청나라는 오랑캐 나라라고 여기면서 비하하고 조선이 이제 소중화라고 자부하고 우월감을 지녔다. 이런 인식은 근대 초기에 변한다. 사대하는 의식은 사라지고, 천한 중국, 더러운 중국이라는 일방적으로 중국을 비하하는 인식이 한국인의 중국 인식으로 자리 잡는다. 중국을 문명개화의 낙오자라고 규정한 개화파 유길준의 중국 인식이 이 당시 중국 인식을 상징한다. 이런 인식은 일제 강점기에도 이어진다. 박완서가 쓴 자전소설 『그

많던 싱아는 누가 다 먹었을까?』에 따르면, 당시 아이들끼리 싸우다가 짱깨 같다고 상대에게 욕하면 그게 가장 심한 욕이었다고 한다. 이러한 일제 강점기 한국인의 중국 인식은 일본의 영향을 받은 것이지만, 더럽고, 시끄럽고, 돈만 알고, 예의를 모르는 중국인이라는 부정적 이미지는 한국인에게 일제 강점기에 넓게 퍼진다. 그리고 이런 부정적 이미지는 한국전쟁과 이후 이어진 냉전적 대립 속에서 강화된다. '빨갱이 중공'이라는 이미지가 더해져서 대립의식과 비하의식은 더욱 강해지고, 자유민주주의 체제인 한국은 사회주의 중국보다 낫다는 우월의식을 지녔다.

오랜 단절의 시간이 지나고 1992년 한중 수교 이후 한국인은 한국보다 크게 낙후된 중국을 눈으로 직접 목격한다. 한국인이 근대 이후 지닌 우월감이 수교 이후 더욱 강화되고, 낙후된 중국을 보면서 크게 우월감을 지니게 된다. 한류가 중국에서 크게 유행하고 한국은 중국이 선망하는 학습 대상 국가였다. 그런데 이런 상황은 2000년대 이후 변한다. 중국이 빠르게 성장하여, 심지어 미국과 맞서는 G2대국이 되면서 한국인은 초조해진다. 중국에게 추격을 넘어 추월당할 것 같은 위기감과 초조감에 빠지고, 불안하다. 중국이 빠르게 성장하면서 역사 속 '조공 체제'의 기억이, 한국인이 민족적 치욕이라고 생각하는 역사적 기억이 많은 한국인에게 되살아나는 것이다.

더구나 중국이 사드 사태로 인한 한한령 등에서 보듯이 과거보다 더욱 강하고 거칠게 나오면서 G2시대 한국인이 느끼는 이러한 위기감과 불안하고 초조한 마음을 더욱 자극하였고, 문화 귀속권을 둘러싼 한중 문화갈등은 중국의 위협을 더욱 현실 속에서 느끼게 했다. 중국이 빠르게 부상하면서 한국인 마음 속에서 한중 관계의 오랜 역사와 한중 관계의 기본 구조에서 기인하는 한국인 마음 깊은 곳에 있는 중국에 대한 공포와 위기감이 다시 일어나고, 근대 이후 한국인이 지닌 중국에 대한 우월감이 무너지는 심리적 위기가 일어나는 것이다. 이러한 한국인의 중국 인식은 중국의 부상이라는 최근 상황적 요인 때문이기도 하지만 한국 관계가 지니고 있는 역사적, 구조적 배경 때문이기도 하다. 그만큼 뿌리 깊고, 대응이 쉽지 않다.

한국인의 혐중국 정서만이 아니라 중국인의 혐한국 정서에도 역사적, 구조적 요인이 작용하고 있다. 중국인은 전통적으로 한국을 정치적, 문화적 속국으로 여겼다. 전통시대에 한국은 정치와 문화 등 모든 면에서 중국 것을 모방, 복제하고, 중국을 사대하였다고 보는 것이다. 전통시대에 중국인이 지닌 이러한 한국 비하의식, 한국에 대한 우월의식은 사회주의 시대에도 여전하였다. 전통적 비하의식은 한국을 미국 식민지라고 여기면서 비하하는 냉전의식과 결합하면서 계속 이어졌다. 중국인이 지닌 한국에 대한 우월의식, 한국 비하의식은 매우 뿌리 깊다. 거의 중국인의 무의식 수준이다. 이러한 인식은 전통시대나 근대 이후에도 여전하였다.

이러한 중국인의 대한국 우월의식이 냉엄한 현실 앞에서 조정기를 맞은 계기가 한중 수교였다. 수교 이후 한국은 중국이 학습해야 할 대상 국가로 여겨졌다. 경제나 문화에서 중국보다 훨씬 발전하고 앞선 국가였다. 오랫동안 중국인이 지닌 한국에 대한 우월감이 시련을 맞았다. 한편으로는 중국이 한국보다 뒤떨어졌다는 것을 인정하면서도 한국인이 중국인을 무시한다고 속으로 불편하게 여겼다. 그런데 중국이 대국으로 빠르게 성장하면서 한국을 보는 눈이 달라지기 시작하였고, 중국인이 중국에 자긍심이 커질수록 한국에 대한 인식은 나빠졌다. 중국 글로벌타임스가 2017년에 베이징과 상하이 등 주요 도시 16곳에 거주하는 성인 1945명을 대상으로 실시한 설문조사를 보면 이런 중국인의 변화된 한국관을

엿볼 수 있다. 2010년에는 한국의 국력이 강하다고 응답한 비율이 69%였는데, 2020년에는 40.5%로 줄었고, 반대로 중국에 자긍심을 느끼는 비율은 40.4%에서 69.9%로 늘었다. 중국이 한국보다 낙후되었다는 인식이 줄어들고 있고, 중국이 빠르게 성장하면서 한국이 더는 중국의 학습 모델이 아니라는 인식이 중국인 사이에서 확산하고 있다. 이런 인식은 사드 사태를 계기로 한국이 결국은 미국 편이고, 결정적인 순간에 미국을 택하는 적대국일 수 있다는 인식과 결합하여 한국에 대한 부정적 인식, 나아가 혐한국 정서가 중국에서 강해지고 있다. 위의 글로벌타임즈 설문조사에서 미중 대립 때 한국이 중국을 선택할 것이라고 본 중국인은 2010년에는 20.8%였는데 2017년에는 10.7%로 절반 수준으로 줄었고, 반면에 한국이 미국을 선택할 것이라고 본 중국인은 63.6%에서 71.5%로 늘었다. 중국인의 한국관이 미중 관계가 격화될수록 미중 관계의 영향을 받고, 과거 냉전 시대의 한국 인식이 부활하면서 한국에 대한 부정적 인식이 형성되는 것이다. 이는 한국에서 미중관계가 악화할수록 중국에 대한 냉전적 인식이 소환되면서 중국을 부정적으로 보는 인식과 정서가 늘어나는 상황과 동전의 양면을 이루는 구조다. 이런 차원에서 보자면 한중 상호 혐오에는 최근 세계정세와 한중 양국 관계 차원의 상황적 요인과 더불어 한중 관계가 지닌 역사적, 구조적 요인이 상호 작용하고 있다. 그리고 이 때문에 문제의 해법을 찾기 쉽지 않다.

한중 상호 혐오에 영향을 미치는 한중 관계가 지닌 두 번째 역사적, 구조적 갈등 요소인 양국 문화가 지닌 유사성은 한중 문화갈등이 일어나는 근본 원인이다. 한국과 중국은 동아시아 문화라는 차원에서 오랫동안 문화를 교류하였고, 유교문화, 농경문화, 한자문화를 공유하였다. 이로 인해 많은 전통문화를 공유하거나 유사한 문화유산을 지니고 있다. 이러한 문화적 유사성은 한중 사이 정서와 마음을 잇는 긍정적 토대와 매개체 역할을 하기도 하지만, 문화 귀속권을 둘러싼 갈등의 씨앗이 되기도 한다. 한중 수교 30년 동안 한중 문화의 유사성은 긍정적 부정적 역할을 모두 보여주었다. 유사성 때문에 두 나라 문화가 상대국가에, 특히 한국문화가 중국에 쉽게 전파되었지만, 다른 한편으로 유사성 때문에 문화 귀속권 갈등이 일어나고, 이것이 상호 부정적 인식에 영향을 미쳤다.

한중 관계에서 상호인식이 빠르게 나빠진 것, 그리고 문화갈등이 크게 일어난 것은 한중 관계에 근본적으로 이러한 역사적, 구조적인 갈등 요소가 존재하며, 이것이 특정 상황적 요인과 결합하여 갈등이 빠르고 크게 확대되었기 때문이다. 한중 관계를 안정적으로 관리하기 위해서, 상황적 요인에 대한 대응이라는 단기적 처방만이 아니라 역사적, 구조적 요인에도 대응하는 장기적 해법이 동시에 필요한 것은 이 때문이다.

5. 한중 혐오 정서, 어떻게 관리하고 해결할 것인가

한중 수교 30주년 시점에서 볼 때, 현재 한국인과 중국인이 상대국가와 국민에 대해 갖고 있는 상호 부정적 인식이 앞으로 크게 개선될 가능성보다는 지금과 같은 상황이 상당 기간 지속할 수 있고, 심지어 악화할 소지도 크다. 여러 가지 상황적 추세가 그렇다. 미중 대립 관계는 상당 기간 지속할 것이고, 그런 가운데 한중 두 나라 국민이 상대 국가를 보는 시각은 갈수록 미중 대립의 영향을 받을 것이며, 이런 추세는 앞으로도 계속될 것이다. 한중 수교 30주년 시점에서 볼 때, 한중 관계는 이제 한중 양국만의 관계가 아니라 한미중 삼자관계로 변화하고 있다. 이런 가운데 앞으로 한중 두 나라 국민의 상호인식을 좌우하는 중요한 변수는 미중 관계가 될 것이고, 특히 미중 대결 국면에서 한국이 어떤 선택을 하느냐가 한국인이 중국을 보는 시각, 그리고 중국인이 한국을 보는 시각에 큰 영향을 미칠 것이다. 두 나라 국민 사이 상호인식에 미국이라는 외생변수가 일시적 상황 변수가 아니라 상수로 작용할 것이다. 미중 대립이 심해질수록 한국은 점점 미국에 기울어질 것이고, 그럴 때 한국인의 중국 인식과 중국인의 한국 인식이 같이 나빠지는 악성 조합이 일어날 수 있다.

다른 상황도 낙관적이지 않다. 중화민족의 위대한 부흥이라는 중국몽의 실현을 내건 중국공산당의 민족주의 정책 기조는 쉽사리 변하지 않을 것이며, 한중 두 나라는 경제 영역에서 과거보다 훨씬 더 경쟁이 심해질 것이다. 권위주의 체제 속에서도 중국이 여전히 성장을 지속한다면 한국과 중국 사이 격차는 더욱 좁혀지고, 나아가 중국이 많은 영역에서 한국을 추월할 경우, 그리고 한중 사이 경제적 이익 유대가 갈수록 엷어질 경우, 이는 한국인에게는 초조감과 위기감을, 중국인에게는 우월감과 자만심을 가져다주어 두 나라 국민 사이 마음의 거리는 더욱 멀어질 것이다. 한류는 더는 한중 두 나라 국민 마음을 연결하는 매개체 역할을 하지 못할 것이고, 한중 사이 문화콘텐츠 산업 경쟁은 더욱 심해질 것이다. 한중 미래세대가 모두 힘들어하는 취업이나 주택문제, 경제적 피로감 등은 여전히 계속될 것이고, 이 경우 이들은 한편에는 혐오를 들고 다른 한편에는 애국주의와 민족주의를 치켜들 것이다.

한중 두 나라 정치 권력의 문제도 있다. 한중 관계를 안정적으로 관리하는 것이 한중 두 나라 국익에 부합한다는 측면에서는 한중 국민 사이에 형성된 상호 혐오 정서를, 특히 미래세대의 상호 혐오 정서를 잘 관리하는 것이 중요하다. 하지만 한중 두 나라의 특정한 정치적 이익 차원에서 볼 때, 꼭 그렇지 않을 수도 있다. 한중 두 나라의 특정 정치 권력은 두 나라 국민 사이에 혐오 정서가 높아지는 것이 오히려 자신의 정치적 이익과 입지, 권력 유지에 유리하다고 판단할 수도 있다. 이 경우 한중 두 나라 국민 사이 마음의 거리는 더욱 멀어지고 상호 혐오 정서는 앞으로 더욱 커질 수 있다.

한중 두 나라가 양국 국익 차원에서 한중 상호 혐오의 안정적 관리와 개선이 필요하다고 여긴다면, 그리고 앞으로 두 나라 관계를 두 나라가 상호 국익을 위해서 협력 속에서 경쟁하고, 경쟁 속에서 협력하는 이른바 '코피티션copitition' 관계로 설정한다면, 현재 상호 혐오의 압력을 낮추기 위한 두 나라 정부와 국민의 공동 노력이 필요하다. 상대국에 대한 부정적 인식이나 혐오의 기원이 어떤 경우는 상대와 상관없이 자기 문제에서 기원하기도 하지만, 결국은 상대성을 지닌다는 점에서 상호 공동 노력이 필수다. 이를 위해서는 무엇보다 먼저, 상호 혐오가 한중 관계의 현재는 물론 미래를 위협하는 중대 사안이라는 점을 인식해야 한다.

　한중 상대국에 대한 혐오가 사실은 상대국을 향한 나라 밖 문제가 아니라 국내 문제라는 사실을 새길 필요도 있다. 현재 한국의 대중국 혐오는 거의 막무가내 혐오 양상마저 보이며 약자와 소수, 타문화, 약소국가에 대한 혐오 문화의 하나로 중국 혐오, 조선족 혐오가 나타나고 있다. 중국의 경우도 배타적 민족주의와 애국주의를 바탕으로 한 배외주의 양상으로 혐한국 정서가 일어나고 있다. 한중 양국의 혐중, 혐한 정서를 내버려 둘 경우, 장기적으로 한중 두 나라 관계 차원만이 아니라 한국과 중국 사회 내부의 건강함이 손상될 수 있고, 두 나라 안에서 혐오 문화가 확산할 수 있다. 양국에서 일어나는 혐중, 혐한이 국내 문제인 이유가 여기에 있고, 양국 정부와 국민이 이를 심각하게 여겨야 할 이유가 여기에 있다. 이러한 상황에 대한 엄중한 인식을 바탕으로 한중 수교 30년 즈음에 상호 혐오 감정이 일어나게 된 상황적 요인과 역사적, 구조적 요인을 함께 성찰하고 이에 따른 대책을 마련할 필요가 있다.

　이를 위해서는 우선 한중 상호 부정적 인식을 촉발한 갈등이 상황적인 돌발 변수로 인해 단발적으로 일어난 갈등인지, 상황적 변수가 구조적, 역사적 요인과 결합한 사안인지를 구분하는 일이 필요하다. 상황적 변수에 따른 갈등은 양국 정부가 해결 의지를 갖고 관련 대응책을 마련한다면 상당 정도 해결책을 찾을 수 있다. 예를 들어 코로나19 팬데믹으로 인한 상황은 돌발 변수로서 코로나19 팬데믹 상황이 진정되고 일상이 회복된다면 이로 인한 부정적 인식도 회복될 수 있다. 아울러, 한중 문화 갈등에서 볼 수 있는 언론의 왜곡 보도로 인한 양국 여론의 악화 역시 팩트를 전달함으로써 상당 정도 해소할 수 있을 것이다. 또한 두 나라 일부 언론이 반한국 애국주의와 혐중국 민족주의를 상업적으로 이용하는 행태에 대해서는 두 나라 정부와 언론이 관리와 자정 역할을 통해 이를 어느 정도 바로잡을 수 있을 것이다. 한류로 인한 갈등 역시 두 나라가 양국 대중문화 교류를 제로섬 게임으로 인식하는 것이 아니라 한중 두 나라가 한류와 중국문화를 결합하여 세계 시장을 겨냥한 전략적 협력을 강화하는 것으로 여기면서 돌파구를 마련할 수 있을 것이다.

한중 양국 미래세대가 지닌 부정적 상호인식에 대한 대응의 경우도 양국 정부가 더 적극적으로 나설 필요가 있다. 한중 미래세대는 한중 사이에 존재하는 역사적, 구조적 관계에 영향을 받기보다는 상황적 변수에 더 민감하고, 더 영향을 받는다. 때문에 이들을 대상으로 한중 상호 이해를 넓히고, 청년 세대 사이에 국경을 넘어 그들이 같은 세대가 직면한 고민을 공유하고 있다는 공감대를 확산하는 계기를 마련할 필요가 있다. 한중 두 나라 청년은 미래에 대한 불안, 경쟁의 피로감을 공통으로 느끼면서 힘들어한다. 한중 두 나라 청년들 사이에 유행하는 유행어들이, 예를 들어 3포세대, 88만원 세대, 소확행, 네이쥐앤内卷: 무의미한 과잉 경쟁으로 인한 탈진, 탕핑躺平: 아무 것도 하지 않기 등이 이들의 공통적인 고민을 말해 준다. 더구나 이들은 4차산업 사회라는 새로운 사회를 살아가야 한다. 한중 청년들에겐 서로 고민을 나누고 공동으로 미래에 대한 꿈을 나누는 플랫폼과 교류가 필요하다. 단순한 만남의 교류가 아니라 청년들이 직면한 문제와 꿈을 중심으로 한 청년 교류가 필요하다. 이들 세대는 기성세대와 달리 한중 교류로 인한 경제적 이득을 별로 누려보지 못한 세대다. 이들 세대가 한중 수교 초기 기성세대가 누렸던 양국 수교의 이익 같은 혜택을 양국 관계에서 체험하고 누릴 수 있는 교류와 플랫폼 마련이 필요하다.

한중 상호 혐오 정서의 압력을 낮추기 위해서 문화갈등을 잘 관리하는 것도 중요하다. 한중 문화갈등은 대중문화 및 국민 일상과 관련된 사안이자 두 나라 국민에게 미치는 영향이 큰 점에서 잘 처리하는 것이 중요하다. 특히 두 나라 미래세대가 서로 반목하는 주요 이유 중의 하나가 이들이 주로 관심을 두는 대중문화 영역에서 문화갈등이 촉발한 때문이라는 점을 생각하면 문화갈등을 잘 관리하는 것은 한중 미래세대의 상호 인식 관리를 위해서도 중요하다. 하지만 한중 두 나라 사이에 일어나는 문화갈등은 관리 차원에서만 대책을 마련할 수 있을 뿐, 근본적 치유는 매우 어렵다. 왜냐면 한중 문화갈등은 한중 관계 자체가 지닌 역사적, 구조적 특징 때문에 생기기 때문이다. 한중 문화갈등은 한중 두 나라가 인접국으로서 오랫동안 교류하여 온 역사적 특징, 그리고 문화적 유사성을 지닌 두 나라 관계의 구조적 특징 때문에 일어나는 갈등이다. 한중 양국이 전통시대부터 오랫동안 밀접하게 문화를 교류해 왔고, 지리적으로 인접할 뿐 아니라 문화 역시 유교문화와 한자문화를 공유하는 역사적, 구조적 이유가 두 나라 사이에 문화갈등이 자주 일어나게 하는 근본적인 이유다. 이 때문에 문화갈등의 해결을 위해서는 이렇게 상호성을 지닌 사안의 성격 때문에 한중 양국 정부와 국민 모두의 공동 노력이 중요한 것이다.

이를 위해서는 한중 문화갈등의 주요 대상인 한중 문화기원론과 귀속권, 그리고 조선족 문화의 귀속권을 둘러싼 문제에 대해 장기적인 인식 개선 작업이 필요하다. 먼저, 한중 문화기원론과 귀속권 문제와 관련하여 동아시아 문화교류의 역사에 대한 정확한 인식을 바탕으로 한 문화 귀속권에 대한 새로운 인식이 필요하다. 중국은, 동아시아 문화권의 형성과 발전을 중국인의 창조적 역량의 산물이 중국 밖으로 확산한 결과라고 믿는, 즉 동아시아 문화권의 다른 지역 사람들은 오직 중국인이 베푼 문화적 혜택에 의해 중국문화를 나누어 갖게 되었다고 보는 인식을 극복해야 한다. 한국문화를 중국문화의 유입으로 인한 동화, 즉 한화漢化로만 보는 관점을 극복해야 한다. 이에 비해, 한국의 경우는 전통시대에 중국에서 양적으로나 질적으로 많은 중국 문화가 유입되었다는 점을 부인하는 인식, 역사적 사실에 부합하지 않는 편협한 민족주의적 인식을 극복해야 한다. 한국문화 속 중국문화의 유입과 기원을 인정하는 동시에 한국이 중국문화와 토착문화를 융합하여 창조적인 독자 문화를 건설한 역사 경험과 문화적 역량을 소중히 생각하는 인식이 필요하다. 이는 한중 문화갈등이 지닌 역사적, 구조적 성격을 극복하기 위해 한중 두 나라 모두에 필요한 인식 전환 작업이자, 동아시아 문화공동체 구축을 위한 인식 전환 작업이다.

　다음으로 조선족 문화 귀속권 문제에 대한 새로운 인식이 필요하다. 중국이 추진한 동북공정이 한중 문화갈등의 시발점이자 원형의 의미를 지니는 것은 이 사안이 영토와 역사 귀속권 차원을 넘어 요동 지역 역사와 문화의 귀속권 문제, 나아가 현재 조선족의 정체성과 조선족 문화의 귀속권 문제가 여기에 개입되어 있기 때문이다. 여기에는 중국이 현재 국경선 내부 다민족 역사를 모두 자국 역사로 보는 관점과 한국이 민족과 혈통을 기준으로 한국사를 규정하는 관점이 충돌하고 있다. 이러한 충돌이 그대로 조선족 문화 귀속권을 둘러싼 한중 문화갈등으로 나타나고 있다. 이를 어떻게 해결할 것인가? 상대국 역사 인식에 대한 상호 존중이 필요하다. 중국은, 조선족이 중국 국적의 소수민족이고 중국은 다민족 국가라는 이유만으로 조선족 문화를 중국문화의 기표로만 전유하는 것에 신중해야 하고, 한국은 조선족의 민족적 혈통에만 주목한 채 조선족이 지닌 이중의 정체성, 즉 민족 문화적 정체성과 국민적 정체성이 불일치하는 상황을 이해해야 한다. 중국은 한국에게 조선족 문화란 한국의 역사적, 민족적 정체성과 연결되는 사안이라는 점을 이해하는 노력이 필요하고, 한국은 중국에게 조선족 문화란 다민족 국가인 중국의 국가적 정체성과 연결된다는 점을 이해하는 노력이 필요하다. 특히 중국은 조선족 문화가 지닌 이런 이중성을 존중하여, 조선족 문화유산을 유네스코에 등재할 경우 사전에 반드시 한국과 협의 및 동의를 거쳐야 한다.

한중 사이 역사적, 구조적 특징 때문에 일어나는 한중 문화갈등 극복을 위한 이러한 장기적 차원의 인식 개선 작업과 동시에 물론, 단기적 노력도 필요하다. 그동안 정재서, 임대근, 이정원, 황정륜 등의 학자가 제기한 제안을 고려할 수 있다. △한중 문화갈등 관리를 위한 제도적 장치 마련 △다자적 국제관계 속에서 한중 문화갈등 이해 △중국을 포함한 중화권에 관한 연구와 교육 확대 △세계시민 교육 강화 △한중 언론의 왜곡, 과장 보도에 대한 정화 장치 마련 △언론과 지식인의 적극적 역할 확대 △한중 사이 부정확한 정보 유통에 대처하는 팩트 체크 기능 및 장치 마련 △한중 미래세대를 위한 교류 확대 △문화교류의 확대 △한중 수교 30주년을 활용한 개선 모색 △단오제와 아리랑 등을 한중 공동의 문화유산으로 유네스코에 등재 △한중, 혹은 동아시아 세 나라의 단오와 같은 유사한 공동의 전통문화 축제 개최 등이다.

한중 관계가 두 나라 사이 이념과 체제의 차이에도 불구하고 지난 30년 동안 빠르게 발전한 데는 경제적 측면에서 이루어진 이익 유대가 중요한 역할을 하였다. 하지만 이러한 경제적 이익 유대 역시 두 나라 국민 사이에 마음이 멀어지면 유지되기 힘들다. 한중 양국이 나라끼리 친하게 되는 데 중요한 것은 두 나라 국민이 서로 친해야 하고, 국민이 서로 친해지기 위해서는 마음이 통해야 한다는 것国之交在于民相亲, 民相亲在于心相通을 깊이 새겨야 한다. 무엇보다 한중 두 나라 정부가 상호 혐오 문제가 한중 관계 차원의 문제이자 국내 문제이기도 하다는 인식을 가질 필요가 있다. 한중 상호 혐오 경향이 악화하면 한중 관계만이 아니라 자국 상황도 악화한다는 점에서 이 문제의 엄중함을 인식하고, 한중 상호인식 개선을 위한 의지를 갖고서 한중이 공동으로 협력 방안을 모색하는 것이 중요하다.

07

한중 사이 해상 갈등
어떻게 다스려야 하나

김현수

인하대학교 법학전문대학원 교수

1. 들어가는 말

한중 간 해양문제가 국가적 이슈로 등장하기 시작한 것은 1982년 해양에 관한 국제법규인 「유엔해양법협약」 the UN Convention on the Law of Sea: UNCLOS이 체결되어 발효하게(1994년) 된 이후부터이다. 이를 계기로 양국은 주변 해양은 물론 대양에서의 국제적 해양질서 확립 및 해양의 평화적 이용 특히, 해양자원의 개발과 이용에 대한 국가적 관심 및 이의 적극적 실행을 위한 강력한 의지와 정책을 수립하여 시행하게 되었다.

특히, 새로운 국제제도로 등장하게 된 대륙붕大陸棚, Continental Shelf, 일정 범위의 해저지역에 대한 해저자원의 탐사·이용·개발을 해당 국가가 독점, 200해리(약 370km) 배타적 경제수역排他的經濟水域, Exclusive Economic Zone: EEZ, 연안으로부터 200해리 수역에 대한 모든 자원의 탐사·이용·개발을 해당 국가가 독점, 군도수역群島水域, 심해저 및 도서제도 등을 법제화하였고, 향후 이들로 인한 해양분쟁이 제기될 경우 그 법적 해결이 가능하도록 하는 해결방안을 제시하여 문제해결을 위한 법적 근거를 규정하고 있음은 괄목할 만한 발전이 아닌가 한다. 신해양법질서의 발전으로 해양의 중요성이 그 어느 때보다도 중요시되고 있는 오늘날의 국제적 해양현실을 직시하고 이에 효율적이고 능동적으로 대처해야하는 당위성과 필요성이 모든 국가의 당면과제가 되었음이 분명하다.

오늘날 자원의 보고인 해양의 개발 및 자원보존 문제는 모든 연안국가의 목표라고도 볼 수 있으나 이의 현실적 수용 및 활용 또한 절실함은 재론의 여지가 없다. 특히, 국가 간의 약속이며 합의인 새로운 해양법규에 기초한 신해양질서의 확립과 이의 구체적 실현이 가장 중요한 현실적 해양과제가 되었다. 한국과 중국은 모두 연안국가로서 주변해양에서의 다양한 해양분쟁 또는 해양갈등 요소를 가지고 있는데, 예를 들면, 한반도 주변 해양에서의 불법조업문제, 해양관할권 및 해양경계 문제, 해양과학조사 문제, 해저자원개발 문제, 어족자원의 관리 및 보존문제, 해상교통로 확보 문제, 해양오염문제, 방공식별구역 선포에 따른 공역관리 문제, 이어도 문제 등이 시급히 처리해야 할 해양 현안문제들이나 그 해결 역시 쉽지 않다는 성격을 가지고 있다. 즉, 불행히도 이들 문제들은 그 결과의 예단을 쉽게 예측할 수 없는 그리고 그 해결에 있어 상당한 시간과 노력이 요구되는 대단히 어려운 문제로서의 속성을 가지고 있다는 것이다.

본장에서는 이러한 해양현실을 배경으로 한중 양국이 현실적으로 직면하고 있는 다양한 해양갈등 또는 해양분쟁 중에서 그 중요성 및 시급성이 다대한 주요 이슈 일부를 선정하여 이들이 가지고 있는 문제점이나 원인 등을 확인하고 동시에 그 해결방안이나 대안 등을 제시하고자 한다. 또한, 이를 통하여 해양 현안문제에 대한 한중 간 이해도 및 공감대를 높이게 하면서 동시에 건전하고 합리적인 방향에서의 해결책 모색 등 양국 관계 발전에 기여할 수 있는 새로운 계기 또는 그 근거로 활용되기를 희망한다.

2. 한중 간 주요 해양 현안 문제

가. 서해 조업 문제

한반도 주변수역, 즉, 서해(황해)와 남해(동중국해 일부)에서의 한중 간 조업질서를 확립하고 안정적인 조업환경을 조성할 필요성에 양국이 공감하였으나, 관련 국제법규의 부재로 인하여 특히, 한중 양국의 주권 수역인 영해領海 12해리(약 22km) 바깥수역에서 무질서한 조업이 성행하였고, 그 결과 어족자원의 고갈이 심각해졌으며, 한국 어민의 피해 증가는 물론 어선사고 발생, 무질서한 긴급피난, 법집행 과정에서의 불상사 발생 등 각종 문제가 발생하였다. 이러한 무질서 또는 무협정상태가 지속될 경우 한국 측의 손해는 지속적으로 상당히 증가될 것으로 보였다.

이에 양국 정부는 1993년 12월 정부 간 어업협상을 개시하여 새로운 국제 해양질서 규범인 유엔해양법협약상의 배타적 경제수역 체계에 맞추어 한국 측은 EEZ 수역을 최대한 넓게 확보하면서 가상 경계선 주변에서 중첩되는 수역을 공동 관리할 것을 주장하였고, 중국 측은 EEZ 경계선 합의 시까지는 양국의 영해 12해리 바깥수역은 모두 공동어로수역으로 할 것을 주장하였다.

이를 계기로 1997년 9월 양국은 소위 관할권 주장이 중복되는 수역에서 잠정조치수역을 설정하는 방안을 검토하기 시작하였다. 다만, 양측 간 EEZ가 중첩되므로 한중 간 EEZ 경계획정 회담에서 EEZ 경계선이 확정될 때까지는 일정수역의 범위("잠정조치수역"으로 명명)에 대해서는 예외적으로 잠정 관리하는 제도를 도입하기로 합의하였다. 물론, EEZ 경계선 합의에는 상당한 시일이 소요되므로 어업협정 체결을 늦출 경우, 서해 및 남해 등에서 무협정상태가 지속되리라는 예상을 양국이 모두 하였기 때문에 이로 인한 피해를 최소화하기 위해 불가피하게 관할권 다툼이 예상되는 수역에 잠정조치수역을 설정하여 양국이 공동으로 관리하는 방식을 선택하고자 하였다.

1997년 12월 이후 양측은 잠정조치수역 범위 확정을 위해 장기간 교섭을 하여 양측 제시방안을 대등하게 상호 조정하면서 이견을 좁혀 나간후 어느 정도 진전이 있게 되자 본격적으로 협의를 진행하여 1998년 11월 「한중 어업협정」을 타결하게 되었다.

「한중 어업협정」은 기본적으로 유엔해양법협약의 EEZ 어업제도에 입각하면서 동시에 양국 어민의 이익을 적절히 반영한 것으로 이 협정의 적용 수역은 한중 각국의 EEZ이며, 이 EEZ 내에서는 유엔해양법협약상의 EEZ 어업제도에 의하여 연안국의 관리 및 통제가 된다. 따라서 서해 및 남해에서 상기 잠정조치수역 이외는 한중 양국 각자의 EEZ가 되며, 이 수역에 대해서는 유엔해양법협약상의 EEZ 관리방식이 모두 적용된다. 다만, 제주도 남부의 한중일 3국간 관할권이 중첩되는 수역과 그 주변 일부 및 서해 특정해역 수역 부근 일부수역에서는 현행 조업질서가 그대로 유지된다.

이러한 국가 간 합의에도 불구하고, 한반도 주변수역 특히, 서해에서의 불법조업은 「한중 어업협정」이 체결된 이후 오늘날까지도 계속되어 양국 관계에 상당한 악영향을 초래하는 원인이 되고 있다. 예를 들면, 중국어선의 서해 불법조업 척수는 2021년 1만 6802척 (1일 불법조업 척수: 71척), 2020년 1만 8729척 (1일 불법조업 척수: 51척), 2019년 1만

6024척 (1일 불법조업 척수: 44), 2018년 1만 1858척 (1일 불법조업 척수: 32) 등 상당히 많은 중국 어선이 매년 한중 간 국가간의 국제적 어업 합의를 지키지 아니하고 어로행위를 지속해오고 있다.

그렇다면 왜 이러한 악순환이 체결 시부터 현재까지 계속되고 있을까? 물론, 「한중 어업협정」이 양국 간 해양경계가 이루어지기 전 잠정적으로 적용되는 성격이기는 하나, 그렇다 하더라도 국제규범인 국가 간 합의 체결 시부터 지금까지 지속적으로 이를 제대로 준수하지 아니함은 심각한 문제가 아닐 수 없다. 따라서 해당 중국 어민은 물론이고 중국 정부의 국제규범에 대한 준수의식 제고 및 이행의지가 전제되지 아니하고는 이러한 상황은 계속될 것으로 보인다.

나. 한중 간 서해 및 동중국해 해양경계 문제

한중 양국은 모두 해양에 관한 국제규범인 「유엔해양법협약」 당사국으로서 이 협약을 성실하게 이행할 책무가 있다(「조약법에 관한 비엔나 협약」 제26조). 특히, 이 유엔해양법협약 중 경계획정 관련 규정(제74조 및 제83조)에 따라 문제가 되고 있는 배타적 경제수역 및 대륙붕에 대한 경계를 획정해야 한다. 이에 따라 그동안 한중 양국은 서해 및 동중국해 해양경계 문제를 해결하기 위하여 1996년부터 협상을 16차례나 진행하였으나 2022년 현재까지 아무런 가시적 성과도 도출하지 못하였다.

양국은 해양경계에 적용할 원칙이나 기준 등에 관하여도 상이한 입장을 주장해 왔는바, 중국은 소위 형평원칙, 즉, 어업문제, 관련해안의 길이, 경제적 의존도, 안보문제, 전통적 및 역사적 어업고려 등 다양한 요소 등에 근거하여 이에 합당한 해양경계를 해줄 것을 요구하였다. 반면, 한국은 「유엔해양법협약」상의 경계에 관한 규정인 제74조와 제83에 근거하여 경계를 획정할 것을 주장하고 있다. 관련 규정은 "서로 마주보고 있거나 인접한 연안국간의 대륙붕/배타적 경제수역 경계획정은 공평한 해결에 이르기 위하여, 국제사법재판소International Court of Justice: ICJ규정 제38조에 언급된 국제법을 기초로 하여 합의에 의하여 이루어진다."라고 언급하고 있다. 즉, 한국은 상대적으로 대상수역의 폭이 좁은 해역에서는 소위 중간선 방식에 의한 해양경계를 요구하고 있고 이것이 합리적인 방식이라는 입장이다.

중국은 1998년 6월 선포한 「배타적 경제수역 및 대륙붕에 관한 법」에서 배타적 경제수역 및 대륙붕에 대한 주권적 권리 및 관할권을 분명히 하였으며 동시에 이 수역내의 해양자원 보호도 명기하였다. 또한, 배타적 경제수역은 200해리까지 미치며 대륙붕은 영해 밖 육지영토의 자연적 연장의 해저 및 하층토까지 확장된다(제2조)라고 규정하고 있다. 중국의 배타적 경제수역 및 대륙붕 주장을 보면, 국제판결에서 제시된 육지영토의 자연적 연장에 충실하였음을 알 수 있다. 그러나, 이후 해양환경의 변화 및 「유엔해양법협약」 특히, 배타적 경제수역 제도의 채택과 시행에 따라 국제판결 및 국가관행상 배타적 경제수역 및 대륙붕 경계획정에 적용할 원칙과 규범내용이 상당히 변화되었다. 경계획정은 모든 관련 사정을 고려하여 형평의 원칙에 따라야 한다라고 국제사법재판소가 판결을 내린바 있으나, 형평한 해결을 위해서는 대륙붕의 자연적 연장을 포함한 지리적 특성이 고려될 수 있음도 추론할 수 있다. 결국, 자연적 연장 이론은 해양경계획정 시 그 기반이 약해지게 되었고, 대신 중간선 방식 또는 등거리 원칙이 국가관행 및 국제판결에서 점차 강조되고 있다. 이는 특히, 서해에서의 지리적 환경을 고려할 경우 중국에게는 비우호적

일수 있으나, 이어도가 있는 동중국해에서 중국은 자연적 연장론을 주장하여 한국이 주장하는 중간선 이론과 서로 충돌하므로 이 문제(적용 이론)에 대한 합일점을 찾는 것이 무엇보다도 중요할 것이다.

한편, 동중국해에서의 배타적 경제수역 또는 대륙붕 주장 역시 이 수역의 폭이 400해리가 되지 않으므로 한중일 3개국 주장수역이 중복된다. 이는 각국이 경계획정 시 원용(적용)하는 국제법 원칙 및 지리적 요소의 효과 및 성격에 관한 차이에 있다고 보인다. 서해 및 동중국해에서 중국은 자연연장원칙에 근거하는 것으로 보이는데, 이는 서해에서의 해저지형 관할해역의 중복과 해안선 길이의 차이 등을 이유로 한 것으로 보인다. 또한, 오늘날 중국 정부는 지리적 및 지질학적 여건에 근거한 형평원칙을 주장하는 것으로 보이는데, 이 역시 한국과 서해에서의 경계획정 시 중국에 유리할 수 있기 때문인 것으로 보인다. 경계합의시 등거리-특별사정 고려원칙이 대륙붕 및 배타적 경제수역 해양경계에 적용되는 주요한 원칙의 하나임은 의문의 여지가 없다. 또한, 이 원칙은 주로 국가 관행에 근거하며 중복 관할수역 경계획정을 형평한 방식으로 해결하는 것에도 기여하였다. 국제판결에서 형평을 경계획정에 적용되는 유일한 규칙으로 추정하긴 하나, 형평기준은 그 기준 및 판단 자체가 애매하여 관련 국가의 주관적인 평가에 상당한 부분 달려 있음도 간과해서는 안 된다.

일국의 일방적 행위나 조치가 현 국제법규와 일치하지 않을 경우 타국의 해양 이해관계에 상당히 영향을 줄 수 있다. 그러므로 관련국가가 해야 할 가장 중요한 일은 관련 법률과 이해관계를 기초로 타국과 이 문제를 성실히 논의하고 협의하는 것이다. 특히, 해양경계분쟁은 궁극적으로 지역협력 및 지역안정, 해양의 평화적 이용(유엔해양법협약 제301조)

등에도 직접적 영향을 미칠 수 있기 때문이다. 한국 및 중국의 경우 이들은 한반도 주변수역에서 상대적으로 좁은 해양수역과 접하고 있으므로 특정 국가의 일방적 해양경계획정 방식 주장은 타국에 심각한 영향을 줄 뿐만 아니라 기타 국가와의 해양경계의 효과적 해결을 위하여도 바람직하지 아니하다.

상기에서 언급한 상황을 고려하여, 한국과 중국은 한반도 주변수역 최대 현안 문제인 어업에만 적용되는 어업협정을 1998년 체결(2001년 발효)하였으며, 이들 모두는 「유엔해양법협약」 관련 규정에 근거한 것이었다. 이 협정은 최종 해양경계 이전에 잠정적으로 적용되는 합의이나, 국가 간 합의로서의 충실하고 효과적인 기능을 할 것을 기대한다. 결론적으로, 어떠한 국가도 한반도 주변수역과 같은 반폐쇄해에서 일방적으로 관할수역을 주장하여 이를 확보하려는 태도는 관련 국제법, 국제판결 및 국가관행상 허용되지 아니한다. 따라서 양국이 주장하는 경계원칙 및 방법에 관한 충분한 의견교환으로 양국 간 입장차이를 좁히는 노력이 무엇보다도 선행되어야 할 것이다.

한중 간 경계획정 마지막 회의인 2019년 제2차 공식회담에서 중국은 여전히 형평원칙과 관련사정을 고려하여 경계를 정해야 한다는 입장이었고, 한국은 등거리에 따른 중간선을 적용하여 잠정중간선을 그은 후에 세세한 부분들을 반영하면서 조정해 나간다는 방식을 주장하였다. 물론, 지금까지 양국은 서로의 입장만을 확인한 채 더 이상의 발전은 현재까지 진행되지 못하고 있다. 다만, 다행인 것은 경계획정 원칙과 절차에 대한 양국 간 이견을 상호 인지하였으므로 문제의 원인이 어느 정도 파악되었다고 볼 수 있기 때문에 이제부터는 이 간격을 어떻게 좁히는가의 문제만이 남아 있다. 따라서, 이 문제는 해양에서의 국경을 결정하는 양국 간 해양국익이 걸려 있는 중요 문제이기 때문에 한중 간 긴밀한 해양협력을 통하여 양국이 전략적 동반자로서의 관계를 지속발전시켜 나갈 때 비로소 그 해결의 실마리를 찾을 수 있다고 보인다. 이와 동시에 양국 실무자 및 전문가 그룹간의 지속적 협의도 동반되어야 할 것이다.

다. 이어도 문제

이어도는 경위도 좌표WGS-84가 동경 125도 10분 56.81초, 북위 32도 07분 22.63초에 위치하고 있으며, 인접지역으로부터의 거리는 제주도 남쪽 마라도에서 서남방으로 149Km, 일본의 도리시마鳥島에서 서쪽으로 276Km, 중국의 서산다오余山島로부터 북동쪽으로 287Km에 위치해 있다. 특히, 이어도는 제주도로부터 상대적으로 가까이 위치함으로써 한국의 「해저광물자원개발법」상 제4광구에 속하며, 한국의「배타적 경제수역법」(제2조 1항)에 의하여 설정될 수 있는 200해리 배타적 경제수역의 범위에도 포함되어 있다.

그러나, 이어도가 위치하고 있는 동중국해East China Sea는 해양수역의 폭이 400해리(약720km)가 되지 않아 관련 국가 즉, 한국, 일본 및 중국 3국의 주장이 겹치는 수역으로 소위 해양경계(대륙붕 및 배타적 경제수역) 획정에 대한 합의가 필요한 수역이다. 따라서, 당사국간 합의가 되지 않거나 기타 방식으로 경계가 확정되기 전까지는 관련 국가들은 자국 연안으로부터 200해리까지의 배타적 경제수역을 주장할 수 있으므로 이에 따라 여전히 해당국가의 주장이 중복되는 수역이 불가피하게 발생하게 되며, 이는 결과적으로 동중국해에서 관련 국가 간 심각한 해양갈등을 유발시키는 심각한 요인이 될 수 있다.

한편, 이어도는 중국으로부터도 200해리 이내 즉, 서산다오余山島로부터 북동쪽으로 133해리(약287Km)에 위치하고 있어 중국이 주장 가능한 200해리 배타적 경제수역내에 들어오기도 한다. 현재까지 이어도 주변수역에 대한 한중일 3국간 배타적 경제수역에 대한 경계합의가 이루어지지 않았기 때문에 중국이나 일본 역시 동중국해에서 자국 연안에서 시작하는 최대 200해리 까지를 배타적 경제수역으로 주장할 수 있다. 동시에 이어도는 또한 한국의 200해리 주장 배타적 경제수역 내에도 속하게 되므로 이어도 주변수역의 배타적 경제수역에 대하여는 한국의 「배타적 경제수역법」에 따라 한국은 이어도 주변수역(한국 주장 가상 중간선 안쪽 수역)에 대한 자원의 탐사, 이용 및 개발에 관한 주권적 권리Sovereign Right 및 해양과학조사나 해양환경보호 등에 관한 관할권 Jurisdiction 등을 행사할 수 있다.

이어도는 사실상 우리가 일반적으로 알고 있는 섬이 아니기 때문에 법적(국제해양법)으로도 섬이 가질 수 있는 어떠한 지위나 권리도 갖지 아니한다. 예를 들면, 어떤 해양융기물(개체)이 해양법상 섬Island으로 인정되면 그 섬을 중심으로 12해리 영해, 24해리 접속수역, 200해리 배타적 경제수역 또는 대륙붕 등을 갖는 이른바 육지영토와 동등한 법적 지위를 갖게 된다. 그러나 섬이 아니고 인간이 거주할 수 없거나 자체적인 경제생활을 할 수 없는 단순 암석Rock의 경우는 그 암석을 중심으로 12해리 영해와 24해리 접속수역만을 갖게 된다. 따라서 이어도는 국제해양법상 섬이나 암석이 아닌 수면 아래(4.6m)에 존재하는 수중암초에 불과하므로 섬이나 암석 즉 영토가 향유할 수 있는 어떠한 법적 지위도 가질 수 없다.

그러나, 중국 정부의 이어도에 대한 기본입장은, 이어도를 쑤엔자오蘇

暗礁라 명명하면서, 이어도에 대한 한중 간 영토분쟁은 존재하지 않으며, 이어도에 건설된 한국 해양과학기지는 향후 해양경계획정에 영향을 미치지도 아니한다라고 한다. 즉, 중국은 양국 간 문제를 국제법 준칙에 따라 대화를 통해 해결해야 한다는 입장이나, 그럼에도 불구하고 중국 국가해양국은 이어도 주변수역을 분쟁해역으로 보고 군사적 초계를 지속적으로 행하고 있다. 이에 대한 한국 정부의 입장은, 이어도는 지리적으로 한국 측에 더 근접하여 있으므로 한중 간 배타적 경제수역 경계획정 이전이라도 명백히 한국의 배타적 경제수역 내에 속하는 수역이고, 이어도 해양과학기지 건설 및 운영은 한국의 정당한 권리행사로 이는 국제해양법과도 부합하며, 향후 이 문제는 양국 간 배타적 경제수역 경계획정 회담 등을 통하여 해결해 나갈 것이라는 것이다.

한편, 「한중 어업협정」은 이어도 주변수역에 대해서 명확한 경계를 확정하지 않은 채 잠정조치수역 이남에 위치시킨 바 있다. 이 어업협정에서는 이른바 그 관리방식이 명시되지 않고 있는 수역에서는 현행 어업질서 및 활동이 유지되도록 규정함으로써, 이어도 주변수역에서는 한중 양국이 계속하여 과거와 같이 자유롭게 조업할 수 있도록 허용하였다. 그러나, 이어도 주변수역을 포함한 '현행 어업질서 유지수역'은 한중 양국관계에 있어서만 현행 어업활동이 유지되는 수역으로서 양국을 제외한 제3국에 대해서는 각자의 해양관할권이 적용되므로 한중 양국을 제외한 제3국의 어선은 이 수역에서 관할권을 갖는 연안국 즉, 한중 양국의 사전허가 없이는 조업할 수 없다.

또한, 한국 정부는 어업협정에서 한중 양국이 서로 상대방의 현행 어업질서를 상호 존중하기로 하면서 중국에 대해서 이어도 주변수역에 대해서는 아무런 조업 제한도 요구하지 않았다. 이 협정에 의하면, 양국의 배타적 어업수역 및 잠정조치수역을 제외하고는 상대방의 단속을 받지 않고 자유롭게 어로 활동을 할 수 있도록 개방하고 있기 때문에 이어도 주변 어장의 어족자원 관리 및 어업권에 대한 한국의 관할권 약화를 초 래하게 될 것은 분명한 사실이다.

「한중 어업협정」에서 이어도 주변 수역을, 현재 또는 장래에 있어서 한국의 관할권이 배타적으로 인정되는 수역(배타적 경제수역)에 포함시 키는 데 동의하지 않았던 중국이 이어도 개발을 위한 한국의 일방적 조 치들에 대해서 계속 문제제기를 하는 것은 충분히 예상할 수 있는 사안 이었다.

결론적으로 이어도 문제는 한중 간 해양경계라는 국제법상의 문제인 동시에 동중국해에서의 중국의 영향력을 확대하려는 국제정치적인 문제 와도 깊이 연결되어 있다고 보인다. 특히, 이어도 해양과학기지 및 주변 수역 관할권에 대하여는 지리적 근접성을 이유로 한 한국 측의 주장에도 불구하고 한중 간 상당한 입장의 차이가 있음은 분명해 보인다. 양국 간 주장이 중첩되는 수역에 이어도가 위치해 있어 한국이 주장하는 중간선 을 적용하면 이어도는 한국의 관할수역 내로 들어오게 된다. 바로 이 때 문에 중국은 한국의 중간선 주장을 반대하고 소위 형평원칙을 주장하는 것이다. 따라서 유일한 접근방식인 협상과 대화를 통한 국가 간 문제해 결이 원칙이라는 중국 정부의 공식적인 입장이 이어도를 둘러싼 해양경 계 합의에도 하루빨리 적용되어 합법적이고 합리적인 해결이 되기를 희 망한다.

라. 방공식별구역 설정 및 운영 문제

방공식별구역Air Defense Identification Zone: ADIZ은 국가가 자국이 관할하는 상공을 효과적으로 관리 및 통제를 위하여 관행적으로 육지나 해양의 상공에 일정한 범위로 설정한 공역空域으로서 이 구역에 진입하는 모든 항공기의 식별 및 위치 등을 국가안보를 이유로 요구한다.

공해의 상공부분까지 일방적으로 연안국이 소위 공역 관할권을 확대하고 있는 방공식별구역의 유래는 영국과 미국이 밀수단속을 위해 영해 밖, 다시 말하면, 영해에 접속한 공해상공까지 감시했던 제도로부터 시작하였다. 현실적인 방공식별구역의 개념과 목적은 이를 최초로 선언한 미국 정부의 행정명령(제10호 및 제197호)에서 찾아볼 수 있는데, "미국의 방공식별구역은 민간항공국장이 육지나 해양상공에 일정한 범위로 설정한 공역으로서, 이 구역에서는 국가안보를 위해 항공기의 즉각적인 식별 및 위치파악이 요구된다."라고 명시하고 있다.

ADIZ의 법적 근거에 관해 국제법적으로 확정된 정설은 아직 없다. 따라서 공해상공에 ADIZ를 설정하여 해당공역에 대하여 관할권을 행사하는 것은 공해상공에서의 비행의 자유라는 국제해양법의 기본원칙과 대립되기 때문에 법적으로 논쟁의 대상이 되고 있다. 국제관습법에 따르면, 공해상공의 공역은 연안국가와 내륙국가 모두에게 개방되어 있으며, 특별한 상황에서 공해상공을 비행하는 외국항공기에 대하여 예외적이고 제한된 관할권과 권리를 인정하고 있다. 그러나, ADIZ가 그 예외적인 경우에 해당됨에도 불구하고, 국제적인 묵인 또는 관행상 국제관습법으로서의 지위가 어느 정도 형성되어가고 있는데, 여기에서 바로 ADIZ의 국제법적 근거나 그 의의를 찾아볼 수가 있다. 다시 말하면, 공해상공으로의 관할권 확대에 대한 법적 근거가 불명확함에도 ADIZ 설정이 자기 보호권이라는 개념으로 국제법상 자리를 잡아가고 있는 추세이므로 이 공역에 대한 법적 지위를 명확히 하는 것이 대단히 중요하며, 특히, 안보적 특수상황에 있는 한국으로서는 이러한 사실을 잘 관찰 및 적용해야 할 것이다.

한국방공식별구역KADIZ에서는 첫째, KADIZ에서 비행하고자 할 경우에는 최소한 이륙 1시간 전에 비행계획서를 제출하여 비행인가를 얻어야 한다; 둘째, 항공관제管制, Air Control 공역내에서 인가된 비행계획에 따라 비행을 하는 경우 항로지도상의 필수 보고지점에서는 위치보고를 해야 하며, 관제부서에서 위치보고를 요구하지 않는 한 KADIZ 내에서 비행하고 있거나 KADIZ 내로 입항시에는 보고할 필요가 없다; 셋째, 비관제공역에서 비행하여 들어오는 경우 KADIZ에 들어오기 전에 KADIZ 통과예정시간을 보고하여야 한다; 넷째, 만일 관제공역 밖에서 비행하다가 KADIZ를 통과하게 될 경우에는 KADIZ 통과예정시간과 통과지점 및 비행고도를 15~30분 전에 반드시 통보하여야 한다; 다섯째, 육지로부터 100마일 이상 떨어진 곳으로부터 들어올 때는 육지로부터 100 마일 지점 및 KADIZ 선상에서 위치보고를 해야 하며, KADIZ 내에서는 매 30분마다 위치보고를 해야 한다; 여섯째, 적아敵我 식별 장비를 가진 항공기만 항로 밖에서 방어 시계비행을 할 수 있다; 일곱째, 중앙관제소에 사전통고 없이 비행계획서와 다르게 비행해서는 안 된다.

한국 정부는 방공식별구역내에서 주변국 즉, 중국과 일본 등의 방공식별구역과 중첩되는 구역에서 우발사고 방지대책이 제대로 작동되고 있는지 그리고 이어도 상부수역을 포함한 한국의 공역관할권을 동시에 유지하기 위해 확장된 구역에 대한 감시 및 통제기능을 강화할 필요가 있다. 특히, 방공식별구역은 해당 공역뿐만 아니라 그 하부인 해상까지도 그 영향력이 미칠 수 있기 때문에 방공식별구역의 폭 또는 중첩 부분에 대한 관리 및 통제가 필요하다고 보인다. 이에 따라 2013년 12월 8일 한국 정부는 이어도를 포함하는 새로운 한국방공식별구역을 선포하였고 같은 해 12월 11일부터 이를 발효시킨 바 있다.

마. 해상 교통로(수송로) 안전 확보 문제

최근 남중국해에서 미국은 중국이 주장하는 인공도서 주변 영해를 자국 군함이 통항하도록 하여 중국과의 심각한 해양(통항) 갈등이 점증되고 있는데, 미국은 자국이 수행하고 있는 소위 "항행의 자유작전"은 국제법에 근거한 합법적 통항의 자유를 행사하는 것이라고 주장하고 있다. 반면, 중국은 자국의 국내법 및 해양안보 등을 이유로 "자국 영해 내에서의 외국 군함의 통항은 사전에 허가를 받아야 한다"라고 주장한다.

미국은 인도 및 태평양에서의 해양전략 추진 관점에서 기존 항행의 자유 원칙을 고수하고 있으며 이는 과거 미 해군이 행사해오던 항행전략을 국가관행이나 국제관습법 등을 근거로 변동 없이 그대로 추진해 오고 있다는 것이다. 반면, 중국은 해양폐쇄 즉, 연안국이 일정한 수역 특히, 영해 내에서 외국선박의 항행을 제한 또는 통제할 수 있다는 기존 통항정책을 유지하고 있다. 그러나, 이러한 정책 즉, 선박의 통항을 일정한 조건 준수를 요건으로 규제하려는 것은 통항에 관한 국제법규 및 중국이 시행하는 해양실크로드 정책과도 부합하지 않는 측면이 있다고 보인다.

결국, 이 문제는 미국이 자국 주장의 근거로 내세우는 국제법과 중국이 주장하는 국내법 준수요구와의 충돌 문제로 귀결될 것으로 보인다.

그러나, 미중 양자 관계는 국가 간의 관계이며, 그렇다면 여기에 적용되어야 하는 공통법규는 이와 관련된 국제관습법 또는 양국이 합의한 국제법규이다. 따라서 문제해결을 위한 관련법규 적용에 있어 양자 간 이견이나 충돌이 발생할 경우 해당 국가의 국내법이 아닌 관련 국제법이 우선 적용되어야 할 것임은 자명하다. 그러므로 중국이 자국 주장의 법적 근거로 제시하는 「영해 및 접속수역법」은 중국의 국내법으로서 자국 영해 내에서의 미국 군함의 통항으로 인한 문제 발생 시 이를 저지하기 위한 근거로 제시하는 국내법 규정 원용은 「조약법에 관한 비엔나협약」 규정(제27조: "어느 당사국도 조약의 불이행에 대한 정당화의 방법으로 그 국내법 규정을 원용해서는 아니 된다.")과도 일치하지 않는 것이므로 결국 이를 근거로 한 주장은 그 법적 타당성에 있어 문제가 될 수도 있을 것이다.

2016년 필리핀-중국과의 남중국해 중재재판에 따르면, 중국이 수중 암초 등에 건설한 인공섬은 「유엔해양법협약」상 도서나 암석의 지위를 갖지 못하므로 이의 당연한 귀결로 그 자체의 영해나 배타적 경제수역 등도 향유하지 못한다. 그럼에도 불구하고, 이들 해양개체Maritime Features 주위에 영해를 선포하고 외국 군함의 통항을 저지함은 국제법의 대원칙인 공해의 자유 그 중에서도 항행의 자유를 방해하는 국제법상 문제가 될 수 있다. 왜냐하면 인공도 주변수역은 영해가 아닌 국제수역 즉, 공해가 되기 때문이다.

결론적으로 상기에서 고찰한 이 문제는 국제법과 국내법과의 충돌문제, 관련법규의 해석 문제, 국가 간의 이해관계의 충돌문제 및 국가 해양정책 집행의 차이에서 발생하는 안보문제 등이 종합적으로 관련되어 있는 사안이라고 보인다. 어느 국가도 자국의 해양정책을 대양에서 현시할 수는 있으나, 이로 인하여 타국의 해양이익을 침해하거나 관련 국제법규 위반 시는 그 정당성 또는 합법성을 담보하기가 어려울 것이다.

해양은 모든 국가에게 개방된 공간이므로 그 이용에 있어서도 평화적 사용이 전제되어야 할 것이다. 따라서 어느 국가든 해양에 있어서의 권리행사와 의무이행에 있어서 다른 국가의 영토보전 또는 정치적 독립에 해가 되거나 또는 국제연합헌장에 구현된 국제법의 원칙에 부합되지 아니하는 방식으로의 사용은 현 국제법상 허용되지 아니할 것이다(유엔헌장 2조 4항). 특히, 특정해역에서의 군함 등의 항행의 자유를 규제하고 있는 현실 그리고 해양개체에 대한 무리한 법적 해석으로 인한 일방적인 해양관할권 및 영유권 주장 등으로 국제사회와 충돌하고 있는 것이 현실임을 고려할 경우, 이러한 태도나 입장은 향후 서해 및 동중국해에서의 해양경계 협의에서도 나타날 것으로 예상할 수 있어 관련국가와의 경계협상을 어렵게 만들 수도 있다는 것이다.

그러므로 남중국해에서의 미중간 해양(통항) 갈등과 같은 해양안보위협으로부터 한국 정부의 해양에서의 안전과 안보라는 두 가지 목적을 달성하기 위해서는, 대외적으로는 해양갈등이나 분쟁의 사전적 예방조치와 분쟁해결을 위한 기능적 측면에서의 협력 증진추구 및 해양안보와 관련되어 있는 모든 부서나 부처 간 국제적인 해양신뢰구축 및 공동의 이익확보 등이 시급히 추진되어야 할 것이다. 이의 한 가지 실현 방안으로 한국에게 대단히 중요한 해상수송로(통항로) 확보를 위하여 다자적인 협력체제를 구비하여 주요 해협choke points 연안국 및 이해 당사국과의 직접적 마찰을 사전에 방지·협력함으로서 선박 통항의 안정성을 최대한 보장받도록 해야 할 것이다.

따라서, 한국이 처한 지정학적 불리점, 외교적 갈등상황 존재, 미중 간 갈등으로 인한 부정적인 영향, 비우호적 경제환경 등을 고려하여 새로운 안보환경의 설정이 전제되어야 할 것이다. 왜냐하면, 어느 일방의 선택과 집중만으로 문제를 해결하려 함은 오히려 더 큰 어려움을 초래할 것이기 때문이다. 특히, 해양군사력이 뒷받침되지 아니하는 외형적인 해양안보는 하나의 선언적 효과에 불과하므로 그 실효성 측면에서는 아무런 효과가 없는 형식안보에 불과하다는 것을 명심해야 할 것이다. 즉, 해양안보능력의 확보로 관할수역의 확보 및 이의 충실한 보호는 물론 해양 관리 및 통제능력의 상대적 제고를 통해 적어도 지역적으로는 해양안보에 있어 최소한의 전략적·조정자적 역할을 도모할 수 있도록 해야 할 것이다.

바. 한중 해양분쟁 해결 방식

해양분쟁은 일반국제법상의 분쟁과 마찬가지로 평화적으로 해결하여야 하며 해양에 관한 국제법인 「유엔해양법협약」의 해석 또는 적용에 관한 분쟁은 당사국이 선택한 평화적인 방법(분쟁의 사법적 해결 포함, 유엔헌장 제2조 3항)에 의하여 해결하기로 언제든지 합의할 수 있다. 또한, 이 협약의 해석이나 적용에 관한 분쟁의 당사국들이 일반협정·지역협정·양자협정을 통하여 또는 다른 방법으로 그 분쟁을 해결하기로 합의한 경우, 그 분쟁당사자가 달리 합의하지 않는 한, 이 협약에 규정된 절차 대신 이 절차가 적용된다라고 규정하고 있다.

「유엔해양법협약」상의 분쟁해결제도는 크게 조정절차와 강제절차로 구분할 수 있다. 조정절차에 관해서는 이 협약 제5부속서(조정)에서 상세히 규정하고 있으며, 강제절차는 분쟁 당사국이 국제해양법재판소, 국제사법재판소, 중재재판소, 특별중재재판소 중에서 하나를 선택하게 하거나, 이러한 선택이 없으면 중재재판소를 선택한 것으로 간주하여 당사국간 분쟁을 사법적으로 해결하도록 하는 절차이다(동 협약 제297조 3항(b)).

또한, 관련 재판소는 최종판결 전까지 각 분쟁당사자의 이익을 보전하기 위하여 또는 해양환경에 대한 중대한 손상을 방지하기 위하여 적절한 이른바 잠정조치Provisional Measure를 명할 수 있다(동 협약 제290조). 어느 당사국이 타방 당사국의 국기를 게양한 선박을 억류하고 있고, 적정한 보석금이나 그 밖의 금융보증이 예치되었음에도 불구하고 억류국이 이들을 신속히 석방하지 않는 경우, 억류로부터의 석방문제는 당사국간 합의로 재판소에 회부될 수 있으며, 만일, 그러한 합의가 억류일로부터 10일 이내에 이루어지지 않으면 억류국이 수락한 재판소나 국제해양법재판소에 회부될 수 있다. 이 경우 재판소는 지체 없이 석방신청을 처리하고, 선박과 그 소유자 또는 선원에 대하여는 해당 국내법정에서 사건 심리에 영향을 미치지 않고 석방문제만을 처리한다. 나아가, 재판소가 결정한 보석금이나 그 밖의 금융보증이 예치되는 즉시 억류국 당국은 선박이나 선원의 석방에 관한 재판소의 결정을 신속히 이행해야 한다.

해양분쟁의 해결수단으로는, 먼저 분쟁을 조정으로 해결하려면 당사국간 합의가 필요하며, 타방 당사자가 이를 거절하면 조정절차는 종료하게 된다(동 협약 제284조). 이 경우, 각 분쟁당사자는 2명씩의 조정위원Conciliators을 임명할 수 있고, 통상 조정위원회는 5명으로 구성된다.

위와 같은 절차에 따라 분쟁을 해결할 수 없는 경우에 강제적(사법적) 절차에 의해 분쟁을 해결해야 하는데, 이 경우도 분쟁해결수단은 당사자간 합의로 결정되며, 이러한 합의가 없는 경우에는 강제로 결정된다. 특히, 해양분쟁은 일반적으로 국제해양법재판소에 제소하여 처리될 수 있는데, 이 재판소에 관해서는 「유엔해양법협약」 제6부속서(국제해양법재판소 규정)에 상세히 규정되어 있다.

한중 양국은 「유엔해양법협약」 당사국으로서 분쟁의 평화적 해결의무가 있으며, 따라서 한중 간 해양분쟁 발생 시 양국은 무력에 의한 해결방식이 아닌 우선 본 협약에서 요구하는 의견교환의무(동 협약 제283조)를 우선 이행하여 문제해결 노력을 해야 하며, 이것이 더 이상 효과를 발휘하지 못하고 여전히 분쟁이 존재할 경우 상기에서 제시한 절차를 통하여 분쟁을 해결할 수 있다.

3. 맺는 말

한중 양국은 상기에서 언급한 바와 같이 특히 해양에 있어서 다양한 문제와 갈등 요소 그리고 해양분쟁을 동시에 가지고 있다. 그렇다면 이러한 해양문제를 어떻게 해결해야 하는지 그 가능한 해결책을 시급히 찾는 것이 무엇보다도 중요할 것이다.

양국은 정치체제, 경제구조 및 크기, 역사, 지리, 문화, 호감도/비호감도 등에 있어서 상당한 차이 또는 다름을 보이고 있기 때문에 문제해결을 위한 접근이 어려울 수도 있다. 따라서 해양 문제도 전체적인 맥락에서 보면 이러한 차이에서 오는 결과물 중의 하나로 보인다.

특히, 한중 관계는 지속성 및 일관성 있는 관계라기보다는 국내정치 및 국제정세의 변화에 따라 요동치는, 특히, 미중 또는 북미 관계나 한미일과 중국과의 관계 등에 따라 그 영향력이 강하게 작용되기 때문에 문제해결의 어려움 또한 상존한다. 그럼에도 불구하고, 해양문제는 그 정치적 이해관계가 미치는 영향이 상대적으로 작을 수 있기 때문에 주어진 상황과 환경 속에서 가능한 방안이나 방식을 충분히 찾을 수 있을 것으로 보인다.

이를 위해 양국은 우선 해양문제를 사안별로 분리하여 그 해결을 시도함이 바람직하다. 왜냐하면, 대다수 문제가 양자적 합의로 그 해결이 가능하기 때문에 난이도 별로 사안을 분리해서 접근 가능한 사안부터 해결시도를 할 필요가 있다. 다음, 이어도 해양과학기지와 같은 사안은 기존 한국의 권리 즉, 한국의 관할을 인정한다는 현상 유지를 전제로 해야 문제해결 접근이 가능할 것으로 보인다. 이어도 문제는 궁극적으로 한중 해양경계와 불가분의 관계를 맺고 있는 만큼 이어도에 대한 한국의 현실적 지위를 인정하는 것이 문제해결을 위한 지극히 현실적 접근방식인 것이다. 또한, 불법어로 문제도 그 원인 제공국의 진지하고 성의 있는 전향적 예방책이 강구되어야 할 것이다. 이 문제 역시 양국의 해양경계 미합의로 인한 배타적 경제수역이 확립되지 못함도 그 하나의 이유가 된다. 그러므로 당면한 현실적인 문제해결을 위해서는 무엇보다도 특정 국가의 단순한 국가이익 유지나 확보 차원이 아닌 양국에게 공통으로 규범력이 있고 양국이 가입하여 준수를 약속한 국제규범 또는 국제사회의 관행 등을 기초로 협상 및 합의를 적극적으로 시도한다면 보다 쉽게 문제해결에 접근이 가능할 것으로 보인다. 즉, 한중 모두 당사국인 국제규범에 근거한 합리적 및 합법적 대응자세를 견지하여야 할 것이며, 이는 결국 양국관계에 있어서의 일관된 자세의 유지가 필요하며 동시에 당면한 문제를 해결하려는 강한 의지 역시 요구된다는 것이다.

08

탄소중립시대 한중 환경협력의 미래 발전 방향

추장민
한국환경연구원 선임연구위원

1. 글을 시작하며

우리나라와 중국 사이의 환경협력을 말하면 국민들은 일차적으로 미세먼지 문제를 떠올린다. 양국 간 최대 환경 현안으로 다루어지면서 일련의 협력이 진행되고 있지만 국민들의 눈높이에 미치지 못한다는 지적도 따른다. 최근 5년 여 동안 미세먼지에 집중해 온 양국 간 협력에 대해 국민들이 주는 점수가 높지 못하다는 방증일 터이다. 양국이 수교한 지 30주년 되는 올해 들어 정부 부처와 기관 및 학계에서 각 분야에 걸쳐 한중 관계의 성과와 한계를 평가하고 미래의 발전 방안을 마련하고 있다. 환경 분야에서도 국민들의 목소리와 지적을 경청하면서 협력의 발자취와 성과에 대한 정확한 이해를 바탕으로 한중 관계의 변화를 진단하여 미래의 협력방안을 준비해야 할 것이다. 특히, 기후위기 대응과 탄소중립사회로의 대전환 시대를 맞이하여 두 나라의 미래세대가 손잡고 나갈 수 있는 새로운 접근과 모색이 필요하다. 이 장에서는 한중 환경협력 30년에 대한 성과와 한계를 평가하고, 현재와 미래의 도전과 과제를 진단하여 탄소중립사회의 실현을 위한 한중 환경협력의 미래 발전방향을 제시해 보고자 한다.

2. 협력 연혁, 추진 체계 및 조직

가. 환경협정 및 양국 정상 공동성명

한중 환경협정은 1993년에 체결된 「대한민국 정부와 중화인민공화국 정부 간의 환경협력에 관한 협정(한중 환경협력 협정)」이 최초이다. 1992년 수교 이후 네 번째로 양국 외교장관이 체결한 한중 환경협력 협정은 당시 국내 지상파 텔레비전 9시 뉴스에서 보도될 만큼 관심을 끌었다. 협정의 이행 조직으로 한중 환경협력 공동위원회가 설치되었고, 1994년 제1차 회의를 기점으로 대기오염, 서해오염 등 양국의 환경현안을 해결하기 위한 공동연구 등 협력이 시작되었다.

1993년 이후 2022년 6월까지 산림, 사막화, 황사, 대기, 기후변화, 자유무역FTA, 산업 등 분야를 포함하여 다양한 방식으로 총 24건의 정부 간 환경협정이 체결되었다. 협정의 분야별 구성은 황사 등 대기분야가 가장 많은 비중을 점하며, 2014년 이후 체결된 협정이 12건으로 전체의 절반을 차지한다. 현재 대부분의 환경협정 체결 및 이행을 담당하는 정부 부처는 우리나라의 환경부와 중국의 생태환경부이다.

[표 1] 한중 환경협정 체결현황(2022년 6월 현재)

체결일	협정 명칭	비고
1993.10.28	대한민국 정부와 중화인민공화국 정부 간의 환경협력에 관한 협정	유효
1998.06.15	한중 임업협력 약정	유효
2001.11.	중국 서부지역 조림사업 협의의사록(R/D)	–

체결일	협정 명칭	비고
2002.07.09	대한민국 기상청과 중화인민공화국 기상국 간 황사 모니터링 협력 합의록	–
2003.04.15	한중 황사 공동관측망 구축사업 협의의사록(R/D)	–
2003.07.08	대한민국 환경부와 중화인민공화국 환경보호부 간 환경협력에 관한 양해각서	종료
2005.06.07	한중 황사관측과 정보공유를 위한 양해각서	유효
2007.04.10	대한민국 정부와 중화인민공화국 정부 간의 철새보호에 관한 협정	–
2008.08.25	중국 따오기 기증 및 한중 따오기 증식·복원 협력 강화를 위한 양해각서	유효
2008.08.25	한중 사막화방지를 위한 과학기술협력 양해각서	유효
2012.08.30	한중 폐기물협력 양해각서	유효
2013.06.27	한중 공동 따오기 보호 협력 양해각서	유효
2014.07.03	한중 야생생물 및 자연생태계 보전 협력에 관한 양해각서	유효
2014.07.03	한중 환경협력에 관한 양해각서	유효
2015.01.29	한중 기후변화 협력에 관한 정부간 협정	유효
2015.06.01	대한민국 정부와 중화인민공화국 정부 간의 자유무역협정(제16장 환경과 무역)	유효
2015.10.31	한중 판다 보호협력 공동추진 양해각서	유효
2015.10.31	대기질 및 황사 측정자료 공유합의서	유효
2016.04.27	한중 환경협력 강화 의향서	유효
2017.12.14	한중환경협력계획(2018~2022) 합의문	유효
2017.12.14	한중 친환경-생태 산업개발 분야 전략적 협력 양해각서	유효
2019.2.26	미세먼지 예보 정보 및 기술 교류협력사업 업무계획 양해각서	유효
2019.2.26	한중환경협력센터 운영규정 마련을 위한 업무계획 양해각서	유효
2019.11.4	한중 환경협력사업 "청천(晴天, 맑은 하늘) 계획" 이행방안	유효

자료: 추장민(2022), "한중 환경협력 성과와 미래발전 방향", NRC 2021 한중미래발전포럼: 한중 관계 30년 성과와 미래발전 연구, 경제·인문사회연구회/대외경제정책연구원, pp.324-325. 자료를 참고하여 저자가 수정 보완함.

정상회담의 의제와 공동성명 등에 포함된 환경에 관한 내용에는 양국 최상위 정치지도자와 정부의 환경협력에 대한 관심과 정치적 의지가 표현된다. 역대 우리나라의 대통령과 중국의 국가주석의 정상회담에서 환경 분야는 거의 매번 협력의제로 논의되었으며, 공동성명 등에 관련 내용이 포함되었다. 공동성명의 환경협력에 관한 조항은 황사, 서해, 산성비, 사막화, 생태계, 환경산업, 미세먼지, 기후변화 등 분야로 확대되어 왔는데, [표 1]에서 열거한 환경협정 체결과정을 거쳐 구체적인 협력 사업이 이행되고 있다.

[표 2] 한중 정상회담 공동성명(언론발표문) 환경협력 내용

일시	주요 내용	양국 정상
1998.11.13	황사 및 산성비 등 환경오염·황해환경보호 공동조사, 양국 유조선 사고 발생 시 해상오염 예방 공동협력연구 강화, 동북아지역 협력활동 적극 참여, 산림녹화 및 토사유실방지 등 임업협력 강화	김대중 장쩌민
2003.07.07	환경보호와 환경산업분야 협력 강화, 한중 환경보호 산업투자 포럼 공동개최, 황사 모니터링, 사막화 방지 및 생태계 건설 등 분야 협력 계속 강화	노무현 후진타오
2008.08.25	환경보호, 에너지 분야 협력 강화, 친환경적·자원 절약형 사회 건설 적극 협력, 사막화방지 생명공학 분야 공동연구, 전문가 교류, 정보교환 추진	이명박 후진타오
2013.06.27, 2014.07.03	미세먼지 등 대기오염, 황사, 생물다양성, 환경산업, 기후변화 대응 및 해양, 멸종 위기종 복원, 사고·천재지변 긴급구호·지원, 원전안전, 인수공통감염병 등 협력 강화	박근혜 시진핑
2017.12.14	미세먼지 저감 등 환경, 신재생에너지 분야 협력 증진	문재인 시진핑

자료: 추장민(2019), "제5장 국제협력", 국민정책참여단 미세먼지 정책제안 참고자료집, 국가기후환경회의, p.144. 자료를 참고하여 저자가 수정 보완함.

나. 추진 체계 및 조직

양국 정부 간 환경협력 추진체계는 [그림 1]과 같이 장관회의—국장급회의—실무회의의 3단계 의사 결정 및 이행체계로 구성되어 있다.

[그림 1] 한중 환경협력 정부 간 의사결정 및 이행 체계도

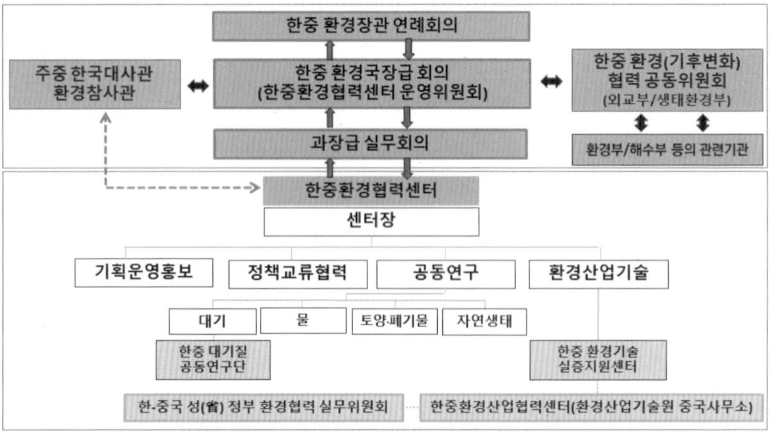

자료: 추장민(2022), "한중 환경협력 성과와 미래발전 방향", NRC 2021 한중미래발전포럼: 한중 관계 30년 성과와 미래발전 연구, 경제·인문사회연구회/대외경제정책연구원, p.326. 자료를 참고하여 저자가 수정 보완함.

한중 환경장관 연례회의는 2019년 '한중 대기분야 고위급 정책협의회' 정례화에 합의하면서 설치되어 매년 개최되는 회의체이다. 올해로 4차 회의가 개최됐으며 양국 환경협력에 관한 협정체결 등 최상위 의사결정기구이다. 2016년 「한중 환경협력 강화 의향서」체결에 따라 설치된 한중 환경국장급 회의는 장관회의의 합의사항을 이행하고 사업의 성과를 평가·관리하는 국장급 대화채널이다. 주중 한국대사관의 환경참사관은 베이징에서 양국의 의사결정 및 집행과정을 지원하고 있으며, 환경산업협력을 위한 중국 지방정부와의 협력채널로는 한-산둥성, 한-광둥성 환경협력 실무위원회가 있다.

[그림 2] 제4차 한중 환경장관 연례회의 화상회의 전경

자료: 한중환경협력센터(2022.02.28), "한중 환경장관, 미세먼지 대응·탄소중립 등을 위해 머리 맞대", https://www.chinakoreaecc.org.cn/html/newdetail/407df630-43c6-433b-b8d9-3ced0eea88b2(검색일: 2022.6.20).

우리나라 외교부 주관으로 환경부, 해양수산부 등이 참여하고 있는 한중 환경협력 공동위원회는 1994년부터 매년 양국이 교대로 주최국이 되어 개최되었다. 2022년에 제24차 회의가 개최됐으며, 대기오염과 해양환경 분야 등을 중심으로 한중 양자 간, 지역 및 글로벌 차원의 환경협력 확대방안을 논의해 왔다. 한중 기후변화협력 공동위원회는 2015년 「한중 기후변화협력 협정」의 체결에 따라 설립된 기후변화 협력에 관한 포괄적인 협력체이다. 네 차례 개최된 회의에서 양국은 주로 기후변화 국내 정책, 기후변화 파리협정 협상, 탄소시장, 미세먼지 연계 협력 등에 대해 논의하였다.

한중환경협력센터는 2016년 체결된 「한중 환경협력 강화 의향서」의 합의에 따라 2018년 6월에 중국 베이징에 설치되었다. 센터는 관련 환경협정에 규정된 협력사업의 이행을 위해 조정·관리·지원·홍보하는 업무를 담당하고 있는 총괄 실행조직이다. 2022년 현재 센터의 상근 인력은 한국인 3인과 중국인 7인으로 구성되어 있으며, 한국은 국내 환경부 소속 및 산하기관과 협업을 통해 업무를 수행한다.

3. 분야별 협력 현황, 성과 및 한계

가. 발전과정 및 협력사업 개괄

환경부의 관련 보고서에 따르면 양국 간 협력 사업은 2006년부터 조금씩 증가하기 시작하여 2011년부터 급증하는 추세를 보였다. [그림 3]의 왼쪽 그래프와 같이 1998년부터 2015년 사이에 공동연구, 기술실증, 네트워크 운영 등 65개 사업 가운데 73.8%인 48개 사업이 2011년부터 2015년까지에 추진된 것으로 집계되었다. 현재 환경협력 사업은 2017년에 체결된 「한중 환경협력계획(2018-2022)」의 4대 우선 협력분야의 협력사업, 2019년 체결된 「한중 환경협력사업 "청천晴天, 맑은 하늘 계획"」의 3대 부문 협력사업, 그리고 한중 환경협력 공동위원회의 자체 협력사업 등으로 구성된다. [그림 3]의 오른쪽 그래프에서 확인되듯이 2018년 5월 기준으로 협력사업은 총 28건에 달했으며, 환경부와 외교부의 보도자료 등에 따르면 2019년부터 2022년 6월까지 "청천晴天, 맑은 하늘 계획" 등에서 총 7개 사업이 신규로 추가되었다.

[그림 3] 한중 환경협력 사업 추진 현황

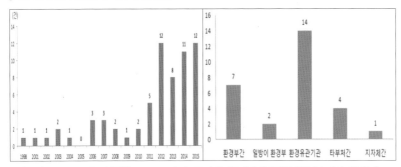

주: (왼쪽) 연도별 환경협력 현황(1998~2015), (오른쪽) 협력주제별 환경협력 현황(2018년 5월 현재)
자료: 추장민 외(2016), 한중 환경협력 확대를 위한 중국 환경관리 정책 및 체계 분석 연구, 환경부, p.58.
이현우 외(2018), 한중환경협력계획 세부사업 및 협력방안 마련 연구, 환경부, p.26.

나. 분야별 협력 현황

(1) 사막화 방지 및 생태계 보호

사막화 방지 협력은 중앙 정부의 주도성이 상대적으로 낮고 지자체, 시민단체, 기업 등 다양한 사업 주체가 참여하고 있는 점이 특징이다. 이 분야의 협력은 중국의 사막화를 방지하는 목적과 함께 우리나라로 유입하는 중국 사막화 지역의 황사발생을 줄임으로써 국내 황사피해를 저감하는데도 목적을 두고 있다.

정부 차원에서는 1998년 정상회담의 공동성명 합의에 따라 '중국 서부지역 조림사업'과 '중국 베이징지구 산림종합경영 시범사업'이 추진되었다. 그 가운데 2001년에서 2005년까지 진행한 '중국 서부지역 조림사업'은 중국의 서부지역 5개 지역에 KOICA의 무상원조로 5백만 달러를 지원하여 여의도의 28배 면적에 해당하는 8040ha에 조림사업을 실시하였다. 사막화 방지 협력을 추진한 광역 지자체로는 경기도가 최초이다. 경기도는 2009년부터 네이멍구 쿠부치庫布齐 사막에 '경기도 녹색 생태원'을 조성하는 사업을 펼쳐 현재 2023년까지 3차 사업을 실시하고 있다.

민간단체 협력으로는 한중문화청소년협회(미래숲)가 2006년부터 쿠부치 사막에서 계속하고 있는 '한중 우호 사막화방지 나무심기' 사업이 있다. 또한, 2008년부터 현대자동차와 에코피스아시아는 네이멍구 아빠가치阿巴嘎旗 차깐노로查干诺尔 호수지역에 5000만㎡ 초지를 조성하는 사업을 추진했다. 이 사업은 기업과 민간 환경단체가 공동으로 추진한 성공적인 협력사례로 평가받기도 했다. 한편, 양국의 청소년 단체인 한국의 한중문화청소년연합회와 중국의 중화전국청년연합회, 그리고 네이멍구 어얼둬쓰鄂尔多斯시가 '한중우호녹색장성' 건설 사업을 함께 추진했다. 청소년들이 참여하여 조성한 조림면적은 2007년부터 2015년까지 9년 동안 총 1.28ha에 달한다. 민간단체들의 사막화 방지 협력에서 주목할 만한 부분은 미래세대인 양국의 청소년들이 협력 주체로 참여했다는 점이다.

생태계 분야에서의 협력 사업은 따오기 기증, 복원 및 보호 사업이 대표적이다. 두 차례 체결된 따오기 관련 양해각서에 따라 2008년과 2013년에 중국으로부터 따오기를 기증받았고, 복원기술 협력 등을 통해 한국에서 복원과 증식에 성공하여 현재까지 120마리를 자연으로 방사하는 성과를 거두었다. 이러한 성공을 바탕으로 따오기 관련 협력은 한국의 창녕군과 중국의 한중漢中시 간 협력으로 발전했으며, 한중 양국을 넘어 한중일 3국으로 확대되었다.

(2) 황사, 대기오염 및 기후변화 대응

황사대응 협력은 2002년 봄에 국내에서 대규모 황사가 발생하면서 본격화 되었다. 이 분야의 협력은 우리나라로 유입되는 황사의 발원지와 이동경로에 황사관측망을 공동으로 구축하여 감시를 강화하고 관측 데이터를 공유하여 황사 예·경보의 정확도 향상 및 공동대책을 강구하는데 목적이 두어졌다. 현재 공동관측소 10개소와 중국 기상국 관측소 5개소 등 총 15개 관측소로 구성된 한중 황사공동관측망이 구축되어 황사 관측 자료(PM_{10} 농도)를 거의 실시간near real time으로 전송받아 우리나라 황사 예·경보에 활용하고 있다.

[그림 4] 한중 황사공동관측망 위치도

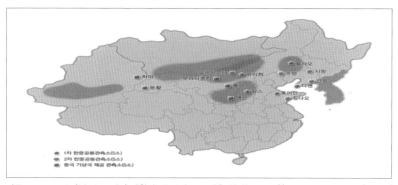

자료: ecoomedia(2013.11.07), "황사, 중국과 공동대응 하다", http://m.ecomedia.co.kr/news/newsview.php?ncode=1065596092799255(검색일: 2022.06.20)

대기오염 대응 협력은 양국, 특히 우리나라가 역점을 두고 전 방위적으로 추진해 왔다. 황사와 마찬가지로 중국 등 국외에서 우리나라로 유입하는 미세먼지 등 대기오염에 대응이 필요했기 때문이다. 정책교류, 공동연구, 대기질 측정데이터 및 예·경보 정보 공유, 산업 및 기술 협력 등 여러 영역에서 중앙정부 주도 또는 지원 아래 공공기관, 대학, 기업,

그리고 지자체 등이 참여하는 방식으로 협력을 전개하였다.

2014년 이후 지속적인 협력 강화를 통해 대기질 공동연구의 범위를 확대하고, 중국의 주요 성省 및 도시와 한국의 도道 및 광역도시 간 대기질 측정데이터 및 미세먼지 예·경보 정보를 공유하는 체계를 구축하였다. 양국은 6개 대기오염물질 및 미세먼지 발생 상황에 관한 정보를 상호 전송하여 실시간으로 공유하고 있다. 2020년부터는 대기오염에 대응하여 개별적으로 추진되던 협력 사업을 "청천晴天, 맑은 하늘 계획"으로 포괄하여 체계화하고 동시에 협력 범위를 확대하였다. 최근 고농도 미세먼지 발생에 대응하여 양국의 미세먼지 계절관리제 전全과정에 대한 공조 및 고농도 예상 시 핫라인 운영 등 특정 시기에 현장대응을 강화하는 방향으로 협력의 내용이 진전되었다.

[표 3] "청천(晴天, 맑은 하늘) 계획" 사업명 및 사업내용

구분	사업명	사업내용
기술과 정책교류	1. 대기오염방지 정책 및 기술교류	대기오염 방지 정책 및 기술 공유
		한중 계절관리대책 시행 공조
		자동차오염 규제정책 교류
	2. 탄소중립을 위한 온실가스 정책대화	배출권거래제 정책대화 등
	3. 청천 컨퍼런스	청천 컨퍼런스 개최
공동연구	4. 대기질 예보정보 및 예보 기술 교류	대기질 예보정보 및 예보기술 교류
	5. 대기오염 공동연구	화학성분특성관측 및 수치모델 공동연구
기술 산업화	6. 환경 기술 및 산업 협력	대기오염저감 기술 교류 및 협력
		생태환경 기술서비스 플랫폼 협력
	7. 대기환경 산업 박람회	한중 대기환경 산업 박람회 개최

자료: 환경부 보도자료(2020.11.10), "한–중 환경장관, 푸른 하늘과 탄소중립 위해 고삐 죈다"(붙임 1. 청천계획 2020년 세부 이행계획 주요 내용), p.4. 양명식(2022), "한중 환경협력을 위한 조직 기반 발전 역정(歷程) 및 몇 가지 제안", 한중 환경협력 30년 회고 및 미래 전망 간담회 자료집, 한국환경연구원, p.53. 자료를 참고하여 저자가 작성함.

[그림 5] 한중 대기질 예보정보 자료 표출 화면(예시)

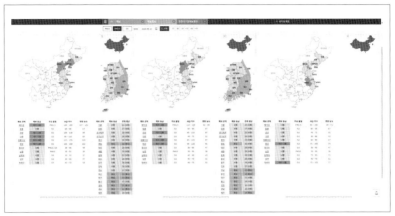

자료: 환경부 내부자료(2021), "한중 대기질 예보정보 교류시스템 구축 및 운영현황".

　　중앙 정부의 협력과 병행하여 서울시와 베이징시는 2014년에 서울-베이징 통합위원회에 환경팀을 신설하여 대기오염 대응을 위한 지방정부 간 협력을 추진하고 있다. 특히, 2018년 11월에 서울-베이징 대기질 개선 공동연구단을 구성하여 두 도시의 미세먼지 해결을 위한 연구동향 등 정보를 교류하고 대기질 악화에 공동으로 대처하기 위한 협력기반을 구축하였다. 서울시보건환경연구원은 최근 2년 동안 서울-베이징 대기질 개선정책과 기후변화 대응정책을 비교 분석하는 보고서를 2회 발간하였다.

　　기후변화에 대응한 협력은 정책대화 위주로 전개되어 왔다. 2013년과 2014년 발표된 양국 정상회담의 공동성명에 따라 외교부 주관으로 기후변화협력에 관한 협정이 체결되어 설치된 한중 기후변화협력 공동위원회가 협력을 이끌어 왔다. 총 4차례 개최된 공동위원회에서 정책대화는 주로 양국의 기후변화 관련정책 공유, 글로벌 기후변화 파리협정 협상 의견교환, 탄소시장, 미세먼지와의 연계협력 등을 주제로 진행됐다. 한편, 2021년에 개최된 한중 환경장관 연례회의에서도 [표 3]과 같이 '탄소중립'에 관한 협력에 합의하고 "청천晴天, 맑은 하늘 계획"의 사업으로 '탄소중립을 위한 온실가스 정책대화'를 추가하였다.

(3) 해양환경 보호

우리나라의 서해, 즉 황해 해양환경에 대한 공동조사를 중심으로 해양환경에 관한 양국 간 협력이 추진되었다. 1995년 제2차 한중 환경협력 공동위원회에서 황해 해양환경 보전을 위한 기초자료 축적 및 기술과 인력교류를 위한 협력 사업으로 '한중 황해 해양환경 공동조사'를 채택한 것이 계기가 됐다. 우리나라 해양수산부와 중국의 생태환경부의 주관으로 양국의 관련 연구기관들이 조사 정점과 항목을 선정하고 2007년부터 황해의 해수, 퇴적물, 생물에 대해 매년(2009년부터 2013년까지 5년간 중단) 1회씩 공동조사를 실시해 왔다.

(4) 환경산업 및 기술

국내 환경기업의 중국시장 진출이라는 우리나라의 협력 수요와 국외 우수한 환경기술의 도입이라는 중국의 협력 수요에 따라 환경 산업과 기술 분야는 양국 환경협력의 초창기부터 주요 의제였다. 주요 협력은 협력 기구의 설치 및 운영, 협력단 파견을 통한 교류활동, 환경기술 현지 실증 및 대기오염 방지기술 실증지원 등 3가지 영역에서 추진되었다.

협력 기구는 '한국 환경산업·기술 상설전시관' 설치(2001년), '한중환경산업센터'로 명칭 변경 및 양국 공동 운영체제로 전환(2003년), '한중환경산업협력센터'로 명칭 변경 및 한국환경산업기술원 단독 운영체계로 개편(2011년), '한국환경산업기술원 중국사무소'로 명칭 변경(2018

년)의 과정을 거치면서 우리나라 환경기업의 중국시장 진출을 지원하였다. 또한 환경산업 협력단을 중국에 파견하여 환경협력포럼, 세미나 및 지방순회 기술설명회를 개최하고 환경박람회에 참가하였다. 이를 통해 우리나라 기업을 중국에 홍보하여 중국 내 인지도를 제고하고 양국 기업 간 교류를 촉진하였다. 그리고 2014년 '한중 환경기술 실증지원 센터'를 설립하여 우리나라 기술의 중국 시장 진출에 필요한 중국 국가공인 시험성적서 발급을 양국 공동으로 지원하였다. 특히, 2015년부터 국내의 우수한 대기오염 방지기술을 중국의 제철소, 발전소 등에 적용하는 사업에 대해 자금을 지원하는 '한중 미세먼지 공동저감 실증협력 사업'을 추진하였다. 국가기후환경회의가 2020년에 발표한 보고서에 따르면 이 사업을 통해 우리나라 환경기업은 중국에서 12건(833억 원 규모)의 계약을 체결한 것으로 나타났다.

다. 주요 성과 및 한계

(1) 주요 성과

1993년 '한중 환경협력 협정'을 체결한 이래 양국 환경협력은 다방면에 걸쳐 확대·발전을 지속해 왔으며 적지 않은 성과를 거두었다. 양국의 관계 변화와 발전에 있어서 주요 협력 분야 가운데 하나로 자리를 잡았다. 지난 30년간 한중 환경협력의 성과는 다음과 같이 몇 가지 부분에서 두드러진다.

첫째, 안정적이고 지속적으로 협력을 추진할 수 있는 법적 기반이 마련되었다. 정부 간 체결된 협정 총 24건은 양적인 측면에서 한중 환경협력의 발전을 상징하는 일종의 지표라고 할 수 있다. 뿐만 아니라 정부 간 협력에 따라 추진되는 협력사업의 실행기관 간에도 세부적인 이행을 위한 각종 합의서가 체결되었다. 다차원의 협정과 합의서 체결을 통해 양국 환경협력의 안정성과 지속성을 담보하는 법적인 기반이 마련된 것이다.

둘째, 최근 몇 년간 효율적이고 효과적인 협력을 위한 추진체계와 이행조직의 진화·발전이 이루어졌다. 구체적으로 장관-국장-실무 회의로 구성되는 3차원 협력체계의 구축, 총괄 실행조직인 한중환경협력센터의 설치 및 운영규정 개정, 환경장관회의 연례화 및 환경국장급회의 정례화로 고위급 대화채널의 제도화 진전 등에서 확인된다.

셋째, 환경 정보의 공유체계가 구축·운영되어 양국의 환경문제 해결에 기여하고 있다. 황사와 대기질의 측정 데이터와 미세먼지 예·경보 자료를 공유하는 시스템 구축은 지난 30년간 한중 환경협력의 대표적인 성과라고 할 수 있다. 미세먼지 대응을 위한 감시-긴급대응-감축의 3각 협력체계 가운데 감시와 긴급대응 영역에서 정보를 공유하는 감시협력체계가 구축되었다. 유럽과 북미와는 다르게 구속력 있는 국가 간 환경협정이 부재한 동북아 지역에서 비록 비구속적이고 자발적이지만 양국 간 구축된 환경 정보 공유체계는 실시간으로 정보를 공유한다는 점에서 이행 의무가 매우 강한 특성을 지닌 협력체계이다. 이러한 성과는 향후 양국 간 협력체계의 발전에 있어서도 중요한 기반이 될 것으로 보인다.

넷째, 양국 간 인적 네트워크가 형성되었다. 정부, 지자체, 공공기관, 기업, 민간단체, 전문가 등 조직과 개인 차원에서 다양하게 형성된 인적 네트워크는 양국 환경협력의 중요한 성과이자 무형의 자산이다. 인적 네트워크는 양국 간 원활한 소통과 상호 신뢰형성의 기반이 되고 있다. 협력 과정에서 형성된 인적 네트워크는 현재와 미래에 한중 환경협력의 발전을 뒷받침하는 소프트 파워soft power로서의 역할을 할 것으로 기대된다.

(2) 주요 한계

법적 기반 마련, 추진체계 및 이행조직의 진화·발전, 환경 정보 공유 체계의 구축, 인적 네트워크 형성 등에서 양국 환경협력은 상당한 성과를 거둔 것으로 평가된다. 하지만 국민들의 눈높이에 못 미친다는 지적도 있듯이 일련의 성과에도 불구하고 그 한계 또한 존재하고 있는 것이 현실이다. 주요 한계는 다음과 같다.

첫째, 전반적으로 협력관계의 제도화 수준이 낮다. 한중 환경협력의 법률적 기초인 환경협정에서 양국이 택한 이행 원칙과 방식은 기본적으로 상호 신뢰에 기초한 자발성 원칙과 개별적인 독자행동 방식에 따라 이행하는 구조이다. 이러한 구조는 양국이 자발성을 충분히 발휘할 경우 협력을 효과적으로 추진할 수 있으나, 협력이 제대로 추진되지 않을 경우 이행을 담보하고 강제할 수 있는 제도적 기반이 매우 취약하다. 제도화 수준이 낮은 협력관계의 구조적 취약성은 양국 관계의 변화 또는 협력과 정에서의 돌발적인 변수 등의 영향을 받기 쉽다. 협력관계의 제도화 수준을 제고하여 협력의 지속가능성을 확보하는 노력이 경주되어야 한다.

둘째, 실질적으로 환경문제 해결을 위한 사업이 상대적으로 많지 않다. 환경협력의 최종 목적이 양국의 환경개선에 있는 것은 주지의 사실이다. 하지만 2018년 기준으로 협력사업의 상당수가 정책교류와 연구 사업이다. 산업기술 분야도 단발성 정보교환 수준에 머물고 있는 사업이 적지 않다. 최근에 추가된 7개 사업도 대부분 정책교류 사업이다. 한중 환경협력의 실효성에 의문이 제기되는 이유이다. 또한 사막화 방지, 황사대응, 해양환경 등 분야는 사실상 협력이 단절됐거나 사후관리 또는 현상 유지 수준에 머물러 있는 실정이다. 2010년대 중반 이후 글로벌 환경현안으로 다루어지고 있는 기후변화 이슈에 대한 양국의 협력은 정책

대화 수준으로 사실상 공백상태나 마찬가지다. 분야별 협력 현황과 성과를 진단하여, 상호 연계성과 통합성을 제고하고 선택과 집중을 통해 시너지 효과를 발휘할 수 있는 협력방안을 모색할 때이다.

셋째, 중앙정부 위주의 협력이 전개되면서 협력주체의 다양성이 부족하다. 사막화 방지 분야를 제외하고는 대부분 중앙정부가 주도하거나 중앙정부의 개입과 지원으로 중앙정부 산하 공공기관 등이 대행하여 실행하는 구조로 협력이 진행되어 왔다. 서울시, 경기도 등 지자체가 추진한 협력 사례는 전체 협력 가운데 극히 일부분에 불과하다. 대학, 학회, 협회, 민간단체의 협력은 더욱 미미한 수준이다. 우리나라 환경기업의 산업기술 협력과 시장진출도 중국의 높은 진입장벽, 국내 기업의 영세성 등 여러 요인으로 인하여 활발하지 못한 실정이다. 중앙정부 간 관계, 의사결정 및 집행력에 거의 전적으로 의존하는 사실상 단일한 협력주체로 되어 있다. 중앙정부 간 협력에 변수가 발생하거나 난관에 봉착했을 때, 다른 통로를 통해 협력을 지속성을 유지하고 보완할 수 있는 협력주체가 부재한 현재의 한중 환경협력 구조는 회복력resilience 측면에서 매우 취약하다.

4. 미래 발전 방향

가. 여건 분석

(1) 내부 도전과 과제

지난 30년간 한중 환경협력이 이루어낸 일련의 성과에도 불구하고 여전히 한계에 봉착해 있으며 내·외부로부터의 도전과 과제에 직면하고 있음을 부인하기 어렵다. 내부로부터의 도전과 과제는 협력을 둘러싼 쟁점과 그 구조적 요인에서 비롯되고 있다. 양국 간 환경협력에 대한 인식, 접근법, 이해관계 및 개별사안에 대한 이견 등으로 인해 당면하고 있는 주요 쟁점은 [표 4]와 같이 크게 네 가지로 정리할 수 있다. [표 4]에서 열거한 네 번째 쟁점은 양국 담당부처 간 업무범위의 상이성으로 인해 발생하는 기술적인 사안이라고 볼 수 있지만 나머지 쟁점들은 양국 간 환경협력에 지대한 영향을 미치는 정책적·전략적 사안들이다. 그런데 [표 4]에서 확인되듯이 주요 쟁점의 근원에는 구조적인 요인들이 존재하고 있어서 쟁점해결을 어렵게 하고 있다. 이들 주요 쟁점과 구조적 요인은 협력의 순조로운 협상과 이행, 그리고 발전을 저해하고 협력의 성과를 훼손하거나 불안정하게 만드는 요인으로 작용해왔다. 단기간 내 해결하기 어려운 이러한 쟁점과 구조적 요인은 한중 환경협력의 내부에서 제기되는 도전이 아닐 수 없다.

[표 4] 한중 환경협력 주요 쟁점 및 구조적 요인

주요 쟁점	① 미세먼지 국가 간 영향 ② 협력의 목적과 관심사의 간극 ③ 협력의 실효성 ④ 협력사업의 분야 및 범위 설정
구조적 요인	① 관계의 부조화성 ② 이익의 불균형성 ③ 문제의 복잡성 및 상호연관성 ④ 문제의 민감성 ⑤ 협력구조의 취약성

자료: 추장민(2022), "한중 환경협력 성과와 미래발전 방향", NRC 2021 한중미래포럼: 한중 관계 30년 성과와 미래발전 연구, 경제·인문사회연구회/대외경제정책연구원, pp.330-334.

[표 4]의 출처에서 필자가 주요 쟁점과 구조적 요인에 대해 분석한 내용을 바탕으로 한중 환경협력이 당면하고 있는 내부 도전과 과제를 살펴보기로 한다. 무엇보다도 미세먼지의 국가 간 영향을 둘러싼 쟁점은 양국 환경협력의 뿌리를 뒤흔들 정도의 불안정성을 초래하여 민감성과 폭발력을 동시에 지닌 사안이자 도전이다. 유럽과 북미 지역과는 다르게 한중 양국을 포함한 동북아 지역에서 미세먼지의 국가 간 이동 및 영향에 관한 과학적 증거가 부족할 뿐만 아니라 증거에 대한 정부, 학자, 국민 간 공감대가 부재하기 때문이다. 솔직히 미세먼지의 국가 간 이동의 과학적 증거에 관한 연구결과가 없는 것은 아니다. 지난 2019년에 한중일 3국 연구기관의 '동북아 장거리 대기오염물질 국제공동연구Joint research project for Long-range Transboundary Air Pollutants in Northeast Asia, LTP' 요약보고서 발간을 통해 3국이 공동으로 초미세먼지($PM_{2.5}$)의 국가 간 영향에 대해 발표하였다. 한중일 3국 정부에서 검토하였고 환경장관회의에서 주요 의제로 다뤄져 3국 정부에 대한 '대기환경 정책지원 보고서'의 성격으로 발표된 공동연구 결과에서 중국에서 배출된 대기오염물질이 우리나라의 초미세먼지 농도에 평균적으로 약 32% 정도 기여한다는 것이 확인되었다.

[표 5]와 같이 비록 3국 연구기관의 결과가 서로 다르긴 하지만 중국의 영향이 과학적으로 밝혀진 이 보고서의 발간은 한중 양국 간 환경협

력에 부정적인 영향을 미치고 있다. 중국은 미세먼지에 관한 협력의 목적, 내용과 방식에 매우 민감하게 반응하고 있고, 양국 환경협력 전반에 대해 취하는 태도가 보고서 발간 이전보다 훨씬 신중해졌다. 중국의 이러한 태도변화는 과학적인 공동연구 등 양국의 환경보호를 위해 출발한 협력의 결과가 소위 '중국 책임'을 지적하는 근거로 이용되고 민감한 정치적 이슈로 변질되는 것에 대한 우려에서 비롯되는 것으로 보인다. 중국의 태도변화는 미세먼지에 관한 협력에 국한되지 않을 가능성이 높다. 황해 공동조사, 기후변화 대응, 황사 등 양국 환경협력 전반에 걸쳐 영향을 미치게 될 것으로 예견된다. 이러한 도전에 대응하여 한중 환경협력의 리스크 관리 등 새로운 과제가 제기되고 있다.

[표 5] 한중일 도시별 초미세먼지($PM_{2.5}$) 상세 기여율(한국 도시 부분)

수용지	배출원	중국	한국	일본	기타
서울	중국 연구결과	23	63	0	13
	일본 연구결과	39	30	3	28
	한국 연구결과	39	42	1	18
대전	중국 연구결과	30	55	1	14
	일본 연구결과	34	48	2	16
	한국 연구결과	37	47	1	15
부산	중국 연구결과	26	62	2	11
	일본 연구결과	31	57	2	11
	한국 연구결과	29	57	2	13

자료: 환경부 보도자료(2019.11.20), "동북아 장거리 대기오염물질 공동연구 보고서, 최초 발간: 붙임1 한중일 도시별 초미세먼지($PM_{2.5}$) 상세 기여율", p.4. 표의 내용 가운데 한국 도시 부분을 발췌하여 작성함.

내부로부터 제기되고 있는 또 다른 도전은 협력의 실효성에 대한 의문이다. 협력의 실효성에 대한 의문은 양국 모두로부터 제기되는 상황이다. 이는 양국 간 협력의 목적과 관심사의 간극에서 비롯되는 도전이다. 또한 협력관계의 부조화성과 이익의 불균형 등 구조적 요인과 복잡하게 결부되어 있는 문제이다.

지난 30년간 거둔 양국 환경협력의 성과는 비록 중국의 기여를 존중하긴 하나 대부분 우리나라의 주동성과 적지 않은 인적·물적 자원의 투입이 이뤄낸 결과라고 하지 않을 수 없다. 특히, 2014년 이후 우리나라는 미세먼지 해결을 위한 한중 협력에 집중하여 전력을 다했다. 목적은 중국의 미세먼지 개선을 통해 국내에 미치는 영향을 줄이고, 그 과정에서 국내 환경기업의 중국 시장에 진출을 도모하는데 있었다. 중국과의 협력 및 이익 실현의 기대치가 매우 높았다고 할 수 있다. 그런데 구축되어 있는 미세먼지 정보 공유체계와 관련 과학연구, 그리고 자금 지원을 통한 일부 기업의 사업수주 등이 과연 당초 목적 및 협력의 기대치와 이익의 실현에 얼마나 실효성이 있었느냐에 대해선 의문이 제기되고 있는 것이다.

미세먼지 대응을 위한 양국 협력이 실효성을 거두려면 감시협력체계(관측데이터 공유)와 긴급대응협력체계(고농도 대기오염 대응 공동행동), 그리고 감축협력체계(미세먼지감축 협력사업) 등 3개 세부 협력체계를 구성할 필요가 있다. 현재 감시-긴급대응-감축의 3각 협력체계 가운데 감시와 긴급대응 체계는 일부 구축되어 있지만 가장 중요하다고 할 수 있는 오염물질을 실질적으로 감축하는 협력체계는 미비한 상태이다. 긴급대응체계에서 고농도 대기오염 발생 시 양국이 함께 오염물질을 저감하는 공동행동은 협력 의제로 다루고 있지 않다. 미세먼지 감축협력체계가 미비한 현재의 협력체계에 대해 국민들은 실효성에 의문을 표시하고 있으며, 실질적인 감축 효과를 거둘 수 있는 협력추진을 요구하고 있다.

협력의 파트너인 중국 입장에서 협력의 주된 목적은 자국의 미세먼지 해결에 기여할 수 있는 정책, 기술 및 자금의 확보이다. 우리나라에서 요구하여 구축한 미세먼지 정보 공유체계는 중국의 입장에서 주요한 관심사가 아니다. 협력의 초점은 미세먼지를 비롯한 중국의 환경오염 문제를 어떻게 해결할 수 있느냐에 두어진다. 중국의 환경오염문제 해결에 있어서 우리나라는 여러 협력 대상국 가운데 하나일 뿐이다. 다른 국가와 비교하여 우리나라와의 협력이 자국의 환경오염 문제 해결에 이익이 되고 실효성이 있느냐에 대해 의문을 갖고 있는 것이다. 이는 유럽 및 일본의 환경기술 선진국에 비하여 우리나라에 대한 중국의 협력 기대치가 높지 않은 이유이다.

그런데 한중 환경협력의 실효성 문제는 20여 년에 걸쳐 환경협력을 둘러싸고 형성된 양국 관계와 중국의 변화와 성장에 따라 환경 분야에서 체감하는 현실의 양국 관계 사이의 부조화성이라는 구조적 요인과 결부되어 있다는 점에 주목해야 한다. 한중 환경협력은 기본적으로 지원국(한국)-수혜국(중국) 관계에서 출발하여 중국의 환경개선, 환경정책과 기술의 발전에 기여하는데 초점을 두었고, 양국의 목적과 관심사가 상당부분 일치했다. 하지만 2010년대 중반 이후 최근 중국의 환경정책과 환경산업의 발전으로 기존의 협력관계 접근법은 변화된 현실과 상당한 부조화를 초래하고 있다.

실례로 한국과학기술기획평가원이 2020년 발표한 '2020년 기술수준평가' 보고서에 따르면 중국은 미세먼지 등 대기오염 대응기술에서 미국과 대비하여 우리나라는 기술격차가 4.8년인데 중국은 5.3년으로 불과 0.5년의 격차로 추격했다. 또한 한국환경산업기술원 중국사무소의

'중국 환경보호산업 동향 및 전망'에서는 환경보호 분야에 대한 중국의 재정투자가 2019년에 7443억 5700만 위안(약 126조원)에 달했다고 밝혔다. 특히 중국 생태환경부의 월간 및 연간 환경상황공보에 따르면 환경개선 분야에서 베이징의 초미세먼지($PM_{2.5}$) 연평균 농도는 2013년의 $90\mu g/\text{m}^3$에서 2021년에 $33\mu g/\text{m}^3$로 감소하는 성과를 거두었다.

중국은 더 이상 우리나라로부터 일방향의 수혜를 받는 소위 '환경후진국'이 아니다. 환경 산업과 기술 영역에서 양국은 이미 경쟁적 관계이며, 중국 정부는 미세먼지 계절관리제 성격을 갖고 있는 추동계秋冬季 대기오염 관리대책을 우리나라보다 2년 앞선 2017년부터 시행하고 있다. 환경 분야의 정책, 산업, 기술 등 각 영역에서 양국의 국내 상황 및 양국 관계가 변한 것이다. 한중 양국 간 협력의 목적과 관심사, 협력관계의 부조화성, 협력의 기대치와 이익의 불균형 등 요인과 결부된 실효성에 대한 의문은 한중 환경협력이 당면한 중대한 도전이 아닐 수 없다. 양국의 변화된 상황에 걸맞게 협력의 목적, 기대치, 이익, 협력관계의 조정과 재설정이라는 과제에 직면해 있다.

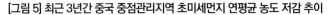

[그림 5] 최근 3년간 중국 중점관리지역 초미세먼지 연평균 농도 저감 추이

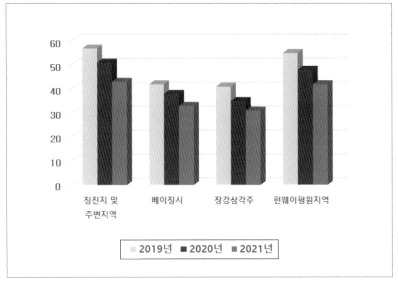

주: 징진지(京津冀)는 중국의 베이징시, 텐진시, 허베이성을 가리키며, 장강삼각주는 장쑤성, 상하이시 및
   저장성을 포괄하고 펀웨이 평원지역은 산시(山西)성과 산시(陝西)성의 11개 도시를 가리킴.
자료: 中國生态环境部(2020. 05.18, 2021.05.24, 2022.01.31), "2019年《中国生态环境状况公报》",
   "2020年《中国生态环境状况公报》", "生态环境部通报2021年12月和1-12月全国地表水, 环境
   空气质量状况".

(2) 외부 도전과 과제

외부 도전은 무엇보다도 양국의 상대국에 대한 인식의 변화이다. 즉,
양국 간 환경현안에 대한 국민들의 인식과 그로 인한 상대국에 대한 인
식의 변화가 외부에서 제기되고 있는 주요한 도전 가운데 하나이다. 왜
냐하면 양국 간 환경현안은 정치적, 경제적 민감성을 지니고 있으며, 상
대국에 대한 인식 악화의 주요 요인이 되고 있기 때문이다. 미세먼지 문
제에 대응한 협력을 둘러싸고 지난 몇 년간 벌어진 한중 양국 간 논쟁은
이를 여실히 보여준다. 2019년 필자가 일반 국민들을 대상으로 실시한
설문조사에 따르면 중국에 대해 인식이 나빠진 주요 원인의 우선순위 질

문에서 일반 국민들은 '중국발 미세먼지가 국내에 미치는 영향'을 1순위로 응답한 비중이 39%로 가장 높았다. 또한 중국에 대한 인식 악화에 영향을 미친 미세먼지 관련 요인에 대한 질문에서 31.7%가 '중국발 미세먼지의 국내 영향으로 생활상 불편을 체감하고 있어서'를 1순위로 응답했다.

최근 양국 국민, 특히 청년세대 사이에서 상대국에 대한 인식이 크게 악화되고 있는 추세이다. 미세먼지 등 양국 간 환경현안도 이러한 인식 악화에 영향을 미친 요인 가운데 하나로 간주되고 있다. 양국 국민 간 부정적 인식의 확산과 악화로 인해 환경협력도 상당한 부정적인 영향을 받을 수밖에 없다. 따라서 양국의 환경상태 및 환경협력에 대한 양국 국민들의 인식을 정확하게 파악하여 환경협력에 반영하는 등 대응책을 마련할 필요가 있다.

또 다른 외부 도전은 국제 및 지역 정세의 변화이다. 국제 및 지역 정세 변화의 핵심은 미중 간 글로벌 공급망과 기술패권 경쟁의 구조화이다. 최근 미국 주도로 출범한 '인도태평양경제프레임워크Indo-Pacific Economic Framework, IPEF'의 4개 기둥으로 포함된 '안정적인 공급망 재편'과 '탈탄소 및 인프라 구축'은 기후변화와 탄소중립에 관한 한중 환경협력에 구조적으로 영향을 미치는 요인이 될 것이다. IPEF를 통한 기후변화와 탄소중립 협력체계 구축과 공급망 재편의 방향이 직·간접적으로 미중 간 경쟁과 결부되어 한중 관계 및 환경협력에 투영될 가능성이 없지 않기 때문이다. 또한 러시아의 우크라이나 침공으로 야기된 글로벌 공급망의 영향도 한중 환경협력에 직·간접적으로 영향을 미치는 외부 도전이다. 특히 러시아 에너지 공급의 중단 또는 무역거래 중단 조치로 인한 우리나라와 중국의 에너지 수입, 생산 및 소비구조, 그리고 관련 환경 및 에너지 정책의 변화는 곧바로 미세먼지 등 한중 환경현안에 영향을 미치기 때문이다. 국제 및 지역 정세가 한중 관계 및 한중 환경협력에 미치는 영향을 고려한 대對중국 협력전략 수립이 필요한 것으로 사료된다.

글로벌 탄소중립시대의 도래는 한중 환경협력과 직접적인 관련이 있는 외부 도전이다. 2021년 6월 기준으로 우리나라와 중국을 포함한 전 세계 131개 국가가 2050년(중국은 2060년)까지 탄소중립을 하겠다고 선언했거나 고려중인 것으로 나타났다. 또한 2030 국가 온실가스 감축목표NDC를 상향하여 달성하겠다는 국가들도 늘어나는 추세이다. 국제적으로 포스트 코로나 시대에 코로나19 극복을 위해 '더 나은 재건Building Back Better'전략과 탄소중립 전략을 연계하여 추진하려는 움직임도 있다. 뿐만 아니라 2021년 영국 글래스고에서 채택된 조약 및 선언으로 국제 사회의 기후변화에 대응한 공동보조는 강화되는 추세이다. 경쟁과 갈등 관계에 있는 미국과 중국도 '2020년대 기후행동 강화에 관한 미중 공동 글래스고 선언'을 통해 양국 간 협력을 합의했다. 이러한 국제사회의 압력 가중, 미중 간 협력의 지속 등 국제 여건의 변화를 양국에게 새로운 협력의 기회를 제공하는 긍정적 여건으로 활용해야 한다. 양국의 범위를 뛰어 넘어 국제사회와 함께하는 접근법으로 협력 공간과 사업을 창출할 필요가 있다.

탄소중립시대의 도래가 가져온 세계 경제 질서의 변화, 즉 탄소통상시대의 부상도 도전 요소다. 유럽을 중심으로 추진하고 있는 탄소국경조정제도Carbon Border Adjustment Mechamism, CBAM는 작금의 탄소통상시대를 대표한다. 탄소국경조정제도는 수입상품 생산과정에서 배출한 탄소에 비용을 부과하여 자국의 산업경쟁력을 유지하는 한편 국가 간 탄소누출carbon leakage을 방지하기 위한 조치이다. 탄소통상시대는 제조업 중심의 무역의

존도 및 탄소집약도가 높은 우리나라나 중국의 탄소중립 정책을 압박하게 될 것이다. 양국의 탄소중립 정책의 강화는 또 다른 도전과제와 리스크를 초래한다. 중국이 미세먼지 저감과 온실가스 감축을 위해 석탄 사용을 통제하는 정책을 펼친 것이 한중 양국의 공급망에 영향을 미쳐 우리나라에 요소수 부족사태를 부른 것이 그러한 예이다.

글로벌 탄소중립시대의 도래로 인한 도전은 상호 연계되어 있으며 다양하고 복합적이다. 양국 환경협력에 새로운 기회도 제공하고 있는 것이다. 하지만 이에 대한 양국의 환경협력은 거의 손을 놓고 있다고 해도 과언이 아니다. 탄소중립은 현세대와 미래세대의 공동의 과제이다. 양국의 미래세대를 위하여 기후변화 대응과 탄소중립에 관한 협력을 시급히 강화해야 할 필요가 있다.

나. 탄소중립시대 환경협력 발전 방안

(1) 당면 과제

앞에서 분석한 내용을 바탕으로 필자는 한중 환경협력 주요 쟁점과 구조적 요인 분석에서 인용한 「한중 환경협력 성과와 미래발전 방향」에서 한중 환경협력이 당면한 주요 과제를 다음과 같이 제시한 바 있다. 첫째, 양국 간 환경협력에 관한 관계를 재정립하여 2014년 이후 형성된 협력동력을 최대한 살리는 동시에 전략적 사업을 신규로 발굴하여 협력의 실효성을 제고하고 상호이익이 보장되는 접근법으로 새로운 협력동력을 창출한다. 둘째, 이미 구축되어 있는 협력체계의 제도화, 안정화, 일원화 및 효율화를 다지고, 기후변화와 탄소중립 정책의 다多부처 관련성을 감안하여 장관급 이상의 협력체계로 고도화를 적극 추구한다. 또한 단기

과제 또는 단발성 과제를 지양하고 2030 NDC, 2050 탄소중립 전략 등 양국의 국내 장기 계획의 기간과 조응하고 정합성을 가질 수 있는 장기적인 협력계획을 개발하여 추진한다. 셋째, 환경 분야 및 환경과 직·간접적으로 관련된 분야에서 양국의 정책 및 상황의 변화, 그리고 국제 및 지역 정세 등 외부 여건의 변화로 인하여 환경협력 및 관련분야의 양국 관계에 미칠 리스크를 관리하기 위하여 전략적 소통 및 긴급대응 시스템을 구축한다. 넷째, 기존의 중앙정부와 공공기관 위주의 협력이 갖고 있는 취약성을 해소하기 위하여 협력주체를 지자체, 기업, 대학 등으로 다변화하고 기업 등 민간부문 협력을 활성화한다.

위에서 제시한 당면과제와 함께 최근에 주목받고 있는 이슈와 상황변화를 감안하여 다음의 세 가지를 추가 당면과제로 제시하고자 한다. 첫째, 상대국에 대한 부정적 인식을 확산시키는 양국 간 환경현안과 환경협력 내의 요인을 파악하고, 불필요한 오해와 책임공방을 해소하기 위해 정부뿐만 아니라 청년세대를 포함한 일반 국민, 전문가, 언론 간의 소통을 대폭 강화한다. 둘째, 인수공통감염병 팬데믹, 우크라이나 전쟁 등과 같은 글로벌 돌발사태가 양국의 보건 및 환경, 공급망 등에 미치는 영향에 대한 정보 공유 등 소통체계를 구축한다. 셋째, 글로벌 기후위기 대응과 탄소중립 협력에 참여하여 양국뿐만 아니라 글로벌 차원의 기후위기 피해를 경감하고 탄소중립사회를 실현하는데 기여할 수 있도록 기후위기대응 탄소중립에 관한 양자 및 다자간 협력을 전면적으로 추진한다.

(2) 주요 협력 방안

환경협력 30년의 성과는 지난 30년간 양국 관계의 견실한 발전과 환경협력에 대한 양국 지도자들의 정치적 의지, 그리고 환경개선과 보호에 대한 양국 국민들의 요구와 지지를 바탕으로 이루어졌다. 특히, 안정적인 양국 관계는 양국 환경협력의 지속가능한 진화와 발전을 담보해 주었다. 한중 관계 30주년을 맞이하는 지금 국내외 정세와 한중 관계의 변화와 맞물려 양국 환경협력은 다양한 영역에서 내·외적으로 여러 가지 도전과 난제에 직면해 있다. 글로벌 탄소중립시대의 도래에 부응하여 앞에서 제시한 한중 환경협력의 당면 과제를 해결하고 미래 발전을 위한 협력 방향은 바로 기후위기 대응과 탄소중립 협력의 주류화에서 찾아진다. 기후위기 대응과 탄소중립 협력 주류화를 위한 주요 협력 방안을 다음과 같이 제시한다.

첫째, 양국 정상회담 의제화 및 '한중 기후위기대응 및 탄소중립실현을 위한 협정'의 체결이다. 한중 관계 미래발전의 핵심협력 분야로 환경협력을 의제화하고 공동선언에 환경협력 조항을 지속적으로 포함시켜 양국 정상의 정치적 의지와 동력을 지속적으로 확보해야 한다. 정치적 동력을 바탕으로 기후위기 대응과 탄소중립 협력사업의 주류화를 위해서는 '한중 기후위기대응 및 탄소중립실현을 위한 협정' 체결 및 이행이 필수적이다.

둘째, 한중 기후위기대응 탄소중립 전략대화 설치 및 미세먼지저감+탄소중립+에너지전환을 포괄하는 통합적인 협력사업의 추진이다. 현재 "청천晴天, 맑은 하늘 계획"의 사업으로 추진하고 있는 '탄소중립을 위한 온실가스 정책대화'와 한중 기후변화협력 공동위원회 등 관련 기구와 사업을 통합하여 기후위기 대응과 탄소중립 실현을 위한 양국 협력의 컨트롤타워이자 플랫폼 역할을 담당하는 '한중 기후위기대응 탄소중립 전략대화'를 설치하여 운영할 필요가 있다. 플랫폼에서는 미세먼지저감, 탄소중립 및 에너지전환을 통합적으로 접근하는 중장기적인 협력 사업이 개발되어 추진되어야 한다. 양국의 중앙정부, 지자체, 기업 및 일반 국민 등 다양한 협력주체가 참여하는 '한중 푸른 하늘 탄소중립 스마트 우호협력 도시'사업이 고려될 수 있을 것이다. 일반 국민들의 참여는 장기적으로 미래세대의 우호증진과 기후위기대응 및 탄소중립 협력 네트워크 구축을 위해 청소년이 주요한 구성원으로 참여하는 것이 바람직하다.

미세먼지 및 온실가스 저감, 친환경 에너지 전환, 그리고 기후재해 대응을 포함한 스마트도시로의 전환을 위한 종합적인 도시발전 협력사업으로 추진된다면 양국 지방정부의 관심과 참여가 기대된다. 도시발전 협력사업은 미세먼지와 온실가스를 저감하는 문제해결형 사업으로 협력의 실효성이 확보되는 동시에 참여하는 도시가 한 단계 발전하는 수혜를 얻게 되어 양국 간 이익의 불균형을 해소할 수 있기 때문이다. 우리나라의 수도권, 충청권 및 호남권 도시와 중국의 황해 연안 지역, 베이징-톈진-허베이 및 주변지역, 그리고 펀웨이汾渭 평원지역 등의 도시가 협력대상 도시로 고려될 수 있을 것으로 사료된다. 대기-기후-에너지를 연계하는 도시협력 사업의 추진과 함께 미세먼지 대책이 탄소중립 대책으로 재편·전환되고 있는 양국의 정책 추세 및 중장기 방향을 고려하여 "청천晴天, 맑은 하늘 계획" 사업을 탄소중립을 위한 양국의 대표사업으로 단계적으로 전환시키는 방안을 적극적으로 모색할 필요가 있다.

[표 6] 중국의 탄소정점도달·탄소중립 목표 및 전략

구분	내용
3단계 목표	(2025년까지) 녹색저탄소 순환발전 경제체제 형성, 주요 업종 자원이용효율 대폭 상승, GDP 원단위 에너지소모량 2020년 대비 13.5% 감축, GDP 원단위 CO2 배출량 2020년 대비 18% 감축, 비화석에너지 소비 비중 20% 내외 도달
	(2030년까지) 경제사회발전 전면적인 녹색전환 뚜렷한 효과 달성, 주요 에너지사용업종 에너지 이용효율 국제 선진수준 도달, GDP 원단위 에너지소모량 대폭 감축, GDP 원단위 CO2 배출량 2005년 대비 65% 이상 감축, 비화석에너지 소비 비중 25% 내외 도달, 풍력, 태양광 발전기 용량 12억kW 이상 보급, 산림피복율 25% 내외 도달, 산림축적률 190억㎥ 도달, CO2 배출량 정점수치 도달 및 안정적으로 감축 실현
	(2060년까지) 녹색저탄소 순환발전 경제체제와 청정저탄소 안전고효율 에너지체계 전면 구축, 에너지 이용효율 국제 선진수준 도달, 비화석에너지 소비 비중 80% 이상, 탄소중립목표 실현
11대 전략	경제사회발전 녹색전환 전면적 추진, 산업구조조정 심화, 청정 저탄소 안전 고효율 에너지체계 구축 가속화, 저탄소 교통운송체계 추진 가속화, 도시농촌지역 저탄소녹색발전 질 제고, 저탄소 과학기술 개발 강화 및 응용 보급, 탄소흡수능력 공고 및 제고, 대외개방 녹색저탄소 발전 수준 제고, 법제 기준과 통계관측체계 개선, 정책기제 개선, 조직적인 이행 관철

자료: 中华人民共和国中央人民政府(2021.9.22), 中共中央 国务院 关于完整准确全面贯彻新发展理念 做好碳达峰碳中和工作的意见.

셋째, 양국 환경협력에 영향을 미치는 리스크에 대한 공조 체계 구축이다. 리스크 공조체계는 기후위기 리스크에 대응한 공조체계와 탄소중립 및 탄소통상 리스크에 대응한 공조체계로 구성될 필요가 있다. 먼저 기후위기 리스크에 대응한 공조체계로는 홍수, 가뭄 등 기후재해 대응 공조체계와 기후변화와 연관된 인수공통 감염병 대응 공조체계가 필요하다. 다음으로 탄소중립 및 탄소통상 리스크에 대응한 공조체계로는 양국의 탄소중립 정책의 추진과정에서 발생하는 리스크에 대응한 공조체계와 탄소표준 및 탄소국경조정제도 등 무역, 기술 및 금융과 관련한 국제적인 정책동향과 기후변화 파리협정의 협상에 대응한 공조체계가 필요하다.

넷째, 협력주체의 다변화 및 청년세대의 역할 강화이다. 협력주체의 다변화는 무엇보다도 미세먼지 등 양국의 민감한 환경현안을 둘러싼 과잉 정치화와 불필요한 논쟁 및 갈등을 지양하고 과학적이고 기술적인 접근을 통해 문제를 해결하기 위한 것이다. 예들 들어 기존의 정부/공공기관 주도의 과학적 원인규명에 관한 양자 및 다자간 공동연구 사업을 민간 주도로 전환한다면 정부 및 공공기관의 특성상 신중할 수밖에 없는 제약요소를 완화함으로써 협력의 안전성·개방성·지속가능성을 제고할수 있다. 민간 주도로의 전환을 통한 협력주체의 다변화는 특히 협력 참여자의 대상과 구성을 양국의 범위를 뛰어 넘어 동아시아 지역 및 글로벌 차원으로 개방하고 확장하는 방향으로 협력주체 구조의 전환과 동반하여 추진되어야 한다. 양국 간 환경현안이지만 동시에 지역 또는 글로벌 차원의 환경문제라는 점에 착안하여 국제사회의 자원을 활용하여 협력의 동력을 확보하고, 연구 결과에 대한 국제적 공신력과 객관성을 획득하여 불필요한 '책임논쟁'에서 벗어날 수 있는 통로를 구축할 필요가있기 때문이다. 그리고 지난 30년 간 형성된 주요 인적 네트워크와 협력의 주역들을 양국 간 소통과 협력의 과정에 적극 참여시켜 소위 '신뢰의 자산'을 활용할 필요가 있다. 이를 통해 현재와 미래에 당면하게 될 협력의 장애와 위협 요소를 완충시키고 중앙정부 위주의 단일한 협력주체가갖고 있는 구조적 취약성을 보완하는 역할을 담당하게 해야 할 것이다.

지방정부 간 협력 강화도 협력주체 다변화의 주요한 방안 가운데 하나이다. 지방정부가 협력을 강화하기 위해서는 먼저 한중 환경협력의 주요 협력체계에 대한 지방정부의 참여가 필요하다. 한중 환경장관 연례회의 등 협력체에 지방정부 대표가 주요 구성원으로 포함되어야 할 것이다. 또한 지방정부 주도의 협력체를 결성하여 운영하는 것도 모색해야 한다. 구체적으로 '한중 환황해 탈석탄 에너지전환 지방정부 협의체'를 결성하여 운영하는 것도 하나의 방안이 될 수 있다. 이 협의체를 통하여 '한중 환황해 탈석탄 에너지전환 포럼' 개최, 석탄발전소 미세먼지와 온실가스 저감 정책 및 기술 교류, 석탄발전소 폐쇄 및 친환경 재생에너지 전환 정책 및 기술 교류, 인력 교류 및 역량강화 등 협력 사업을 추진할 수 있다.

청년세대의 참여는 협력주체 다변화뿐만 아니라 양국 지역 및 글로벌 환경협력의 미래를 준비하는 차원에서 중요한 의미를 갖는다. 현재 사막화 방지 사업을 제외하고는 청년세대는 한중 환경협력에서 거의 역할이 주어져 있지 않으며 참여하고 소통할 수 있는 통로도 사실상 마련되어 있지 않다. 한중 환경협력의 시급한 신규 사업으로 대학생, 청년기업인, 청년과학자 등 다양한 청년세대의 소통과 협력을 위해 '한중 환경보호 청년우호포럼' 설치 등 청년세대 협력채널을 구축하고 운영할 것을 제안한다.

다섯째, 글로벌 환경보호를 위한 환경협력 공동추진이다. 한중 환경협력은 이제 양국만을 위한 목적에서 탈피해야 한다. 양국은 정책, 기술 및 자금에서 자국의 환경문제 해결을 위한 역량을 충분히 갖춘 나라이다. 동남아시아, 아프리카 지역 저개발국의 환경보호를 위한 협력의 경험 또한 상당하다. 또한 국제사회로부터 우리나라와 중국은 글로벌 환경보호를 위한 응분의 역할과 기여를 요구받고 있다. 양국은 자국의 역량과 경험을 바탕으로 국제사회의 요구에 부응하여 저개발국 및 최빈국 환경보호를 위한 국제협력을 공동으로 추진할 것을 제안하고자 한다. 앞에서 제시한 청년우호포럼은 양국의 제3국 및 글로벌 환경보호 협력에서 주요한 역할을 담당할 수 있을 것이다.

5. 글을 마치며

한중 관계의 발전과 함께 환경 분야에서 이룩한 양국 협력의 30년 성과는 괄목할 만하다. 현재도 계속해서 진화·발전하고 있으며 더 높은 단계로의 발전도 기대되고 있다. 동시에 내부와 외부에서 여러 가지 도전과 해결하기 쉽지 않은 과제에 직면해 있는 것도 엄연한 현실이다. 탄소중립시대에 한중 환경협력의 지속가능한 발전은 대내외 여건변화에 대한 전환적 접근, 양국 정부와 국민들의 상호 존중과 공동책임 의식, 그리고 청년세대들의 적극적인 참여에 달려 있다.

이 글은 경제인문사회연구회가 주관하여 운영한 '2021 한중미래비전포럼'에서 필자가 집필한 「한중 관계 30년 성과와 미래비전 연구」(2022) 보고서의 "한중 환경협력 성과와 미래발전 방향"을 수정·보완하여 심화·발전시킨 논문임

09

당당한
대중 외교 위한
국내 공감대
어떻게 이룰 건가

김흥규

아주대학교 정외과 교수

1. "당당하지 못했던 대중 외교"에 대한 인식

윤석열 대통령이나 그 측근들의 언술을 살펴보면, 외교안보 정책에 있어서 중국에 대한 '당당함'의 강조와 전반적인 반감이 강하게 표출되고 있다. 제20대 대통령직 인수위원회에서 윤석열 정부에 제안한 110대 국정과제 중 대중정책과 관련하여 강조된 어구는 '한중 간 상호 존중을 구현'하는 것이다. 한중 관계가 중국의 의지에 지나치게 끌려가는 굴종적 관계에 있었다는 인식을 전제하는 듯 하고, 이를 보다 수평적이고 자주적인 관계로 전환해야겠다는 인식을 담고 있다.

윤석열 대통령과 그 측근들은 종종 문재인 정부가 중국의 경제제재에 굴복하고, 안보 이익을 희생시켰다고 비판하였다. 미국과의 관계는 약화시키면서 중국에 대해 지나치게 기울었고, 중국을 달래기 위해 3불(사드 추가배치, 미국의 미사일 방어망 편입, 한미일 군사동맹 세 가지 불추진)을 선언하면서 안보 위협으로부터 국민을 보호해야 할 정부의 주권적 임무를 저버렸다고도 비난하였다. 그간 중국 정부는 비핵화보다는 김정은 정권의 안정을 중시하였다는 비판적 인식도 내비쳤다. 중국 정부에 대해 문 정부는 당당하지 못한 자세를 유지했고, 심지어 친중 정부였다는 비난을 가한다. 이러한 인식은 윤석열 대통령이 후보시절 포린 어페어 **Foreign Affairs**에 기고한 글에서도 잘 드러나고 있다. 이러한 인식을 바탕으로 윤석열 정부는 향후 보다 호혜적이고 당당한 대중관계를 추진하겠다고 설파하고 있다.

윤석열 정부의 대중 인식과 문재인 정부의 대중 정책에 대한 평가는 대체로 일반 국민들의 공감대와 맞아 떨어지고 있다. 2016년 사드 사태 이후 한국에서 대중 인식은 극도로 악화되었다. 미국 퓨PEW리서치의 지난 6월 말 여론조사에 따르면 중국에 대한 한국인의 비호감도는 무려 80%에 달했다. 이러한 국민의 대중 인식은 중국에 대해 보다 당당한 태도를 취하겠다는 윤석열 정부의 대중정책을 뒷받침해주고 있다. 그러나 동시에 제기되는 문제는 중국은 여전히 우리 무역의 30%(홍콩포함) 이상을 차지하고 있고, 정부의 다원화 노력에도 불구하고, 그 대체재가 마땅치 않다는 점이다. 중국은 세계 어느 주요 경제보다 빠르게 발전하고 있으며, 그 시장의 규모는 이미 세계 제1위이다. 세계 8대 무역국가에 들어가며, 무역이 전체 GDP의 70%에 이르는 통상국가인 한국으로서는 이러한 중국의 존재를 무시하기도 어려운 것이 현실적인 상황이다. 중국은 시진핑 3기에도 안정된 정치·환경을 바탕으로 더욱 강력한 경제 및 군사역량을 강화할 것으로 보인다. 한국의 대중 외교는 중국이 한국의 대북정책에서 어떠한 긍정적인 역할을 할 수 있느냐에 초점을 맞춰왔지만, 미중 전략경쟁의 상황에서 그간 과소평가한 '중국이 한국에 초래할 수 있는 비용'의 측면이 보다 중요해졌다. 그 비용은 언제든지 우리가 감내할 수 있는 수준을 넘어 현실화될 수 있다. 미국이나 일본 역시 중국의 극복이 대중정책의 목표가 아니라 현실적으로는 '억제'에 방점이 주어져 있다는 것도 이러한 현실을 반영하고 있는 것이다. 한국의 대중 외교가 과연 '굴욕적' 혹은 '당당하지 못했나'하는 평가가 객관적인가 하는 점도 검토 대상이다. 대중들의 인식에 기반한 한국의 대중정책이 과연 현실적이며, 국익에 부합하는 가의 여부도 중요하다.

2. 한중 관계의 역사적 개관과 문재인 정부의 대중정책 평가

한반도는 주변 강대국들의 패권경쟁이나 세력전이의 상황에서 한 번도 무사히 이를 비켜갔던 적이 없다. 한반도 역사는 외부 세력과의 투쟁과 적응의 역사이다. 특히 중국과 대륙에서 오는 위협에 대한 각별한 의식과 반발의 심리가 우리 DNA 속에 살아 있다. 이는 오늘날 미중 전략경쟁의 상황에서도 중국에 대한 인식에 그 영향을 미치고 있다.

전쟁을 경험했고 냉전시대 적대관계였던 한중이 국교를 수립한 것은 중국이 개혁개방 정책을 채택하고 보다 유연한 대외정책을 추진했기 때문에 가능했다. 한국의 노태우 정부는 사회주의권의 몰락 속에서, 새로운 북방정책을 채택하면서 1992년 중국과의 수교에 이르렀다. 이는 한중 관계가 냉전적 대립 구도에서 경제발전을 추진하기 위한 협력적 패러다임으로 전환하였음을 의미하였다. 한중 관계 발전에는 한중 교류의 역사적 유구성, 문화적 유사성, 지리적 인접성이란 전통적인 변수도 중요하였다. 그리고 국제 경제분업GVC 체계에서 한중은 경제 협력의 상호 필요성과 보완성을 적절하게 갖추고 있었다. 중국의 경제 발전에 절대적으로 필요한 중간재와 기술을 한국이 보유하고 있어, 상호 원윈win-win의 협력이 가능했던 것이다. 더구나 중국의 부상과정에서 동북아에 영향력을 확대하고자 하는 중국의 입장에서는 한국의 전략적 가치가 점차 부각되었다.

한중 관계는 점차 발전하여 양국 정부는 1992년 우호협력관계 수립을 시작으로 2003년 전면적 협력동반자관계, 2008년 전략적 협력동반자관계, 2013년 전략적 협력동반자관계의 내실화에 합의하였다. 특히 중국과의 전략적 관계 수립은 한중이 각종 전략대화에서 제3자인 북한 문제를 같이 논의할 수 있는 근거가 되었다. 중국의 새로운 한반도 정책은 북한을 지정학적인 완충지대로 여기는 전통적인 사고에서 벗어나게 하였다. 이 기간 한중 무역관계와 인적 교류도 비약적으로 발전하였다. 중국은 2014년부터 한국의 최대무역국가가 되었고, 2021년 현재 한중 간의 무역량은 미국과 일본의 무역량을 합한 것보다 더 많다. 한국은 중국의 입장에서도 제3의 무역국가이다. 2016년 초 사드THAAD 문제가 불거져 상호 충돌하기 전까지, 한중은 마늘파동, 고구려사 분쟁, 서해 어업 분쟁 등 많은 갈등들이 존재하였지만, 그 내용을 구체적으로 살펴보면 굴욕적이다 할 정도의 일방적인 관계를 형성했다고 할 수는 없다. 그 이유로는 상호 보완적인 경제관계가 존재하였고, 외교적으로도 서로를 필요로 하였다. 미중은 전략적인 협력관계에 있었고, 한중 양국 우호관계의 원천이었던 경제적 상호의존 관계는 더욱 깊어져 갔다.

한중 관계 역사는 미중관계의 구조적 변화로부터 깊은 영향을 받고 있다. 역사적으로 돌이켜보면, 미중 관계가 긍정적인 방향으로 심화될수록 한중 관계 역시 긍정적이었다. 미중 경제 협력시대와 전략적 협력시대에는 대체로 상호 외교·경제 관계를 확대해 나갔다. 그러나 미중 간 전략적 갈등과 경쟁이 심화되면서 사드 이슈도 불거졌고, 한중 간 갈등의 가능성도 확대되었다. 물론 이러한 미중관계의 변화 이면에는 중국의 급속한 부상과 경제구조의 변화가 존재했다. 한중은 점차 중국의 경제구조가 고도화됨에 따라 보조적인 관계에서 경쟁적인 관계로 전환하고 있었다. 이러한 변화는 미중 경쟁구도의 강화와도 연계되어 있다. 미중 전략경쟁으로 인해 외교안보적인 측면에서의 긴장이 고조되면 경제적 갈등으로 비화되는 현상이 나타나고 있다. 문재인 정부의 '모호한' 혹은 신중한 대중정책은 이러한 상호 연계성의 발현을 늦춰 놓는 긍정적 효과가 존재했다는 평가가 가능하다.

이명박 정부 시기는 현 윤석열 정부와 유사하게 한미동맹과 가치를 강조하는 외교로 중국과 일정한 긴장관계를 유지하였다. 중국 측과의 전략적 소통은 제한적이었고 천안함, 연평도 사태 등 중국과 갈등이 고조될 사안들이 연이어 터져 나왔다. 그럼에도 상호 보완적인 한중 경제관계와 인적교류는 꾸준히 증대되어 왔다. 박근혜 정부는 상호 지도자들 간에 공감대가 가장 큰 정부였다. 시진핑 주석과 박근혜 대통령의 개인적·정치적 여정이 유사성이 많았고, 이는 박근혜 정부 초기 한중 관계 개선에 도움을 주었다. 북핵문제에 대한 정책수렴 현상도 크게 강화되었다. 중국내에서는 한반도 평화통일을 지지하는 것을, 비핵화, 한반도 평화와 안정 유지, 평화적 분쟁 해결 원칙에 이어 제4의 한반도 원칙으로 고려하기까지 하였다. 여기서 한반도 통일은 한국이 주도권을 지니는 것을 전제하였다. 북한의 제3차 핵실험(2013.2)은 박근혜 정부의 대중 접근을 더욱 긴요하게 하였다. 당시 박근혜 정부의 외교안보 정책기조는 연미·화중·포북聯美和中包北이었다라고 할 수 있다. 그러나 이러한 박 정부의 대중 정책기조는 북한이 제4차 핵(수소탄)실험(2016.1)을 단행하면서 극적으로 전환하였다. 박근혜 대통령은 1월 13일 대공 방어체계인 사드 도입을 검토하고 있다고 공개 언급하였다. 그리고 시진핑 주석의 수차례 설득과 경고에도 불구하고 7월 8일에는 사드의 도입을 결정함으로써 한중 관계는 급전직하하는 큰 전환을 맞이하였다. 이후 박근혜 정부의 대중 정책은 맹미·견중盟美牽中으로 전환하였다고 할 수 있다. 중국은 중국내 한국의 문화사업과 기업, 그리고 중국인의 방한 관광을 억제하는 제재를 발동하였고, 한중 관계는 급속도로 냉각되었다.

문재인 정부 출범에 대한 중국 측의 기대는 컸다. 대통령 선거과정에서나 출범직후 파견한 특사들이 모두 사드를 도입하지 않을 것이라 천명했기 때문이다. 더구나 문재인 정부는 북한에 대해서도 '흡수통일' 정책이 아닌 '공존·공동번영'에 기초한 평화적 통일 전략을 추구하여 중국의 한반도 정책과 합치하였다. 덕분에 한중 양국은 사드 한국 배치 결정 이후 16개월 만에 최초로 베이징에서 한중 외교차관 전략회의를 개최(2017.6.20.)할 수 있었다.

문재인 정부에 대해 중국 측의 환상이 깨지는 것은 오래가지 않았다. 2017년 6월 문재인 대통령은 미국을 방문하여 한미정상 회담에서 중국을 고려하지 않고 '한미일 안보협력'을 강화하기로 서명하였다. 중국은 (대북핵) 한미일 안보협력 강화를 '대중국 견제 세력화' 혹은 '한미동맹의 지역동맹화'로 인식하였다. 2017년 7월 6일 한중 정상회담에서 시진핑 주석은 사드문제를 중국의 핵심이익이라고 규정하고 문재인 정부가 이를 배려해 주기를 촉구하였다. 그러나 문재인 정부는 초기의 입장과는 달리 2017년 8월 이후 한국에 사드 배치를 단행하였다. 중국의 문재인 정부에 대한 불신은 극에 달했다. 이를 수습하기 위해 한국 대표단은 중국을 방문하여 2017년 10월 31일 한중 양국은 관계 개선을 위해 사드 3불 원칙(▼사드 추가 배치 않는다. ▼MD에 편입하지 않는다. ▼한미일 군사동맹 발전 검토하지 않는다)에 공감대를 형성하였다. 그럼에도 이것이 양국 간 합의였는지에 대해선 추후 논쟁으로 여지를 남겼다. 이러한 분위기 속에서 중국은 문재인 대통령의 12월 방중을 홀대하였고, 한국에 대한 사드 관련 보복조치를 공식적으로 해제하지 않았다. 이러한 중국의 태도는 국내적으로 중국에 대한 반감을 고조시켰고, 문재인 정부의 대중

외교가 굴욕적이라는 인식을 안겨주었다.

2018~2019년 북미교섭 국면, 2020~2021년 코로나19 사태가 연이어 발생하면서 한중 간의 정치적 교류는 극도로 위축되었다. 한중 접촉은 그간 점-선-면으로 확대되어왔던 추세와는 달리 서훈-양제츠 간의 개인 교류 차원으로 축소되었다. 다른 제도적 교류 장치들은 거의 작동을 멈추었다. 더구나 문재인 정부는 2021년 5월 방미 시 그간 금기시 되어왔던 대만 문제에 대해 언급한 내용을 미국과의 공식문서에 서명해버렸다. 당시 한미 정상회담에서 합의한 내용들은 지난 어느 보수정부보다 대담하고 더 강력한 한미동맹 강화조치를 담은 합의문이었다.

문재인 정부 시기 한중 관계는 어느 정부보다 암흑기였다. 상호 간의 신뢰의 근간도 크게 훼손되었다. 접촉은 최소화되었고, 어느 정부도 적극적인 관계 개선의 의지를 보여주지 않았다. 미중 전략경쟁의 파고 속에서 새로운 변수를 만들지 않기 위해 문제를 야기하지 않으려 하는 소극적인 태도가 양국 지도부에 팽배하였다. 중국 측도 문재인 정부에 대해 간과한 것은 문재인 정부의 민족주의적 특성이 어느 정부보다도 강하다는 점이었다. 보수층에서 문재인 정부를 '친중'정부라 비난한 것은 이런 측면에서 아이러니이다. 문재인 정부는 보수정부조차도 신중했던, 한미일 군사협력이나 대만문제에 대해 미국과 공식적으로 합의한 최초의 정부였다.

3. 진화하고 있는 한중 관계

한중 관계는 진화하고 있다. 무역관계는 보다 비대칭형의 상호의존형으로 전환되고 있고, 보다 경쟁적인 상황에 놓이게 되었다. 미중 전략경쟁의 격화는 미국과 동맹관계인 한국을 보다 충돌적인 대중관계에 놓이게 한다. 중국과의 불편한 관계 악화는 역사의 기억에서 두려움과 더불어 편치 않았던 중국과의 경험을 재차 불러왔다. 굴욕적인 측면의 기억은 우리의 대중외교에 '당당함'을 요구하는 정서로 표출된다. 두려움에 대한 기억은 '신중한 대중외교'를 주문한다.

현재 우리가 대중외교에서 고려해야 할 첫 번째 요소는 한중 간 상호 정체성과 가치가 다르다는 점이다. 한국인의 현 정체성은 냉전시기 이후 미국 중심의 자유주의적 국제질서 하에서 거둔 성공에 강한 영향을 받고 있다고 보인다. 한국은 산업화, 민주화, 정보화의 과정을 거치면서 세계 10위권의 경제대국이 된 것이다. 민주, 자유, 인권 등의 가치를 중시하고, 사유재산을 존중하는 시장체제를 지지한다. 이는 사회주의 체제, 권위주의적 정치체제, 위계적 태도를 지닌 중국에 대해 반감으로 나타나고 있다.

한중 관계에서 고려해야 할 두 번째 요소는 양국 관계의 기억의 접점이 서로 다르다는 점이다. 한국에게 과거 중국과의 경험은 위협, 굴욕, 거부 등에 기반하고 있다. 중국은 청나라의 영역과 영광을 바탕으로 중화민족을 재구성하려 하고 있다. 서로 다른 시점을 기반으로 구성하는 정체성은 양국 간 갈등과 반목의 주요 요인이 되고 있다. 세 번째 요소는 한국의 대중 경제의존성이 지나치게 과도하다는 것이다. 한국의 대중 무역 규모는 미국과 일본, 그리고 유럽연합EU의 절반 정도를 다 합친 것과 유사하다. 이러한 시장을 대체할 다른 시장은 당분간 찾기 어렵다. 문재인 정부에서 사드 사태의 경험을 기반으로 대중 경제 의존도를 낮추려는 시도를 하였지만, 여전히 그 대안을 찾기는 어려웠다. 한국의 대중국 의존도가 80%를 넘는 품목의 수는 1800여 개가 넘는다. 이번 요소수 사태에서도 엿보이듯이, 한국은 유사시 중국의 보복에 취약하다. 이에 대한 어떠한 대비책도 제대로 구성되지 않은 상황에서 불필요하게 과도한 대중 대립정책은 국익에 결코 도움이 되지 않으며, 감당할 수도 없다.

향후 대외정책 수립에 있어서 우리가 신경 써서 고려해야 할 변수는 첫 번째, 미중 전략경쟁의 향배이다. 미국의 대중 정책이 어떻게 진화할 것인가를 정확히 예측하고 이해하는 것은 우리의 대중 입장에 영향을 미칠 수 있는 핵심 외생변수이다. 다음으로는 중국의 현 대외정책의 본질과 정향을 어떻게 평가하는가이다. 중국이 미국의 패권을 대체할 새로운 패권을 추구하고 있는가? 중국은 이 목표를 달성하기 위해 어느 정도의 역량을 투여하고 방안들을 제안하고 있는가? 세 번째로는 윤석열표 대중 정책의 향배이다. 외교안보 분야는 제대로 검증도 받지 않은 채 승자독식의 구조이다. 정치 지도자의 인지와 지식수준도 낮은 영역이다. '당당한 대중외교'의 강조가 현실적으로 어떠한 결과를 초래할 수 있을 지는 여전히 미지수이고 불확실하다.

보다 당당하고 새로운 한중 관계의 설정을 위해 다음 세 가지 사안에 주목해야 한다. 이는 한국의 향후 대중 태도에 영향을 미치기 때문이다. 첫 번째는 중국이 과연 과거의 수동적인 태도에서 벗어나 지역 불안정의 근원이 된 북한의 핵 문제를 해결할 복안과 역량이 있을 것인가라는 질문이다. 북한 노동당 제8차 당 대회 사업총화는 북한이 전술핵을 구비하고 더욱 발전시킬 것이라 하였다. 이는 기존의 북한 핵이 미국의 위협에 대한 방어용이란 기존의 주장을 뒤엎는다. 실제 한반도 환경에서 사용할 수 있는 핵무기 개발을 완성했고, 한국은 생존 문제에 직면하게 되었다. 북핵 문제는 더 이상 북미 간의 문제가 아니다. 지역공공재로서 그 해결책을 찾지 못하면 동북아에서의 고강도 군비경쟁과 최종적으로는 핵확산이 자명하다. 단기적으로는 미국과의 동맹 강화 현상이 나타날 것이다. 이는 북한이 의도한대로 사회주의 진영과 자본주의 진영의 대결 형태로 진행되면서 북한 정권의 안전을 담보해 줄 것이다.

두 번째 사안은 지역협력과 분업체계의 수립가능성 여부이다. 중국은 탈동조화의 압박 속에서 쌍순환 전략을 통해 자기완결적인 국내시장과 기술의 획득을 목표로 하고 있다. 여기서 주변국들의 관심은 패권적 경제 질서의 수립보다는 중국이 어떻게 지역적인 분업체계 수립을 통해 공생하는 가치 질서를 창출하는가에 모아진다. 한국은 중국이 추구하는 한중일 자유무역협정, 역내포괄적경제동반자협정RCEP 등의 다자주의를 지지한다. 그러나 통상국가인 한국의 입장에서는 자기완결적인 중국의 경제체제 수립은 위협적이다. 시 주석이 공언한 바대로 개방과 포용, 다자주의, 규범에 입각한 국제질서의 수립은 모두 한국이 추구하는 바이다.

세 번째 사안은 한중 해상 경계획정 체결 여부이다. 현재 어업협정을 기반으로 해상 질서를 관리하고 있지만, 한중은 언제든 해상영토 충돌 사태로 돌입하기 쉬운 구조이다. 특히 미중 전략경쟁 시기 이어도 해역은 새로운 국제분쟁의 후보지역이다. 이 문제를 중국 측이 얼마나 긍정적으로 양자 간의 차원에서 해소할 수 있는 지 여부가 중요하다.

세계는 현재 미중 전략경쟁의 과정에 깊이 함몰되고 있다. 패권경쟁이기도 하고 세력전이의 양상을 띠고 있다. 이는 현재 한국에 대단히 강력한 외교안보적 시련과 도전을 안겨주고 있다. 국내에서는 미국과의 동맹을 더욱 강화하고 중국에 대한 '당당한 외교'를 해야 한다는 요구가 강하다. 강대국이 아닌 거의 모든 국가들은 생존을 위해 임기응변적이고 실용적인 외교안보정책을 취하는 것이 상례이다. 이는 대부분 헤징 hedging 정책으로 나타나고, 어떤 조건하에서 어느 수준의 헤징 정책을 취하느냐가 문제가 된다. 현재 미중 전략경쟁이라는 환경에 직면하여 한국 내의 논의들을 살펴보면 이러한 유연한 사고보다는 보다 극단적인 주장들에 목소리가 실리고 있다.

[표 1] 한국 외교의 선택과 함의

대상국	각 영역에서의 함의		
	정치외교안보	과학기술	가치
중국 편향	미국과 충돌 대북 억제역량의 약화 미국 및 대서방 외교 소외 중국이 주는 안보외교 이해는 불확실	미국의 신기술협력배제 중국경제에 예속 한중 협력은 불확실-중국은 지역협력에 대한 대안 제시 미흡	자유민주주의체제 정통성과 자주권 위축
미국 편향	중국과 긴장 및 충돌	중국의 경제보복 가능성(중국) 기술동맹의 이익(미국)	체제 정통성 유지

상기上記의 이해관계를 분석하자면, 한국의 입장에서는 한국의 미래 기술발전과 경제 번영에 대한 중국 측의 확실한 배려가 없다면 미국에 보다 편승하는 전략이 불가피하다. 한국은 사드 관련 중국의 경제보복을 이미 당해본 바 있고, '자동차 배터리'문제의 경험상 중국은 한국과의 기술·경제 공존을 중시하지 않는다는 이미지가 강하다. 바이든 시대 미중 전략경쟁의 파고는 더욱 높아질 전망이다. 한국은 대중관계에 낙관하지

말아야 한다. 동시에 한국은 미중 양국 모두에 전략적 핵심축lynchpin이 될 수 있고 그만큼 압박도 강하게 받을 것이다. 한국의 입장에서는 누가 지역과 세계에 실제적인 공공재를 제공할 수 있는가가 중요하다. 미중 전략경쟁에 대한 한국의 대책은 현재로서는 "친미화중親美和中"전략을 추진하는 것이다. 한국은 이 혼돈의 시기에 기존의 전략 자산인 미국과 동맹을 보다 포괄적이고 호혜적인 전략동맹으로 전환하고, 중국과도 '전략적 '협력동반자' 관계를 존중하면서 협력의 영역을 강화하는 플러스섬게임plus-sum game을 추진하려 한다. 한국은 미중 관계의 급격한 변화를 감당할 역량이 아직 미비한 실정이라, 마치 칼날 위를 걷는 것과 같은 위기의식을 지니고 있다.

4. '당당한 대중외교'를 위한 제언

　　당당한 대중외교를 표방하는 윤석열 정부에서 대중관계는 최대의 도전적 과제이다. 다소 긍정적인 측면은 윤석열 대통령의 취임식을 계기로 중국은 역대급인 왕치산 중국 국가부주석을 파견한 것이다. 이는 중국의 시진핑 정부가 여전히 한국과의 관계를 중시하고 우호적 관계의 지속을 희망하고 있다는 신호이다. 중국은 또 윤 정부에 대해 북핵 및 상호 안보 문제에 대해 보다 더 긴밀한 소통과 배려를 요구하고 있다. 물론 방점은 후자에 있다. 세 번째, 중국은 향후 미중 전략경쟁에 대한 대응으로 대 동아시아 정책을 강화하려 할 것이다. 왕치산은 한중일 경제협력의 강화를 더욱 강조하였고, 한중일+(아마도 아세안) 협력 강화를 통한 지역 공급망 설정을 미중 전략경쟁에 대한 대안적 정책으로 제시하였다. 올해 말 개최될 제20차 당 대회와 내년 3월 양회兩會를 통해 등장하는 새로운 세대가 중국 외교의 지도자로 부상하면서 이러한 정책정향을 강화할 것이다.

　　향후 한중 관계 갈등 가능성이 증대하고 있다는 것은 객관적인 사실이다. 한중은 국가 정체성과 가치관, 외교안보 방향에서 충돌하고 있다. 한국은 당당한 대중외교의 주장에서도 엿보이듯이 증대된 국력을 바탕으로 점차 국제무대에서 자신의 역할과 목소리를 확대하고자 한다. 미국과의 포괄적 동맹도 강화하고 있다. 그간 한중 간 협력 사안이었던 분단구조, 핵문제에서 중국의 역할은 현저히 약화되었다. 북한은 중국의 반대에도 불구하고 핵무장을 관철시켰다. 한국은 북핵·미사일에 대한 군사적 대응 능력을 필수적으로 구비하려 할 것이다. 이 모든 변수들은 중국과 갈등 가능성을 제고하는 방향으로 전개될 것이다. 한중 간 존재하는 공통점은 시장 체제인데, 여기에서 협력공간을 최대한 확대해야 하는 과제가 남는다. 이마저도 핵심전략기술의 대중접근을 차단하려는 미국의 정책과 맞물려 한중 간 풀어야 할 큰 과제로 남아있다. 중국은 현 주권국가체제의 수평적 관계성을 충분히 소화 못한 듯하다. 수사적으로는 수용하지만 행동은 불일치하고 있다. 실제와 인식상의 괴리와 충돌이 큰 듯하다. 중국은 기존의 '중국에 의한, 중국의, 중국을 위한by China, of China, for China'정책에서 타국들과 '중국과 함께with China'하도록 새로운 대안과 비전을 제시할 수 있어야 한다. 중국은 동아시아인의 정체성 형성을 도와야하며, 지역협력에 대한 새로운 비전을 제시할 필요가 있다. 물론 이러한 기대는 당분간 체감할 정도로 현실화되기는 어렵다.

당당한 대중 외교에 대한 요구는 더욱 강해질 것이고, 이로 인한 비용도 그만큼 상승할 것이다. 적어도 이 시점에서 중요한 것은 초강대국이 아닌 한국이 스스로의 자존을 지키는 방식에 대해 국민적인 공감대를 형성하는 것이다. 동시에 불필요한 비용의 초래를 방지하기 위해 당장은 한중 상호간의 인내가 필요하다. 국내정치에 기초한 과도한 충돌을 억제하며 거시적인 관점을 가지고 양자관계를 재조정하는 게 필요하다. 한국은 중국과의 전략적 거리 두기가 필요한 상황이며, 중국과의 관계에 있어서 조건부 편승의 수용도 불가피하다는 점을 이해해야 한다. 한중은 상호 화친和親의 방식을 찾아야 하는데 이는 어느 일방의 시혜에 의해서가 아니라 양국의 외교역량에 달려 있다.

한국은 대중 정책을 추진하는 데 있어서 '당당함'을 구현하기 위해, 정체성 및 원칙과 더불어 유연성을 가미한 대중정책을 추진할 것을 제안한다. 국제관계에서 '당당함'은 일방의 일방적인 태도만으로 구현되기는 어렵다. 한국은 지정학적 완충·파쇄국가, 분단국가, 시장 통상국가, 자원빈곤국가, 자유민주주의 체제 국가, 중강국의 국력이라는 여건과 상황을 고려해 우리만의 비전과 대외관계 원칙을 설정할 필요가 있다. 그리고 중국을 포함한 대외 관계에서 당당하게 이의 존중을 요청할 수 있어야 한다. 대신, 중국이 민감해 하는 핵심이익의 영역에 대해서는 보다 신중한 접근이 필요하다. 상호 존중의 정신에 입각해 그 접점을 찾는 외교적 노력이 필요하다.

미중 전략경쟁 상황은 불확실하고 미묘한 시점에 도달해 있다. 국력을 자강-동맹-국제연대의 총합이라고 한다면 미중 관계는 국력뿐만 아니라 국내정치, 기타 외생적 변수에 의해 영향을 받는다. 불확실성이 극대화한 외교안보적 환경에서 자강과 균세의 정합적 사고가 필요하다. 한국은 이제 외교와 인식상의 자율성을 확대하면서 수동적-의존적 사고를 지양하고 국제적 연대를 강화하면서 새로운 국제질서 구성에도 적극 참여할 수 있어야 한다. 중국으로부터 존중받을 수 있는 외교·안보·경제·과학기술적 역량을 확보하는 것은 필수적이며 무엇보다 중요하다. 중국과의 전략적 협력동반자 관계는 여전히 존중되어야 한다. 한중이 최소한 적대적 관계로 전환하는 것은 배제해야 한다. 중국과 비전략 영역, 비전통 안보영역 등에서 소통과 협력을 강화하는 것이 필요하다. 다만, 북핵과 관련된 대중 기대치는 크게 낮춰야 한다. 한반도 안정과 상황관리에는 상호 협력할 수 있어야 한다. 동북아 안보 정세의 급변에 대비한 전갈형 안보태세를 강화하면서, 중국과 신흥 안보(보건, 사이버, 환경, 기후변화) 영역에서의 협력 가능성을 적극 모색해야 한다.

한중 수교 30주년인 2022년 현재, 외교안보 분야에서 한중 접촉의 라인은 크게 약화되어 있다. 현 시점에서 중요한 경제 공급망의 안정성을 확보하기 위한 한중 경제 수장들 간의 대화채널도 거의 부재하다. 기존에 존재하던 대중 접촉 라인들도 코로나 사태와 문재인 정부의 무관심으로 거의 절연상태에 있다. 윤석열 정부에서 대중정책의 중요도와 관심도가 상대적으로 하락되어 있다는 점도 우려의 요인이다. 대중 외교에 있어서 당당함은 배제와 일방적인 태도에서 구현되는 것이 아니라, 자신의 역량에 기초한 상대에 대한 이해와 소통의 정도에 따라 구현될 개연성이 크다. 민간 네트워크의 회복과 강화, 상생과 존중을 위한 미디어의 적극적 역할, 초당적인 외교, 국민 공감대의 확보가 다 같이 뒷받침되어야 한다. 어려울 때 일수록 한중간에 상호 소통할 수 있는 비대면 행사 및 회의를 더욱 적극적으로 추진해야 한다. 이를 위한 각계의 노력이 시급하다.

10

한중 협력을 위한 한국의 전략은 존재하는가

김진호
단국대학교 정치외교학과 교수

1. 들어가며

　한중 관계는 일반적으로 세 가지 요인의 영향을 크게 받는다. 역내 국제정치와 남북한 관계, 그리고 관련 각국의 국내 정치가 그것이다. 중요한 건 이 세 가지 요인이 따로 작용하는 것이 아니라 한데 어우러져 복합적으로 작용하며 한중 관계를 형성한다는 것이다. 중국은 한반도 문제를 강대국 문제로 본다. 그런가 하면 한국은 남북한 문제를 한미동맹과 주변국 외교로 보는 측면이 있다. 또 역내 영향력이 강한 국가들은 남북한 문제를 국제정치의 지렛대로 삼기도 한다. 이런 이유로 인해 한반도 문제의 주요 플레이어 국가들은 동맹이나 우호관계, 또는 경제적 상호의존의 관계를 이용해 자국에 유리한 정책을 한국에 강요할 수 있다. 한중 관계는 이 때문에 양자 차원의 문제가 아니라 남북한과 미국, 중국, 나아가 일본과 러시아 등 한반도의 주요 이해 당사자들이 함께 상호작용하는 가운데 결정되는 복잡한 역학구조를 띠게 된다.

　한중 수교의 씨앗을 뿌린 사건으로 흔히 1983년 5월 5일 있었던 중국 민항기의 한국 불시착을 꼽는다. 그러나 실제로 당시 중국 지도자인 덩샤오핑이 한국과의 수교 결심을 굳히게 된 건 1985년 발생한 중국 어뢰정 사건이라고 한다. 중국 북해함대의 기항지인 칭다오에서 훈련에 참여했던 중국 어뢰정은 대만으로의 귀순을 목적으로 한 반란과 연료 부족에 의해 한국 해역으로 표류해 들어왔다. 이때 한국과 중국 해군이 대치하는 사건이 발생하기도 했지만, 미국의 알선과 한중의 협상으로 사태가 원만하게 처리되었다. 자칫 한중 간 충돌이 일어날 수도 있어 국제적 이

목이 쏠렸던 이 어뢰정 사건의 원만한 처리 결과를 보며 덩샤오핑이 한국과의 수교를 결심하게 됐다는 해석이다. 그리고 이어진 1986년 서울 아시안게임과 1988년의 서울올림픽을 통해 한중은 스포츠 교류를 매개로 우호적인 분위기를 형성하며 수교의 발판을 다졌다.

1989년 6월 중국에서 터진 '천안문天安門 사건'으로 한중 수교가 다소 지연되게 되었지만, 1990년 베이징아시안게임에 한국 정부와 기업이 적극적으로 중국을 지원하며 수교 분위기는 다시 무르익었다. 그리고 마침내 1992년 8월 24일 한중은 국교를 정상화하기에 이르렀다. 이 사이 북한 지도자 김일성이 직접 나서 한중 간 수교의 시기를 늦춰줄 것을 중국에 요구하기도 하였지만, 이미 한국으로 기운 중국의 마음을 되돌릴 수는 없었다. 이처럼 한중 수교의 역사적 과정을 반추해보면 남북한 문제와 중국과 대만의 양안兩岸 문제, 그리고 중국의 국내 정치가 큰 영향을 미쳤음을 알 수 있다. 이는 한중 관계가 지금도 강대국 정치와 한반도의 남북한 관계, 그리고 중국의 양안 정책 및 동아시아 전략과 밀접한 관계에 있다는 걸 말해준다.

이 같은 사실은 한중 관계에서 비록 양국 간 교류가 활성화되고 경제적 상호의존이 심화하더라도 그러한 것이 결코 근본적인 국가 안보에 우선할 수 없다는 걸 시사한다. 미국이 한국에 배치한 사드THAAD에 대해 중국이 보복에 나선 것을 보면 그러한 국제정치의 이면을 쉽게 이해할 수 있다. 즉 한국이 북한의 핵 도발에 대처하기 위해 한미동맹에 근거해 배치한 무기가 미중 간 안보경쟁에서는 중국에 위협으로 나타나며, 이는 다시 중국 국내정치로 이어지고 그 결과 한국에 대한 중국의 보복으로 귀결되는 것이다.

한국과 중국에서 서로를 보는 것도 시대별로 변화했다. 수교 당시 상황을 직접 체험하였던 사람들이 보는 한중 관계는 양국 교류가 활성화되던 시기의 사람들이 보는 한중 관계와 차이가 있다. 특히 한중 관계상의 많은 모순과 마찰을 보며 자란 현재의 젊은이들이 보는 한중 관계와는 더 큰 차이가 있다. 중국 측에서도 많은 변화가 일어났다. 개혁·개방시기를 체험하며 한중 관계를 보던 노년층과 사회적 발전을 체험한 장년들, 그리고 현재 경제적으로 풍요로운 시대에서 자란 중국의 젊은이들이 보는 한중 관계는 차이가 난다. 중국은 공산당의 지도와 선전에 따라 외부세계를 보지만, 한국은 같은 세대라도 각양각색의 방식으로 중국을 본다. 중국과 관계된 사람이 보는 중국과 관계없는 사람이 보는 중국에도 많은 차이가 난다. 중국을 연구하는 학자들도 그가 공부한 지역과 배경에 따라 중국을 보는 시각이 천차만별이다.

정부도 그렇다. 정부의 정책 기조와 그 방향에 따라 차이가 난다. 그러나 수교 이후 지난 30년을 돌이켜봤을 때 하나의 경험치를 얻을 수 있다. 그건 보편적으로 남북관계가 좋거나 미중 관계에 문제가 없을 때 한중 관계 또한 무난했다는 점이다. 남북관계가 긴장되고 국제적으로 미중 갈등이 심화하는 경우 한중 관계가 남북관계와 미중 갈등을 넘어 좋아지기엔 한계가 있었다. 특히, 민족의 문제라고 하는 민족주의 정서는 중국과 한국의 왕조가 오랜 기간 대립하던 문제이기도 했기에 이에 대한 원만한 해결을 기대한다는 건 무척 어렵다. 이 같은 상황에서의 최선은 장기적인 안목을 갖고 호혜평등의 교류를 통해 양국 민간의 신뢰를 공고히하는 것이다.

한국은 외교와 통상이 대외관계에서 중요한 업무이지만, 외부로 보이지 않는 안보와 산업, 그리고 과학기술 관련 사안에 대해서도 국가발전의 차원에서 드러나지 않게 잘 준비하고 있는 것으로 보인다. 다만 어떤 국가와 지역, 그리고 어떤 과제가 먼저인지는 정부의 국내정치와 남북한 관계, 대외전략을 종합적으로 고려해 한국의 국익을 어떻게 설정하는가에 따라 달라질 뿐이다. 그러나 중국은 예측이 힘들다. 중국 정부의 불가측성이 우리에게 많은 불안감을 주는 게 사실이다. 이러한 점에서 볼 때 중국 관련 '정보'를 분석하는 능력을 강화하는 것은 매우 중요한 일이다. 특히, 중국과 소통하는 문제 이상으로, 서로 소통이 가능한 국가나 지역과 협력하여 중국에 대한 정보를 입수하고 분석하는 것은 매우 중요한 일이다.

특히, 중미 관계와 중일 관계, 중러 관계, 북중 관계 및 양안 관계에 대한 분석은 한중 관계를 위해 필수적이다. 이를 위해 정부 산하의 연구기관이나 민간 연구소에서도 중국을 깊이 있게 연구할 수 있는 시스템을 만들어 지속해서 자료를 축적하고 관련 내용을 수시로 분석하여 정부의 대중국 정책 수립에 도움이 되게 하는 것이 중요하다. 이미 존재하는 국내의 여러 연구기관과 연구자들이 협업을 통해 중국 관련 빅데이터를 만들어 수시로 중국에 대한 새로운 정보를 업데이트해 나가는 것이 필요하다. 대학이나 민간 연구소와 정부의 여러 조직이 유기적으로 협력하는 것도 좋은 방법이다. 특히, 정치·외교·군사와 경제안보 차원에서는 군사(정보)연구기관과 경제연구기관 간 유기적 협력도 필요하다고 생각된다.

한국에 있어 미국이냐 중국이냐의 외교적 선택은 오로지 국익과 국민을 위한 방향으로 추진되어야 하기에 한중 관계의 장기적 관리도 반드시 국익을 우선으로 국민을 고려한 정책이 펼쳐지는 것이 중요하다. 즉, 지난 30여 년간의 중국 연구가 장래 30여 년의 연구로 연결되게 기존에 연구하고 있는 기관과 기구의 인재들을 유기적으로 연결하는 연결망이 절대적으로 필요할 것으로 보인다. 이미 배출된 상당한 인재들이 있는 상태인 만큼 중국 군사, 안보, 정보, 산업, 과학기술, 사회, 교육, 환경 등 다방면의 중국 연구자 관리를 유기적으로 하는 건 꼭 필요한 일이다.

현재 중국 시진핑 정부는 올해 말 20차 당 대회를 준비하고 있다. 이러한 중국 국내정치는 대외정책에도 변화를 미친다. 즉, 시진핑이 올해 당 대회를 통해 집권이 연장되는 경우 중국은 과연 어떠한 방향으로 나아갈 것이며, 이것이 동북아 국제정치와 한중 관계에는 어떤 영향을 미칠지에 대해 구체적으로 연구해나가야 할 것이다. 그리고 정부의 정책은 이러한 연구를 토대로 마련되는 게 바람직하다.

한중 협력을 위한 한국의 전략과 관련해 전문가의 연구도 중요하지만, 우리 정부와 민간이 중국과 끈끈한 교류의 채널을 유지하는 것도 한 방법이다. 여기서 요체는 소통인데 상대를 알고 나를 알면 백 번을 싸워도 위태롭지 않다知彼知己 百戰不殆라는 말이 있듯이 우리 전체의 중국 이해를 높여야 한다. 중국은 공산당이 이끄는 국가다. 공산당이 건설하려는 나라와 국민에 대한 통치 방식을 우리가 잘 이해하고 있어야 중국과의 협상에서 우위를 점할 수 있다.

2. 한국이 보는 중국 공산당과 오늘의 중국

1983년 중국 민항기 불시착 사건에서 수교까지의 9년을 생각하고 여기에 한중 수교 30년을 더하면 한중 양국이 서로 접촉하여 교류하며 지내온 지 39년이 된다. 중국은 1976년 마오쩌둥 사망 이후인 1978년에 개혁·개방 정책을 채택하고 그로부터 11년 뒤 천안문 사건이란 충격을 맞는다. 이로 인해 덩샤오핑의 개혁·개방 노선이 한때 비틀거리기도 했으나 덩이 노구를 이끌고 남순강화南巡講話에 나서며 중국은 다시 세계를 향해 나아갔다. 한중 수교는 바로 덩샤오핑의 남순강화가 있던 해인 1992년에 이뤄졌다. 이에 놀란 북한이 핵을 본격적으로 개발하기 시작했다는 걸 보면 동북아의 국제관계는 1992년이 하나의 분수령이 될 것이다.

수교 직후 한국인이 중국을 어떻게 보았는지는 간단하게 '젓가락과 라면의 숫자에 중국 인구를 곱하며 돈을 벌 수 있는 지역'이라는 말에 농축되어 있다. 한마디로 한국인들의 '중국 희망'이 싹트던 시기다. 많은 한국인이 사업의 기회를 찾아 중국으로 건너갔다. 중국 대도시마다 한국 기업이 진출했고, 중국 도시 곳곳엔 한국인 집단거주지역이 생겼다. 반대로 한국의 화교 사회에도 새로운 중국과 중국인이 모습을 드러냈다. 우리 새중동포인 '조선족'의 한국 진출 외에도 여타 중국인이 대거 한국에 들어오면서 한국에는 새로운 차이나타운이 형성됐다. 이것이 현재 한중 민간교류의 뼈대를 이루는 흐름이다.

수교 초기 중국은 한국의 도움이 절실했다. 한중 수교가 맺어지는 과정에서 중국 지도부는 천안문 사건에 대한 국제사회의 비판을 희석하고, 1990년 베이징아시안게임을 성공리에 마치기 위해 당시 아시안게임과 올림픽 개최 경험이 있는 한국의 지원을 절실히 필요로 했다. 당시 중국 지도자들이 직접 나서 한국의 도움을 요청했을 정도다. 그리고 기업의 투자유치에도 매우 적극적이라 한국에 대한 예우가 특별했다. 그러나 이 같은 흐름은 오래가지 못했다. 1998년 한국이 금융위기를 겪으면서 중국 사업을 일부 철수하기 시작했고, 중국이 경제발전에서 속도를 내기 시작하면서 한중 관계에 변화가 생기기 시작한 것이다. 이때부터 2008년 베이징올림픽까지의 약 10년을 한중 관계에서 서로가 대등하게 본 시기라고 할 수 있다.

이후 베이징올림픽을 전후해 한중 간 마찰이 급증했고 중국의 애국주의 의식이 고양되면서 양국 관계엔 미묘한 변화가 일었다. 특히 북한의 핵과 미사일 실험이 늘어나면서 한중 관계에 커다란 충격파를 던지기 시작했다. 박근혜 대통령 집권 초기 일시적으로 좋아졌던 한중 관계가 2016년 초 북한의 핵실험 이후 발생한 사드 사태로 대립 국면으로 치닫게 된 것이다. 이 시기는 시진핑이 집권해 '중국몽中國夢'과 '일대일로—帶—路'를 정치적 의제로 삼던 때인데 중국의 국내정치 일정과 관련해 매우 민감한 시점이었다. 시진핑으로선 2017년 중국 공산당 제19차 전국대표대회를 통해 집권 2기를 시작해야 하는데 사드 배치로 체면에 적지 않은 손상을 입게 된 것이다. 시진핑 주석이 2016년 당내에서 '핵심核心' 칭호를 부여받고 2017년 연임 준비를 하던 상황에서 사드 사태가 터진 것이라 중국의 반발은 한국의 예상을 뛰어넘는 것이었다.

중국 공산당의 국내외 환경 인식과 공산당과 중국 인민의 관계를 이해하면 이러한 중국의 반발은 어느 정도 예상이 가능했던 것이기도 하

다. 중국의 경제발전과 공산당의 국내정치, 중국의 대외정책, 민족주의
는 서로 맞물려 돌아가는 것이다. 일반적으로 "공산당은 틀리는 것이 없
고, 잘못하는 것도 없다"라고 중국 인민들에게 선전되는 상황에서 공산
당이 정책의 기조를 갑자기 바꾸는 것은 어렵다. 이러한 의미에서 중국
공산당이 어떠한 전략을 펼칠지 미리 분석하고 사전에 그 방향을 조정
할 수 있도록 하는 게 중국에 영향을 미치는 지혜이자 힘이라고 할 수 있
다. 최근, 미국의 대중국 정책을 살피면, 미국이 중국의 약점을 제대로 공
격하는 것으로 보인다. 이에 대한 중국 정부의 대처는 이중적이다. 하나
는 인민들에게 보이기 위한 전략적 반응으로 언론을 통해 미국에 강경한
모습을 보이는 것이다. 그러나 다른 하나는 실제적인 모습으로서 미국의
공세에 대해 저자세로 나가는 것이다. 이른바 '허허실실虛虛實實'전략이
다. 미국이 중국을 그만큼 잘 이해하고 있다는 것이다.

2017년 1월 4일 사드 배치 문제를 둘러싼 한중 간 마찰이 점점 심해
지고 있을 때 중국 외교부는 한국을 향해 "소국이 대국에 대항해서 되겠
나, 너희 정부가 사드 배치를 하면 단교 수준으로 엄청난 고통을 주겠다"
라고 말하는 등 상대국을 완전히 대놓고 무시하며 내정간섭을 하였다.
이에 따라 한국인의 반중 정서는 급속도로 강화되었다. 게다가 중국 측
은 은밀하게 사드 보복을 가하였다. 중국인 단체 관광객들의 한국 유입
차단, 한국 기업들의 중국 진출 억압, 한한령限韓令과 같이 한국 문화의 중
국 진출을 강제로 통제하면서 한국에 상당한 경제적 피해를 주었다. 그
결과 한국의 대중 감정은 오히려 일본이나 북한보다 더 크게 나빠졌다.

중국 경제 환경의 변화와 한중 관계의 악화에 따라 중국에 진출했던
한국 기업들이 대거 동남아로 수입과 수출 판로를 다변화하기 시작했다.
즉 지나치게 중국에 집중되었던 산업 구조를 바꾸기 위한 노력을 시작

한 것이다. 지금 한중 관계는 2017년에 터진 한중 관계의 최고 악재와 중국인들의 민족주의 의식강화, 그리고 공산당의 거친 강대국 외교의 결과 등으로 인해 그리 평탄하지 않다. 이러한 점을 고려할 때 한중 관계는 국제환경과 양국의 국내 상황에 따라 부단히 변화가 일어나는 것을 알 수 있다. 한중 관계의 안정적 유지를 위해서는 양국 정부와 민간의 꾸준한 노력이 필요하고 동시에 동북아 국제정세의 안정도 필요한 것이다. 그리고 중국과 한국도 바뀌었고 과거와 같지 않다는 것을 직시해야 한다. 변화하는 상대방을 제대로 인식하는 게 상대방과 교류하는데 기본이 돼야 한다. 서로 존중하는 자세로 대화해야 하며, '상호존중'의 기본을 지켜야 할 것이다.

3. 중국과 공산당을 어떻게 이해해야 하나

세계에 중국인은 여러 부류가 있다. 외국 국적을 갖고 살아가는 중국인이 있는가 하면 중국과는 전혀 다른 사회체제와 문화환경 속에서 살아가는 중국인도 있다. 간단히 말하면, 세계 각지의 화교나 화인, 그리고 대만의 중국인, 홍콩의 중국인과 사회주의 체제에서 살아가는 중국인은 모두 다르다는 것이다. 필자의 개인적 경험에 의하면, 사회주의 체제에서 사는 중국인들은 국가체제와 사회환경에 자신을 맞추며 살아가는 방법을 일찌감치 터득한다. 국가가 곧 공산당이고 국가와 인민을 이끄는 주체가 공산당이기 때문이다. 바로 이런 체제에서 살아가는 사람이 중국 인민들이다. 중국 인민에 있어 국가는 인민에 우선하고 그 국가는 당이 지도한다. 우리가 중국과 정치나 경제, 문화 등 다방면에 걸쳐 교류를 하다 보면 그것이 생각처럼 쉽지 않다는 것을 체감하게 된다. 중국 인민이 당의 운행규칙과 그 문화에 맞춰 자신들의 개인적 판단을 맞추기 때문이다. 중국인 입장에선 상대방과 예절이 중요한 것이 아니라 자신의 안위를 위한 '당 우선'이 중요하다. 이러한 사회주의 중국 사회를 제대로 이해해야 중국이나 중국인들과의 교류나 협상이 가능하다. 그들에게 유교적 문화나 중국문화의 관습이 없는 것은 아니다. 이 부분에서 인간관계라고 하는 '꽌시關係'의 중요성이 등장한다. 상대방을 친구로 생각하는 경우 사회체제의 범주 안에서 도울 방법을 찾는 것이 중국사회의 중국인들이다. 그러나 거기에는 체면과 실리, 그리고 신의가 상호 관계의 기본이 된다. 그냥 일방적인 사랑이나 희생은 중국 관습상 받아들이기 어렵기에 '상호

존중', '상호 신뢰'라는 말이 나오는 것이다. '꽌시'란 상대적이라 할 수 있는 것이다.

중국의 국제정치이론에 따르면, 세계 여러 국가는 서로 다른 경제체제와 정치제도를 갖기에 다양한 국가형태가 존재하고, 그 모든 사회에 사람들이 존재한다고 한다. 이러한 이유로 중국은 국제사회에서 중국과 같은 국가체제도 인정받기를 원하는 것이다. 이를 '중국특유의 사회주의'라 강조하며 세계에 여러 제도가 동시에 존재하는 것을 의미하는 일구다제一球多制를 인정해야 한다고 말한다. 다자주의를 주장하는 것이다.

중국정치의 특징은 '공산당은 인민을 위해 봉사하고', '인민은 국가에 헌신하며', '국가는 당이 이끌어 간다'는 내용으로 간략하게 정리될 수 있다. 즉 공산당과 국가정치는 하나라는 것이 중국정치의 특징이기에 중국 공산당은 100년이 넘게 중국의 정점에 있을 수 있었고 국가의 상부에서 인민의 하부에 이르기까지 모두 관할한다. 따라서 중국과의 교류에서는 정부부서의 수장과의 관계도 중요하지만, 당직에 대한 이해와 그 핵심 인물과의 교류 또한 매우 중요한 것이다.

중국 공산당의 대한국 전략은 현재까지 교류와 협력을 기반으로 하고 있다. 중국은 한중 수교 후 산업발전에 필요한 기술과 자본을 한국으로부터 배우고 들여왔으며, 최근에는 한국의 선진기술과 인력을 중국으로 끌어들여 자국의 기술발전에 이바지하게 하고 있다. 즉, 중국은 한국의 산업생산 기술력과 문화산업 창의력 및 첨단산업 인재를 쉽게 흡수할 수 있는 시장과 자본, 그리고 기술이 있는 국가다. 한국은 중국이 자본과 기술을 필요로 하는 시기에 중국에 진출하여 지속적인 경제성장을 하는 데 도움을 받았다. 이러한 과정에서 중국의 산업도 발전하고 구도도 변화면서 한국과 중국의 경제적 상호의존성은 매우 높아졌다. 그러나 이제는 중국 경제력의 발전과 산업기술력의 상승 및 시장을 기반으로 한 내수시장의 확대 등으로 인해 한국경제에 큰 위협이 되고 있는 게 현실이다.

문화적으로 한국인들은 중국의 문화에 쉽게 접어들지만, 중국이 사회주의 국가라는 인식을 제대로 하지 못하는 경우가 많다. 중국에서 지내다 보면 항상 철저하게 감시당하고 있다는 느낌이 든다. 외국인을 감시하는 것을 보면 중국 주민뿐 아니라 공산당원에 대한 감시 또한 얼마나 철저하게 진행되는지 알 수 있다. 공산당원이 학습해야 하는 내용과 업무, 그리고 평가가 조직적으로 이뤄진다는 것은 누구도 다 아는 사실이다. 이러한 현상은 시진핑 시대 들어 더욱 심해지고 있다. 언론 통제뿐만 아니라 정부 기구와 민간 조직으로까지 감시의 영역이 확대되었다. 특히, 인터넷과 정보통신IT 기술이 발달하여 스마트폰, 스마트페이를 사용하는 중국 사회시스템 속에서 중국 공산당의 통치는 더욱 디지털화되고 과학화되었다. 중국에서 가끔 현직의 관료나 퇴직 관료를 만나려고 약속을 하다 보면 갑자기 일이 있다고 다음에 보자고 하는 경우를 종종 마주하게 된다. 나중에 알아보면 괜히 만나 정부의 힐책이나 제재를 받는 것을 사전에 피하기 위해서였다고 한다. 사람을 만나는 것도 어려운 중국 사회에서 그나마 자유로운 것은 의식주食衣住, 중국의 순서와 관련된 민간생활뿐일 것이다. 이런 점을 고려하여 중국인과의 만남은 신중해야 한다. 무엇보다 상대방의 입장과 사고, 그리고 시대 상황 등을 두루 감안하며 접촉하는 게 필요하다. 또 입이 무거워야 한다는 것이 중국인들의 사회생활 철학이다. 공개되지 않은 장소에서 비밀리에 중요한 내용을 주고받고 그 내용은 쥐도 새도 모르게 해야 한다는 것이다. 한중 관계의 여러 교류도 사실 이와 같이 해야 하지 않나 싶다.

4. 한국의 대중국 전략 어떻게 마련해야 하나

한중 관계엔 양국의 협력적 관계라는 긍정적인 면과 구조적 부정적인 면이라는 국제관계 요소가 동시에 존재한다. 지리적으로 이웃한 양국은 역사적으로 오랜 기간을 같이 해왔는데, 때로는 협력자로 또 때로는 견제자로 그 역할을 해왔다. 양국은 아시아문화권이라는 큰 문화의 틀에서 각자의 문화를 유지하며 오랜 기간 창조적으로 협력하며 살아왔다고 할 수 있다. 게다가, 근대 한중 양국은 동북아에서 제국주의 식민침략전쟁이 있을 때 같이 협력하여 이에 대항하기도 했고, 제2차 세계대전 후 냉전체제에서는 서로 맞서 대항하기도 했다. 이러한 것은 모두 국제정세에 따른 양국의 변화와 그 관계의 역사적 운명이라고 할 수 있다.

기본적으로 사회주의 중국은 정부(공산당)의 정책과 민간의 태도가 같은 방향으로 움직인다. 즉, 정부의 정책에 따라 민간교류가 활성화될 수는 있지만, 반대로 민간교류가 정부 간 관계에 영향을 미치기는 어렵다는 것이다. 사드 사태 이후 2017년의 한중 수교 25주년 기념행사와 2022년 한중 수교 30주년 행사를 준비하면서 절실하게 느낀 게 있다. 그것은 중국 정부가 우리에게 필요한 것이 특별히 없는 상태에서 그들과 협력하여 상호 평등한 행사를 치르기가 정말로 어렵다는 것이다. 북중 관계를 봐도 양국의 교류와 협력은 쌍방의 필요에 따라 이루어졌다. 따라서 한중 양국도 서로에게 필요한 것이 많을 때 그 교류가 순탄하고 원활해질 수 있다고 생각된다. 한국이 매력 있는 국가가 되어야 그만큼 대중 영향력이 커진다는 것이다.

우선 안정적인 경제성장과 고도의 산업 및 첨단 과학기술이 중요할 것으로 보인다. 그리고 자국의 안보를 스스로 담보할 수 있는 국방력도 중요하다. 다음으로 성숙한 국민성과 사회 가치도 중요할 것이다. 그리고 한국이라는 곳을 투자하거나 관광하고 싶은 대상으로 만들면 무역과 관광 및 산업과 금융에서도 문제가 없을 것이다. 특히, 시민교육의 기본이 되는 대학교육과 사회교육을 통해 성숙한 국민을 만들면 그 자체가 자산이 될 것이다. 이것은 대중국 관계뿐만 아니라 동북아, 동아시아 그리고 세계에서 한국이 국제사회에서 발전할 수 있는 동력이기도 하다. 한중 관계를 다른 국가의 관계와 다르게 볼 필요는 없다. 우선 우리가 일류가 되어야 상대방으로부터 존경받을 수 있다. 중국도 예외는 아니다.

　동북아에 있는 대한민국은 중국의 세계전략과 한반도 전략이 우리나라의 안보와 통일과 연관되었다는 것을 알고는 있지만, 우리의 전략과 어떻게 대치되고 있는지는 잘 이해하지 못한다. 이러한 이유로 우리가 한중 관계를 고려할 때 중국의 동북아지역 정세 분석을 한국의 외교전략과 비슷하게 분석하는 경우가 많다. 그러나 중국의 대외관계를 제대로 이해하기 위해선 중국 공산당의 대외관계 인식과 전략에 대한 기본 틀을 먼저 이해한 후에 중국의 외교 현안에 대한 접근방식을 알아야 한다. 중국의 대북한 접근방식은 대부분 중국의 국경안정과 중국의 국가이익에 초점을 둔다. 단순한 전통적 동맹으로서가 아니라 실리적 우호관계 차원에서 북한과의 관계를 유지하는 것이다. 이러한 점에서 남북관계의 변화나 미국의 한반도에서의 전략은 중국의 대북한 전략에 영향을 미치게 된다. 국제질서에 맞는 남북한의 협력과 한반도의 안정을 한국 정부가 주도적으로 이루어낼 수 있다면 동북아 유관국가에 대한 한국의 영향력은 커지는 것이다.

중국과의 협상은 중국을 자극하지 않고 체면을 세워주면서 실제로 국익에 부합하는 방법을 찾아야 한다. 그리고 우리의 국익에 상응하는 만큼 중국의 이익도 보장해줘야 한다는 것을 기억해야 할 것이다. 중국인들은 일반적으로 회의를 통한 협상을 중시하는데, 이러한 협상에서는 전통적으로 상대방의 체면을 세워주면서도 자신이 원하는 내용을 상대방이 도와줄 수 있게 끌어들이는 방법을 즐겨 쓴다.

중국의 한반도 전략은 한반도 전체를 일본과 미국의 대중 침략으로부터 완충작용을 하는 지역으로 유지하려는 것이다. 이러한 계산하에 한반도 환경을 중국에 유리하게, 적어도 불리하지 않게 관리하는 것이 목적이다. 중국은 북한과의 관계를 적절하게 유지해 미국과 일본을 견제하고자 한다. 또 한국이 중국과 함께 일본에 대응하기를 바라는 것으로 보인다. 간단하게 말하면 중국은 중일 관계가 한일 관계보다 앞서야 한다고 본다. 그러나 미일 협력이 이뤄지고 있는 상황에서 이것은 불가능해 보인다. 동북아 국제관계에서 우리는 나날이 국력이 커지고 있는 중국에 대해 철저한 분석과 장기적 대비책을 마련하는 것이 필요하다. 교류는 하지만 대비하고, 경쟁이나 견제는 하지만 교류해야 한다.

최근 국제사회의 변화는 한중 관계를 다시 한번 되돌아보는 기회를 제공한다. 수교 이후 30년 동안 누적된 모순은 현재 양국 관계의 발전을 저해하는 요인으로 작용하고 있다. 한반도를 중심으로 하는 안보상의 대립은 어렵게 쌓은 양국 국민의 문화적 유대와 경제적 공감대에 많은 상처를 주는 독약이 되고 있다. 특히, 수교 30주년을 맞는 현재 상황에서 한국 20대 전후 젊은이들의 중국에 대한 불만은 상상을 초월한다. 그러나 중국은 30년 전의 중국이 아니다. 중국은 이미 세계 제2의 경제대국이자 국제사회에서 그 누구도 중국의 영향력을 무시할 수 없는 강국으로 성장하였다. 이러한 시기에 성장한 중국의 젊은이들이 한국을 포함한 국제사회로부터 그에 합당한 인정을 받으려는 것은 어찌 보면 자연스러운 욕구이기도 하다. 개혁·개방 초기의 중국을 바라보던 시선으로 현재의 중국을 봐서는 안 된다는 것이다. 이 점은 한국에도 시사하는 바가 적지 않다.

한국이 중국과 국교를 정상화한 지도 벌써 강산이 세 번이나 바뀔 30년의 세월이 흘렀고, 한중은 앞으로도 긴밀한 이웃으로서의 관계를 꾸준히 지속해 나가려 노력할 것이다. 이러한 상황에서 한국이 중국에 대한 전략과 각종 정책에 대한 대안이 없다는 것은 어불성설이다. 중국 현지에서 외교와 정보, 사업, 취학 등 각종 방법으로 중국을 접한 한국인의 수는 헤아리기 어려울 정도다. 또 국내에서 중국을 연구하는 기관이나 기구, 그리고 수많은 학자와 전문가 등이 있는데 우리가 아직도 대중 전략의 부재에서 허덕인다는 것은 상식 밖의 일이기도 하다. 중요한 것은 "구슬이 서 말이라도 꿰어야 보배"라는 말과 같이 그 중요한 각자의 것들을 어떻게 유기적으로 조합하는가일 것이다.

우선, 중국의 산지식을 찾아다니던 전문 언론인들의 의견을 잘 청취해야 할 것이다. 이들은 중국 현지를 잘 이해하고 취재했지만, 동시에 한국 국내정치 환경도 잘 이해하고 있는 사람들이다. 이들의 강점은 현실감이 있다는 것이다. 그리고 한국에는 중국 관련 인문사회에서 과학기술에 이르기까지 분야별 전문가가 상당히 많다. 이들의 논문을 챙겨 보면 상당히 많은 연구가 이뤄져 있다는 것을 알 수 있다. 또 한국에 유학 와서 학위과정을 거친 중국 학생들의 논문을 살펴보면 그들이 한국과 중국을 어떻게 보는지 알 수 있고, 그들이 이해하는 중국에 대해 간접 체험을 할 수 있다. 이러한 것들은 모두 한국어를 기초로 해 볼 수 있는 자료들이다.

그리고 중국어에 능숙하여 중국 언론과 홍콩 언론, 그리고 대만, 싱가포르의 언론 내용을 비교하면서 보면 중국의 현재 상황을 이해하는 데 큰 도움이 된다. 또 영어로 출간된 많은 논문이나 보고서를 통해 중국에 대한 이해의 폭을 한층 더 넓힐 수 있다. 나아가 민간의 중국에 대한 분석을 이해하려면 미국으로 망명한 중국인들의 중국정치분석 유튜브YouTube를 볼 필요가 있다. 이들이 중국 관방에서 말하는 내용을 어떻게 분석하는지 등 중국인들의 새로운 분석방법을 체득할 수 있다. 이들의 방송은 중국 국내정치인 공산당에 대한 분석이 많아 공산당 체제와 정치를 이해하는 데 적지 않은 도움을 준다.

이러한 내용을 기초로 여러 다른 사람들이 세미나나 포럼을 준비하여 아이디어를 모으면 한국이 대중국 관계에서 무엇을 준비해야 하고 무엇을 어떻게 해야 하는지 알 수 있을 것이다. 이러한 현실적 세미나나 포럼은 시의적절해야 생명력을 갖는다. 이외에 정부의 용역연구나 각 기관이나 기구의 세미나를 통해 상당히 많은 정보와 자료가 나오고 있다. 정부는 관련 기관과 민간 기구에서 쏟아져 나오는 대중국 동향 분석을 꾸준히 통합하고 관리하여 정책 결정자들이 필요할 때 볼 수 있도록 하는 게 중요하다. 많은 대중국 자료를 종합적으로 정리하여 마치 필요한 내용이 수학의 방정식처럼 나올 수 있게 만들 필요가 있을 것이다.

수교 이후 지난 30년 동안 한중 간에는 정부와 민간 차원의 '희로애락喜怒哀樂'이 오간 이런저런 사건이 참으로 많았다. 서로 다른 체제에서 살고 또 다른 진영에 속해 있는 인접국과 교류한다는 게 말만큼 쉬운 일은 결코 아니다. 그러나 한반도 상황과 이를 둘러싼 국제정세를 판단하면서 중국과 장기적으로 '좋은 이웃'관계가 되도록 관리해 나가는 일은 우리 정부와 지성인들의 책임이자 의무일 것이다. 국가와 국민을 위하여!

11

좌담회 :
수교 30년 한중,
다음 30년
어떻게 열 것인가

——

유상철
중앙일보 중국연구소장

한국과 중국이 국교를 정상화한 지 30년이 흘렀다. 강산이 세 번 바뀔 세월인 만큼 한중 관계엔 적지 않은 변화가 있었다. 때로는 협력을 다짐하고 때로는 언성을 높이기도 했다. 한중 관계는 지속적으로 발전해왔지만 최근 상황은 낙관만 할 수는 없을 정도로 도전의 요인이 많아졌다. 지난 30년을 어떻게 평가하고 다음 30년을 어떻게 열어갈 것인가. 한중 비전포럼은 이하경 중앙일보 주필의 사회로 국내 최고 권위의 중국 전문가인 서진영 고려대 명예교수, 윤영관 서울대 명예교수(전 외교부 장관), 위성락 한반도평화만들기 사무총장(전 한반도평화교섭 본부장), 한중 수교 30주년 기념사업준비위원회 상임위원장인 노재헌 동아시아문화센터 원장을 초청해 좌담회를 가졌다. 다음은 좌담회 주요 내용이다.

▶이하경=손바닥도 마주쳐야 소리가 난다는 말이 있듯이 1992년의 한중 수교도 국내외적인 흐름과 궤를 같이 했기에 성사가 됐습니다. 국제적으론 탈냉전의 시대를 맞았고, 한중 양국 간에는 경제와 외교안보 측면 모두에서 서로의 이해관계가 맞아떨어진 측면이 있습니다. 한국은 중국과의 수교로 북방외교를 완성시켜 한반도의 안정과 평화를 확보하고 미지의 거대 시장 중국을 개척하려 했습니다. 중국은 한국과의 경제 협력 뿐 아니라 한국과 대만 사이를 떼어놓으려는 목표가 있었습니다. 지난 30년을 돌이켜볼 때 경제 분야에서는 큰 성공을 거둔 것은 의심의 여지가 없습니다. 그러나 외교안보 측면에서 보면 한반도 정세는 북핵 고도화로 인해 여전히 긴장 상태에 놓여 있습니다. 이에 따라 한중 수교가 절반의 성공에 그쳤다는 평가가 나오기도 합니다. 어떻게 보십니까.
▶서진영=한중 수교 30년을 사드THAAD, 고고도미사일방어 사태 전후로 나눌 수 있을 것 같습니다. 사드 이전은 한중 관계의 황금기로 경제는 물론 외

교와 안보 측면에서도 비약적인 발전을 이뤘습니다. 수천 년 한중 역사상 찾아보기 힘든 밀월기로 그런 시대가 다시 올 것 같지는 않습니다. 한 마디로 한중 관계의 봄날은 갔다고 볼 수 있습니다. 사드 이후 한중 관계는 좋게 말하면 조정기, 나쁘게 말하면 시련기입니다. 외교안보와 군사는 물론 경제 분야에서도 한중은 만만치 않은 갈등에 직면해 있습니다. 왜 사드 사태가 한중 관계를 양분하는 기준이 되는가. 이와 관련해 세 가지 측면을 봐야 합니다. 첫 번째는 전략 환경의 변화입니다. 과거 탈냉전과 세계화의 시대에서 이젠 미중 패권경쟁이 노골화되는 '세력 전이power shift'의 시대로 전환하면서 한중 양국의 전략 환경에 구조적 변화가 생긴 것입니다. 두 번째는 국력의 변화입니다. 중국의 강대국화로 중국의 한반도에 대한 정책과 한국에 대한 정책이 변화하고 있고, 한국 역시 강대국 중국에 대한 정책이 변하고 있습니다. 세 번째는 민족주의 정서의 분출입니다. 한중 모두 국운 상승기를 맞아 젊은 세대를 중심으로 한 민족주의 정서가 확산하면서 양국 간 갈등과 마찰을 증폭시키고 있는 것입니다. 한중 관계가 미래 30년에도 순항하기 위해선 이 세 가지 차원에서의 대응이 절실합니다.

▶**윤영관**=한중 관계엔 명明과 암暗이 존재하는데 지금 상황은 수교 초기의 희망 섞인 기대, 즉 '명'의 부분이 차츰 약해지고 어두운 '암'의 측면이 점차 부각되고 있는 것으로 보입니다. 한중 관계가 어떤 분기점에 도달한 느낌입니다. 지난 30년을 보면 한중 관계에서 크게 세 가지 특징을 발견할 수 있습니다. 첫 번째는 경제적 상호의존은 커졌는데 정치적 협력이 이를 따라가지 못하는 일종의 불균형 상태가 유지되고 있다는 점입니다. 두 번째는 중국의 국력이 급속하게 신장되며 한중 간 위상 차이가 계속 확대되어 온 결과 두 나라 간 국력의 비대칭성이 심화됐다는 점입니

다. 세 번째는 2008년 이명박 대통령 시기 한중 관계가 '전략적 협력동반자 관계'로 격상됐지만, 이 '전략적 협력'이란 게 실질적으론 거의 이뤄지지 못했다는 점입니다. 예를 들어 북한문제가 바로 그렇습니다. 한국은 북한의 도발을 막고 비핵화 달성을 위해 중국이 보다 적극적인 역할을 해주길 기대하지만, 중국은 미중 대결구도를 의식해 북한을 전략적 완충지대로 보기에 북한을 감싸는 것과 같은 행보가 보입니다.

▶**위성락**=현재 한중 관계는 시련기에 처해 있다고 볼 수 있습니다. 외형상 양적으로는 폭발적인 성장을 이뤘고 인적교류도 크게 증가했습니다. 그러나 질적으로 볼 때 많은 성과가 있었다거나 바람직했다고 평가하긴 어렵습니다. 이 같은 결과에 이르게 된 배경엔 지난 30년간 한중 양국의 접근 자체가 달랐다는 사실이 자리합니다. 무역이 언제나 한국에 흑자였고 교류자체가 우리에게 이득이었기에 우리는 한중 관계에서 무엇을 겨냥해야 하는지에 대한 전략적 문제의식이 부족했습니다. 반면 중국은 주변의 역학관계를 자국에 유리하게 바꿔야 한다는 분명한 전략적 의도를 갖고 있었던 것으로 보입니다. 그런 맥락에서 중국은 한국을 미국이라는 동맹으로부터 자기 쪽으로 견인하기 위해 꾸준하게 노력해 왔습니다. 그렇게 30년을 지나다 보니 어느새 중국은 '갑'이 되고 한국은 '을'이 되는 이상한 관계가 되고 말았습니다. 중국은 한국을 점점 더 손쉽게 생각하게 되었고, 한국에 대한 중국의 고압적 태도가 '뉴노멀new normal'이 된 결과 마침내 사드 사태까지 터지게 됐다고 여겨집니다.

▶**이하경**=2018년부터 불거진 미중 무역전쟁과 올해 터진 러시아의 우크라이나 침공 사태를 겪으며 세계가 다시 양대 진영으로 재편되는 게 아닌가 하는 우려가 나옵니다. 탈냉전이 한중 수교의 바탕이 됐는데 이제 다시 신냉전이 도래한다면 한중 관계의 후퇴가 불가피한 것이 아닌지 모

르겠습니다. 다음 30년으로 나아가려 할 때 한중 앞엔 과연 어떤 도전이 기다리고 있는 건가요.

▶**윤영관**=한중은 근본적으로 아주 심각한 세 가지 구조적 도전에 직면해 있습니다. 첫 번째는 중국이 한반도 문제를 항상 미국과의 경쟁이라는 맥락에서 파악한다는 점입니다. 그 결과 중국은 한국에서 미국의 영향력을 밀어내려 줄곧 노력하고 있습니다. 과거 이명박 전 대통령의 방중 시 중국 외교부 대변인이 "한미동맹은 냉전의 유산"이라고 말한 건 이러한 중국의 인식을 단적으로 보여줍니다. 그러나 한국의 입장에선 북한의 위협이 존재하는 한 한미동맹은 외교의 기본일 수밖에 없습니다. 이게 바로 딜레마입니다. 두 번째 구조적 도전은 중국의 권위주의 정치체제입니다. 중국은 현재 패권경쟁 차원에서 미국 주도의 자유주의 세계질서에 도전하고 있습니다. 한데 한국은 민주주의 국가이고 자유주의 세계질서 속에서 성장해 왔습니다. 세 번째 도전은 중국이 기본적으로 지역 패권을 다지면서 아시아에서 위계적이고 수직적인 중화질서를 부활시키기를 바란다는 점입니다. 그러나 한국은 이미 수평적인 서구 국제질서와 주권평등을 강조하는 질서에 익숙해 있고 이를 당연시합니다. 양국의 시각이 부닥칠 수밖에 없는 것이지요.

▶**위성락**=한중 관계가 직면한 최대의 도전은 사상 최악인 미중관계라고 생각됩니다. 윤석열 정권은 미국과의 동맹 강화를 말합니다. 중국과의 관계에 대해선 명확하게 밝히지 않았지만 가치외교를 강조하고 있어 그게 주는 간접적인 메시지는 읽을 수 있습니다. 한중 관계가 이전 정권과는 달라야 한다는 이번 정권의 문제의식이 축약된 키워드가 바로 '상호존중'입니다. 사실 '상호존중'은 과거 진보 진영에서 대미 관계와 관련해 쓰고 싶어 했던 말입니다. 한데 지금은 보수 진영이 중국과의 관계에서

'상호존중'을 제기하고 있습니다. 배경엔 중국이 한국을 무시하고 존중하지 않았다는 인식이 깔려있는 것이지요. 중국 지도부로선 이를 예사로운 도전으로 볼 리가 없겠지요. 중국도 나름대로 상당한 정책적 고심에 들어갔을 것입니다. 자칫 한국에 대한 강경 대응이 나올 수도 있다고 보입니다.

▶이하경=향후 양국관계에는 만만치 않은 도전이 기다리고 있군요. 그렇다면 미중 갈등의 심화가 초래하는 도전이 더 큰 것인지, 아니면 중국이 한국을 과거와 같은 수직적 체계의 패러다임으로 붙들어 두려는 한중 양자 차원의 문제가 더 큰 것인지 궁금합니다.

▶서진영=두 가지 측면이 다 크고 또 중요합니다. 미중 마찰은 세계적인 차원의 문제입니다. 미중 간에도 상당한 인식 차이가 존재합니다. 미국은 아직도 급성장한 중국을 마음속으로 인정하지 못하는 경향이 있습니다. 중국에 대한 공포인 일종의 '중국 공포증'이 밑바닥에 깔려있기 때문에 미중 마찰을 과도하게 과장시키는 측면이 있습니다. 반면 중국 입장에선 국력이 신장한 만큼 자국의 위상과 영향력을 인정받고 싶어 합니다. 그런 욕구 자체는 정상적이겠지만 민족주의를 지나치게 고취하고, 자국의 힘을 과장하는 것과 같은 잘못을 범하고 있습니다. 특히 중국 청년세대에서 과도한 민족주의 성향이 보입니다. 이에 따라 미중 갈등은 과거 미국과 소련 같은 냉전적 대결이 아님에도 불구하고 레토릭 면에서는 신냉전처럼 되어가고 있습니다. 그러나 미국은 미국대로, 또 중국은 중국대로 현실의 한계를 인식하게 되면 결국은 대결로만 갈 수 없다는 것을 깨닫게 될 것입니다. 그렇게 되면 미중은 협력과 경쟁, 그리고 대결이 복잡하게 작용하는 복잡한 관계로 가게 됩니다. 정면 대결은 상당 기간 이뤄지지 않을 것입니다. 이는 우리에게 매우 중요한 시사를 던집니

다. 한중 관계나 한미 관계에서 우리의 정책적인 스펙트럼을 긴 호흡으로 가져가야 한다는 것입니다. 즉 오늘 당장의 한미, 한중, 미중 관계만 보면 안 될 것입니다. 냉전시대와 같은 양자택일이나 흑백논리로 접근했다간 자칫 우리만 곤란한 상황에 빠질 수 있습니다.

▶**이하경**=미중 갈등 심화는 사실 한국 외교가 직면한 큰 시련입니다. 두 나라 모두 우리에겐 너무 중요하기에 우리가 어떤 스탠스를 취해야 할지는 너무나 미묘한 문제입니다.

▶**위성락**=우크라이나 사태 이후 세계는 새로운 국제적인 분열 양상을 보이고 있습니다. 미국과 서방이 단합하고 중국과 러시아가 그 상대 진영에 서는 이 구조에서 한국이 선택할 여지는 많지 않아 보입니다. 한국은 결국 미국과 함께 갈 수밖에 없을 것입니다. 한국이 결정할 수 있는 건 미국과 어느 정도로 가까워질 건지, 중국과는 어느 정도로 떨어질 것인지 정도라고 생각됩니다. 하지만 미국 쪽으로 가까워지되 중국과 너무 멀지 않아야 합니다. 미국이 잡아당긴다고 훅 가고, 중국이 당긴다고 훅 쏠리는 등 우왕좌왕하는 모습이 제일 나쁩니다. 지난 30년간 우리가 외교의 일체성, 일관성, 지속성을 보여주지 못하고 을러대면 따라올 것이라는 기대를 미중에 심어준 게 아닐까 걱정됩니다. 사드 사태가 그런 사례입니다. 한국이 처음부터 북한의 핵미사일 위협에 대응해야 하는 안보적 이해가 있기 때문에 사드는 꼭 필요한 것이라고 말했다면 문제가 없었을 것입니다. 미중에 휘둘리지 않고 우리의 안보를 위해 사드를 배치할 수 있다고 주장해야 합니다. 우리로선 동맹인 미국으로 경사되더라도 중국과 그리 멀지 않은 좌표와 정향점을 갖고 대처해야만 미중 대결 구도 속에서 우리의 이익을 지킬 수 있을 것입니다. 우리 외교가 우왕좌왕하면 끝없이 휘둘리고 압력을 자초하게 될 것입니다.

▶**서진영**=일반적으로 강대국의 패권경쟁에 대응하는 방책으로는 편승과 세력균형, 헤징의 세 가지가 있습니다. 우리는 미중 경쟁에서 조건부 편승을 택해야 한다고 봅니다. 원칙적으로 미국에 편승하면서 전면적, 일방적 편승이 아닌 조건부 편승 입장을 견지하는 게 좋습니다. 즉 미국과의 동맹관계를 견지하면서도 중국을 적대시하지 않는 입장을 택해야 합니다.

▶**이하경**=한중이 다음 30년으로 나아가기 위해선 적지 않은 장애물을 넘어야 할 것으로 보입니다. 그리고 이러한 도전은 어제오늘 하루아침에 생긴 게 아니고 지난 30년 세월의 결과이기도 합니다. 그러나 역대 한국 정부의 지도자들이 특별히 걱정하고 있다는 목소리를 별로 들어본 적이 없는 것 같습니다.

▶**윤영관**=한국의 지도자들이 이러한 도전들에 대해 별로 신경 쓰지 않는 모습을 보이거나 애매모호한 태도와 입장을 표명한 데는 크게 두 가지 이유가 있습니다. 하나는 북한 요인입니다. 중국이 북한에 영향력을 행사해 도발을 막고 비핵화 실현으로 한반도의 평화를 구축하는 데 큰 도움을 줄 것이라는 기대를 갖고 있었기 때문입니다. 그러나 2010년 천안함 폭침 사건이나 연평도 포격 사건 때 중국이 보여준 태도는 우리의 기대에 크게 어긋났습니다. 중국 입장에선 북한의 비핵화 실현보다 북한을 완충지대로 유지하는 게 우선순위인 것입니다. 다른 하나는 한국의 정치 지도자들이 우리의 대중 경제 의존도가 높아 경제적 피해가 올 경우 국내적으로 정치적 반발이 생기고 이게 지지율 하락으로 이어질까 우려했기 때문입니다. 그러다 보니 한국은 '좋은 게 좋은 거다'식의 외교를 이어 왔고, 할 말도 제대로 못하는 '조용한 외교'로 일관해 왔습니다. 이게 우리 국민들의 반중 정서를 자극해 오히려 한중 관계를 더 나쁘게 만드는

데 기여했다고 생각됩니다.

▶**이하경**=지난 30년의 한중 관계를 보면서 중국이 보여준 태도에 대해서도 의문이 드는 경우가 종종 있습니다. 사실 문재인 정부는 중국을 많이 배려하는 입장이었습니다. 그런데도 문 대통령이 2017년 중국을 방문했을 때 중국이 홀대한 것은 이해하기 어렵습니다.

45년 전인 1972년 2월 반공주의자인 리처드 닉슨 미국 대통령이 공산 중국을 방문해 '세계를 바꾼 일주일A week that changed the world'을 보낼 때의 에피소드가 있습니다. 닉슨을 따라간 미국 기자들이 시골에 내려가 현지의 하급 관리에게 닉슨 방중에 대한 생각을 물었습니다. 어이없게도 "미국이 중국에 투항해 마오쩌둥毛澤東 주석과 함께 세계 혁명을 하려는 것은 좋은 일"이라는 말이 튀어나왔습니다. 평소 교육받은 대로 이야기한 것입니다. 그대로 전했다가는 큰일 나겠다고 판단한 통역이 이 대목을 고의적으로 누락시켰습니다. 전말을 보고받은 저우언라이周恩來 총리는 "통역하지 않은 것은 잘한 일"이라고 칭찬했습니다.

닉슨이 미중 화해를 위해 마오쩌둥을 만나러 왔지만 중국 정부는 미국을 원수로 생각하는 인민들에게 있는 그대로 알릴 수 없었던 것이겠지요. 그래서 '닉슨 투항'이라는 황당한 페이크 뉴스로 둔갑시켰던 것입니다. 문재인 대통령 홀대 사건 직후 중국 인사로부터 들은 비사秘史입니다. 당시는 느닷없이 미국 대통령이 방문한 상황이라 인민의 혼란을 막아야 한다는 사정이라도 있었습니다. 그런데 지금의 한중 관계는 완전히 다르지 않습니까. 양국 수교 이후 25년간 최고의 경제 파트너였고 전략적 협력 동반자 관계입니다. 그런데 어째서 이런 일이 벌어진 것일까요.

▶**서진영**=이를 설명할 수 있는 에피소드가 있습니다. 지난 2008년 이명박 대통령 시기 중국은 한국이 요구하지도 않았는데 한중 관계를 '전략

적 협력동반자 관계'로 격상시키자고 제안했습니다. 나중에 중국이 왜 이렇게 호의적으로 나왔나 알아보니 중국은 이명박 대통령이 뼛속까지 친미주의자라고 인식하고 그렇다면 '미운 사람한테 떡 하나 더 주자'는 식으로 양국 간 관계 격상을 추진했다고 하더군요. 문재인 대통령이 중국에 가서 수모를 당한 건 그가 이명박 대통령보다 훨씬 더 친중적이고 진보적이라는 걸 중국이 잘 알았기 때문입니다. 이명박 대통령은 중국 입장에선 확실한 적이니 오히려 더 잘 대접해서 구슬려야 한다고 생각한 것이고, 문재인 대통령은 이미 중국 편으로 기울었다고 여겨 쉽게 보고 소홀히 대했던 것으로 보입니다.

▶**위성락**=한중 관계에서 '동반자'라는 말을 많이 쓰는데 이 말이 갖는 함의에 대해서 우리가 다시 생각해볼 필요가 있습니다. 사실 이 말을 국가 간 외교를 규정하는 용어로 쓰기 시작한 것은 중국과 러시아입니다. 동반자 관계는 동맹에 미치지 못하는 관계를 말하며, 동맹이 아닌 나라들 사이에 '파트너십' 개념으로 부르는 것입니다. 중러는 한때 중소 분쟁을 겪을 정도로 사이가 좋지 않았는데 고르바초프 시기 처음으로 중소 간에 건설적 동반자 관계라는 파트너십을 맺습니다. 이후 수사가 건설적-전면적-전략적으로 바뀌며 관계가 격상됩니다. 이는 미국을 의식한 행보입니다. 전략적 동반자 관계는 쉽게 말해 중소가 미국에 대항해 서로 대화를 한다는 뜻입니다. 한데 미국의 동맹인 우리가 중국과 전략적 협력동반자 관계를 구축하며 미국의 경쟁자와 전략적 파트너십을 맺은 모양새가 됐습니다. 중국이 전략적으로 한국에 접근한데 반해 우리는 아무 인식 없이 이를 받아들였기에 생긴 결과입니다.

▶**이하경**=세상은 돌고 도는 모양입니다. 동반자 개념이 냉전 시기 중소가 미국에 대항하기 위해 만든 개념이라고 말씀하셨는데 최근 양상은 미

국이 다시 중러 두 나라와 동시에 관계가 크게 나빠지는 신냉전의 시기에 접어드는 것으로 보입니다.

▶윤영관=우리가 현재 주목해야 할 게 바로 이 국제질서의 성격 변화입니다. 지금 근본적인 변화가 일어나고 있습니다. 예를 들어 트럼프의 미 대통령 당선, 세계 도처에서 집권한 포퓰리스트 정권, 민주주의의 후퇴, 러시아의 우크라이나 침공 등은 모두 지난 5~6년 사이에 벌어진 일인데 이게 우발적 사건이 아니라 하나의 연속성을 갖고 벌어지는 일이라는 겁니다. 이는 2차 세계대전 이후 자리잡아온 자유주의 국제질서가 지금 커다란 위기에 봉착해 있다는 걸 보여줍니다. 특히 러시아가 우크라이나 전쟁에서 승리한다면 자유주의 질서는 엄청난 타격을 받을 것입니다. 이게 한국에 갖는 함의는 지대합니다. 한국이 개도국에서 세계 10위의 선진국으로 성장할 수 있었던 국제환경이 바로 자유주의 국제질서였으니까요. 우리는 민주주의, 자유무역, 시장의 원칙과 규범을 강조하는 국제질서 속에서 발전해 왔습니다. 그렇기 때문에 우리는 외교의 기본을 설정하거나 중국과의 양자 관계를 고려할 때 이 자유주의 국제질서 수호를 밑바닥에 깔고서 시작해야 할 것입니다.

▶이하경=우리 외교가 국제정세의 급격한 변화 속에 그야말로 정신 바짝 차려야 할 때를 맞았습니다. 안보는 미국, 경제는 중국이라는 안미경중安美經中의 틀에 머물러 있던 시대는 먼 과거처럼 느껴집니다. 이젠 한국 외교가 진정한 역량을 보일 때입니다.

▶노재헌=근현대사에서 한국이 외교 역량을 발휘할 수 있고 또 했어야 할 몇 번의 터닝 포인트가 있었습니다. 물론 구한말 역사는 비극적으로 흘러갔고 6.25 전쟁 이후 냉전이 시작됐을 때는 한국이 어쩔 수 없이 강대국에 끌려갔던 측면이 있습니다. 우리가 처음으로 자주적 역량을 발휘

할 수 있었던 때가 아마도 탈냉전 시기가 아닌가 싶습니다. 한국은 이 시기 북방정책을 통해 많은 일을 해냈습니다. 이후 30년 만인 지금 새로운 국제질서의 변동이 일어나고 있는데 한국이 국가 역량을 최대한 끌어 모아 자주적 외교의 힘을 발휘할 때라고 생각합니다. 한국은 지금 과거와 비교할 수 없을 정도로 국력이 신장됐고, 특히 경제력이나 문화의 힘은 세계를 선도할 정도로 커졌습니다. 이제는 사대주의적인 발상, 또는 미국이냐 중국이냐 같은 생각을 넘어 자주적인 외교 대전략을 수립하는 게 필요합니다. 우리의 경제력과 문화력을 지렛대로 해 지역주의의 틀 안에서 각국과의 관계를 다시 설정하는 것도 생각해볼 만합니다. 특히 한중일이 갖고 있는 협력의 공간은 무한하다고 생각합니다. 이를 위해 우리가 지역주의에 기초한 자주적 외교 역량을 발휘하기를 기대합니다.

▶**이하경**=국제질서의 변화 중심엔 중국의 부상이 자리하고 있습니다. 중국은 과거 후진타오 주석 시기에 평화적인 부상을 뜻하는 '화평굴기和平崛起'를 강조했지만 시진핑 집권 이후엔 중화민족의 위대한 부흥을 말하는 '중국몽中國夢'과 '인류운명공동체'를 주장합니다. 여기엔 중국 중심의 논리가 깔려있는데 이게 우리에겐 어떤 함의를 갖나요?

▶**윤영관**=중국몽과 인류운명공동체는 미중 패권경쟁 속에 중국의 내부적인 이데올로기와 대외적인 이데올로기로 채택된 개념들로 보입니다. 중국몽은 중국 국민들의 애국주의와 민족주의를 북돋아주고, 시진핑 주석 개인의 리더십을 강화하기 위한 정치적 선전 용어로 알고 있습니다. 반면 인류운명공동체는 세계적인 차원에서 중국이 리드하는 세계를 엮어내는 대외적인 이데올로기 프로파간다의 의미를 갖는 것이지요. 즉 세계를 대상으로 중국 주도의 천하질서를 만들 때 이를 정당화하는 이데올로기입니다. 우리가 중국이 쓰는 용어의 정치적 의도와 내심을 알지 못

한 채, 전략적 개념 없이 접근하는 경우엔 큰 잘못을 범할 수 있습니다.

▶**위성락**=중국몽과 인류운명공동체는 부상하는 중국의 세계관과 질서관을 반영한 것으로 중국 내부의 역학관계상 불가피하고 강력하게 제기될 수밖에 없는 개념이라고 생각됩니다. 이러한 중국의 새로운 세계관 속에서 이웃이자 미국이 주둔하고 있는 한국은 1번 타깃이라고 볼 수 있습니다. 중국은 어떻게든 한국을 자기 쪽으로 끌어당기거나 지금보다 더 중립화시키려 할 것입니다. 친중을 하게 하던지, 반중 정도를 낮추게 하던지, 어떤 조치든 취해야 하는 제1 타깃이 한국이라는 뜻입니다. 그러기에 우리로선 중국몽이나 인류운명공동체 같은 담론이 부담스러울 수밖에 없습니다. 중국이 하는 것을 정면 거부하거나 적대할 수는 없지만, 또 쉽게 동조하거나 그러한 개념을 복창하지는 않아야 할 것입니다. 미국의 동맹인 한국은 더 신중하고 조심스럽게 대처해야 할 것입니다.

▶**이하경**=한중 30년을 이어온 주요한 동력 중 하나가 경제 부문에서의 협력입니다. 그런데 최근 중국경제가 고전하고 있습니다. 원인은 다양합니다. 중국경제 내부의 문제도 있고 제로 코로나 정책에 따른 봉쇄 방침의 영향으로 경제가 큰 타격을 입어 2분기 중국경제 성장률이 0%대로 추락하는 일이 발생하기도 했습니다. 이에 따라 중국시장에 진출한 우리 기업과 한국경제도 직격탄을 맞고 있습니다. 국내 일각에선 중국이 아닌 '대안의 시장'이 필요하다는 말도 나옵니다.

▶**윤영관**=우리의 대중 경제 의존도가 높은 건 사실입니다. 어느 특정 한 나라에 대한 의존도가 지나치게 높다는 건 바람직한 일은 아니지요. 다변화가 우리의 전략이 되어야 할 것입니다. 이 다변화가 시급해진 이유는 미중 대결구도가 심화되고 신냉전이라 불리는 갈등이 격화되면서 이념싸움으로까지 번지고 있기 때문입니다. 중국은 권위주의 체제의 우월

성을 홍보하며 개도국 지도자들을 불러 모아 사상 교육하는 방법과 미디어통제 방법 노하우를 전수하고 있습니다. 또 대중 감시에 필요한 IT 기술을 수출하고 있습니다. 현재 중국은 세계 80여 국가를 대상으로 이런 홍보를 하고 있고 이를 미국이 용납 못하는 상황이지요. 미중 대결이 격화되며 한국과 우리 기업들은 원하든 않든 영향을 받고 있습니다. 문제는 정치안보 이슈가 경제 영역까지 지배하기 시작했다는 점입니다. 과거엔 정경분리 원칙에 따라 기업인들이 중국에 투자할 수 있었는데 지금은 정치논리가 앞서고 경제는 그 뒤를 따라가야 하는 초유의 상황이 벌어지고 있습니다. 기업인들로선 이제 정치적인 위험요소를 효율성보다 앞서 생각해야 하는 시기를 맞았습니다. 시장 다변화를 위해선 동남아나 인도 같은 국가를 진지하게 고려할 필요가 있습니다. 중요한 변수는 공급망 문제인데, 우리로선 만일 중국에서 제대로 공급받지 못하게 됐을 때 어떤 대안이 있는지 시나리오를 준비해놓아야 할 것입니다.

▶**위성락**=우리가 중국에 과도하게 의존하면 어떤 위기와 부작용이 생길지에 대한 인식을 가졌어야 합니다. 일본의 경우엔 중국에 대한 투자를 독려는 하지만 몰입은 하지 않고 끊임없이 헤징을 합니다. 한국은 그런 전략적 헤징이 없이 교류하다가 사드 보복을 만나 당황하게 됐습니다. 지금은 미국이 미국 주도의 공급망에 들어오라고 하니 혼란이 왔습니다. 중국에 너무 깊숙이 들어가 있다 보니 갑자기 발을 빼면 당장 불이익을 보게 될까봐 부담스러운 상황입니다. 지금은 조용히 점진적인 방법으로 무역과 투자, 공급망 등에서 의존도를 줄여야 한다고 생각합니다. 우리는 사드 사태를 겪고도 전략적인 헤징을 하지 않았습니다. 그저 중국에 사드 보복을 풀라고만 요구했지 방향 전환을 하지는 않은 것입니다. 한데 이 전략적 헤징이 말만큼 쉬운 것은 아닙니다. 외교적 기술을 잘 발휘

해야 할 것입니다.

▶**노재헌**=일반 사람들은 그동안 대중 의존도가 높아서 좋았는데 이제는 너무 높다고 하니 우리가 다 잘못한 것 아닌가 하는 느낌을 가질 수 있습니다. 한국이 지금까지 성장할 수 있었던 데는 사실 높은 대중 의존도가 한몫 했습니다. 이제 자책보다는 다변화가 필요하다는 말이 더 좋은 표현 같습니다. 기업이 이전엔 경영실적이 좋지 않아 중국에서 철수했다면 이젠 정치안보의 비상 이슈로 철수할 수도 있습니다. 이와 관련 민관 협의가 좀 더 유기적으로 이뤄졌으면 하는 바람입니다. 이제 대통령실에 경제안보비서실도 생긴 만큼 민관 협의체나 합의체가 만들어져 역할을 했으면 좋겠습니다.

▶**이하경**=미국과 중국의 경제 관계를 '샴 쌍둥이'라고 했습니다. 심장과 폐 등 장기와 미세혈관까지를 모두 공유하는 운명공동체라는 말이지요. 미중이 서로 경쟁하고 있지만 사실 미국 채권을 가장 많이 산 나라가 중국 아닙니까. 미국 기업이 도산하면 중국 경제도 힘들어 지는 것이지요. 글로벌 경제시스템으로 묶여 있는 세계경제도 하나의 샴 쌍둥이가 아닐까요. 그런데 요즘 공급망에서 자원에 이르기까지 발작이 자주 발생하고 있습니다. 팔다리와 장기들이 떨어져나갈 지경이지요. 한국은 지구적 차원의 대외 의존도global interdependency가 가장 높은 나라입니다. 그런데도 막연히 강대국들이 알아서 교통정리를 해줄 것이라는 안일한 생각을 하고 있지나 않은지 걱정됩니다. 절박한 상황임을 인식하고 외교안보와 통상, 경제·산업을 하나로 묶은 협의체 성격의 상시적 민관합동 비상시스템 구축이 필요해 보입니다.

▶**윤영관**=최근 미 학회 발표나 토론 중에서 중요한 부분 중 하나가 '퍼블릭 섹터(공공부문)'와 '프라이빗 섹터(민간부문)'의 관계성 문제입니다.

정부가 얼마만큼 민간에 개입해야 하느냐, 어떤 형식으로 개입해야 하느냐 등이 상황이 달라진 새로운 경제 질서의 탄생을 배경으로 연구되기 시작한 것이지요. 이제 과거 정경분리가 당연했던 브레튼우즈 체제의 자유무역 시대는 더 이상 유효하지 않고 오히려 그 정반대의 상황에 우리는 와 있습니다. 기업에 대한 정부의 개입이 불가피한 상황이 된 걸 인식하고 얼마만큼 그리고 어떻게 영향을 미칠지에 대해 고민해야 합니다.

▶**이하경**=유럽에서 최초로 시민이 주체가 된 나라는 네덜란드입니다. 귀족이나 왕이 아니라 시민들 즉 기업가들의 권한이 컸기 때문에 그런 체제가 만들어진 것이지요. 기업가가 해외시장을 개척하기 위해 동인도회사를 만들고, 광범위한 자본 조달을 위해 주식을 발행하고 펀드매니저 제도를 도입했지요. 그러나 지금의 국가 시스템은 민民이 아닌 관官의 시각에서 대부분을 결정합니다. 이제는 시장의 역동적인 현장에 서 있는 기업을 중시하는 새로운 거버넌스를 만들어야 할 것입니다. 그러기 위해서 민관 관계 조정이 이뤄져야 하지 않을까요.

▶**위성락**=우리는 아직 정부와 기업 간의 좋은 협력 모델이 정착되지 않았습니다. 반면 서양은 협업의 사례가 꽤 있습니다. 환태평양경제동반자협정TPP과 같은 새로운 무역질서 하에 정부와 기업이 국가의 이익과 기업의 이익을 위해 밀접하게 협력한 사례가 있습니다. 반면 우리 대기업은 독자적인 네트워크를 통해 일을 해결해왔고 정부도 기업이 알아서 할 일이니 정부는 별도의 입장이 없다는 식으로 대응해왔습니다. 그러다보니 기업으로선 정부에 믿음을 가질 수 없었습니다. 정부가 기업의 신뢰를 얻는 게 앞으로의 과제입니다.

▶**이하경**=한중을 가리켜 흔히 "이사 갈 수 없는 이웃"이라고 합니다. 과거 중국의 한 학자는 한중이 역사가 가깝고, 문화가 가까우며, 지리도 가

깝고, 감정도 가깝다는 4근론四近論을 펼치기도 했습니다. 그런데 수교 30년이라는 말이 무색할 정도로 상호 부정적인 인식이 팽배해졌습니다. 특히 젊은 세대 간에는 서로에 대한 비호감도가 높습니다. 이유가 뭐고, 어떻게 극복해야 할까요.

▶서진영=지난 6월 말 미국 퓨리서치센터의 조사에 따르면 한국의 중국에 대한 비호감도가 80%에 달해 수교 이후 최고를 기록했다고 합니다. 특히 우리 청년 계층에서 중국에 대한 비호감도가 높은 데 그 이유는 한국의 주권적 사항에 대해 중국이 간여하고 또 중국의 태도가 고압적이라고 인식하는 데 따른 것으로 보입니다. 중국에서는 한국에 대한 반감이 역시 젊은 세대를 중심으로 온라인상에서 퍼지는 데 그 주요 내용은 한국과 한국인, 한국 문화와 역사 등에 대한 것입니다. 한중 모두 사회 내부의 민족주의 정서 분출 과정에서 서로에 대한 인식이 부족한 데다 여기에 오해까지 겹치며 갈등이 증폭되는 경향을 보입니다. 장기적인 상호 교류와 협력 증대를 통해 상호 이해의 폭을 넓히는 게 절실합니다.

▶윤영관=과거 정치 지도자들이 중국을 제대로 다루지 못한 후과後果를 우리 청년들이 치르는 측면이 큽니다. 중국이 한국을 미국과의 동맹에서 떼어내기를 원한다면 사실 중국이 한국 쪽을 향해 더 어필했어야 합니다. 그러나 이제까지의 상황은 거꾸로였습니다. 우리가 중국 쪽에 더 매달리는 모습이었습니다. 한국이 전략적 사고로 외교를 하지 못했기 때문입니다. 우리가 호의를 갖고 중국을 대하면 중국도 여기에 상응하는 반응을 할 것이란 '희망 사고wishful thinking'를 한 것도 문제였다고 봅니다. 한국은 중국에 규범기반의 국제질서를 옹호하고, 북한의 위협 때문에 한미동맹이 필수이며, 한국 국민은 중화질서에 기반하는 게 아니라 주권 평등에 기초한 호혜 관계를 원한다는 점을 분명하게 밝혀야 합니다. 그

동안 한국은 그때그때 사안에 대응할 뿐 분명히 해야 할 말을 하지 못했습니다. 이런 조용한 외교는 '폭탄 돌리기'와 다를 바 없습니다. 그 부담을 청년 세대에 전가하게 된 것입니다. 분명한 원칙은 밝히면서도 호혜적 기반에서 한중 상호협력을 분야별로 모색하고 넓혀나가야 합니다. 그래야만 장기적으로 건강한 한중 관계가 가능합니다. 아울러 우리 지도부는 전략적 판단과 원칙을 갖고 국민을 설득해야 합니다. 사드 사태와 같이 부당한 제재를 받았을 때, 또 그런 상황이 다시 벌어졌을 때, 어떻게 대응할 것인지 전략적으로 판단해 국민에 설명하고 지지를 구해야 합니다. 호주가 그랬습니다. 피해가 예상되지만 단호하고 원칙적으로 대응해야 더 이상의 양국 관계의 악화를 막을 수 있을 것입니다.

▶**이하경**=한중 관계는 사실 좋을 때도 또 어려울 때도 있을 것입니다. 그러나 이왕이면 이웃으로서 잘 지내는 게 당연히 좋겠지요. 수교 30년을 맞은 올해는 다음 30년을 기약하는 해이기도 합니다. 미래 한중 관계 30년 발전을 위한 조언을 부탁드립니다.

▶**서진영**=과거 한중 관계의 키워드 중 하나가 구동존이求同存異입니다. 갈등이 있거나 차이가 나는 것은 가급적 문제 삼지 말고 서로 이익이 되는 것을 찾아 확대, 발전시켜 나가자는 뜻이지요. 구동존이가 제대로 작동하려면 그 바탕엔 양쪽의 공감대가 있다는 걸 전제로 해야 합니다. 서로 차이는 많지만 공동이익이 있다는 대전제에서 구동존이를 추구해야지, 그 전제가 흔들리면 안되는 겁니다. 이런 전제가 깨진 구동존이는 이익이 되면 하고, 안 되면 안 하는 그저 편의적이고 실용주의적인 정책에 지나지 않습니다. 이런 차원에서 보면 한중 간 구동존이의 활용 수명은 이미 다했다고 할 수 있습니다. 논리적으로나 실질적으로도 구동존이는 더는 작동하지 못하게 됐습니다. 이런 방식으로 한중 관계의 갈등을 해결

하려 했던 마지막 시도가 사드에 대한 3불不입장 표명이었습니다. 문재인 정부는 구동존이 정책에 따라 사드 문제를 대충 봉합하고 애써 눌러 없애려 했지만 실패했고 한중 관계는 개선되지 않았습니다. 3불입장 표명은 아무 효과가 없었습니다. 구동존이의 다른 부작용은 우리가 이 원칙을 통해 이득을 보기도 했지만 여기에 충실하다 보니 대가도 치렀다는 점입니다. 그건 중국과 한국 사이의 차이를 제대로 설명할 수 없게 된 것입니다. 그 부작용으로 중국이 한국을 오해하게 됐습니다. 즉 '한국은 중국의 주장에 따라오고 싶어 하는 경향이 있다'거나 '잘만 구슬리면 미국 품에서 나와 중국 쪽으로 올 수도 있겠다'라는 잘못된 기대를 중국에 심어줬습니다. 마찬가지로 우리에게도 그릇된 기대가 생겼습니다. 체제 문제는 놔두고 중국과 이익 문제만 이야기하다 보니 중국이 북한을 포기하고 한국에 올 수 있겠다는 기대를 갖게 된 것이지요. 한중 관계가 앞으로 어떻게 되어야 하는가에 대한 답으로 화이부동和而不同을 말씀드리고 싶습니다. 이젠 중국에 대해 체제와 이념의 차이를 분명히 하자는 겁니다. 체제와 이념의 차이를 굳이 꺼내서 상대를 당황하게 만들 필요가 있나라고 생각한 게 구동존이적 사고였다면, 그 차이가 무엇인지 분명하게 하는 게 화이부동일 것입니다. 중국과 같은 체제로 갈 수 없다는 걸 분명하게 밝혀야 합니다. 그러나 냉전 시대와는 달리 21세기에는 체제와 이념의 차이에도 불구하고 함께 협력, 공존, 공영할 수 있다는 점을 설득하고 증명할 수 있어야 할 것입니다. '당신과 내가 다르니 한판 붙자'는 냉전적 사고입니다. 그러나 탈냉전 시대엔 체제와 이념이 달라도 공존과 공영이 가능합니다. 공자 말씀을 보면 화이부동은 소인들이 아닌 군자만 할 수 있습니다. 이런 고급스러운 또는 고단위의 외교가 필요한 시점입니다. 마지막으로 하고 싶은 말은 중국과의 문제를 생각할 때 미국과의 관계,

일본과의 관계 등 구조적 맥락에서 한중 관계를 설정해야 한다는 점입니다. 미국과의 동맹관계도 튼튼해야 하지만 한미일은 물론, 한중일 관계에서도 네트워킹을 잘 구축할 필요가 있습니다. 특히 대중 정책에서 일본과의 협력관계가 얼마나 중요하고 또 큰 자산이 되는지를 한국은 정확하게 인식해야 할 것입니다. 그러면서 잊지 말아야 할 건 우리가 미국이나 일본을 끌어들이기 위해 과도한 양보를 해선 안 되고 대단히 절제된 행동을 보여야 한다는 점입니다.

▶**윤영관**=우리가 중국에 대해 할 말은 하는 자세를 갖는 게 무엇보다 중요합니다. 그런 맥락에서 우리가 한미 동맹관계에 대해 중국의 지도자나 정부에 분명하게 말하고 이해를 구해야 할 것입니다. 북한의 위협이 존재하는 한 한미동맹은 한국외교의 기본이 될 수밖에 없습니다. 여기에 더해 한중 관계가 과거 중국 주도의 중화질서에서처럼 중국을 모시는 그런 수직적 관계가 아니라 주권평등과 상호존중, 호혜원칙을 기반으로 하는 평등한 관계, 그리고 그 기반 위에서 협력해나가는 관계가 되어야 한다고 분명히 밝혀야 합니다. 그래야만 한국에 대한 중국의 잘못된 기대를 바로잡을 수 있습니다. 그렇지 않으면 중국이 과도한 기대를 갖고 한국을 밀어붙이고 압박할 가능성이 높아지고, 이는 장기적인 한중 관계 발전을 해칠 것입니다. 중국은 상대 국가가 나름의 원칙을 가지고 당당하고 일관된 외교를 펼칠 때 그것을 존중합니다. 싱가포르의 경우 과거 남중국해 문제에서 중국이 협조를 요구하며 외교적으로 밀어붙였을 때 자신들의 원칙을 당당하게 밝혔습니다. 싱가포르는 통상 국가이고 나라의 사활이 통상에 걸려있기 때문에 항행의 자유 원칙이라는 국제규범을 따라야 한다며 중국과 입장이 다르다는 걸 분명히 밝힌 것이지요. 한국도 이런 당당한 자세가 필요합니다. 그러나 동시에 중국을 불필요하게

적대하거나 견제하는 것이 우리의 외교전략이 아님을 밝힐 필요가 있습니다. 그런 전제하에 현안별, 이슈별로 상호 이득이 될수 있는 협력 분야를 넓혀가야 한다고 봅니다.

▶**위성락**=우리 스스로 잘 처신할 필요가 있습니다. 우리가 얕보이지 않아야 하고, 동맹과 원칙, 가치관도 활용해야 합니다. 이제부터라도 중국이 한국을 쉽게 보지 않게 새로운 원칙과 방향을 가지고 새로운 관계를 쌓아가야 합니다. 그러면서 국민들에겐 중국을 적대하면 안 된다는 걸 설득해야 합니다. 또 중국에는 과거 중화질서가 21세기 한국에 통하지 않는다는 걸 정확하게 밝힐 필요가 있습니다. 중국은 한국 정부에 '을'노릇을 강요할 순 있지만 그런 방식이 한국 국민에겐 안 통한다는 걸 알아야 합니다. 사드 사태 이후 반중으로 돌아선 한국의 여론을 보고 중국이 얻어야 할 교훈은 한국을 중국의 뜻대로 부리기 어렵다는 현실입니다. 한국을 견인해 복속시키는 것도, 동맹에서 떼어내 중립화시키는 것도 무리라는 점을 깨달아야 할 것입니다.

▶**노재헌**=이제는 한중 관계의 질적 성장이 필요하다는 걸 민간차원에서 말씀드리고 싶습니다. 수교 이후 한동안 양국은 문화적 동질성을 강조했습니다. 한데 이젠 그 소재가 바닥이 난 게 아닌가 싶어요. 옛날이야기만 나오면 싸우는 게 한중의 현실입니다. 수교 30년이 됐지만 한중 양국이 여전히 서로를 잘 이해하는 것 같지도 않습니다. 한번 돌아선 민심은 정말로 바꾸기 어렵습니다. 이런 상황을 되돌리기 위해서는 과거나 현재에 집착하기보다 우리가 미래에 어떤 것을 함께 만들고 공유할 수 있을지, 또 어떤 공동 이익을 추구할 수 있을지 등 먼 미래를 향해 시선을 던질 필요가 있다고 생각됩니다. 지금처럼 이념도 다르고 감정의 골이 깊어가는 상황에서 한중이 그나마 공감대로 삼을 수 있는 건 현실적으로 문화적

인 부분 밖에 없는 게 아닌가 싶습니다. 그렇다면 문화적 공감대를 어떻게 이어가야 할까요. 키워드는 아시아라고 생각합니다. 한중 젊은 세대의 중요한 갈등 이유 중 하나는 '서로 너무 잘났기 때문'이라고 보입니다. 특히 MZ 세대들이 그렇습니다. 그렇다면 한국도 잘났고, 중국도 잘났으며 우리 모두 잘났으니 서로 싸우지 말고 '잘난 아시아'를 한 번 만들어보자고 의기투합할 수도 있는 것 아닐까요. 정치외교 분야에서는 이런 협력이 어려울 수 있겠지만 문화는 가능하다고 여겨집니다. 아시아 국가로서 한중이 힘을 모아 글로벌 리더가 될 수 있는 것이지요. 한중 젊은이들이 함께 일하고 즐기며 또 돈도 벌 수 있는 기회를 만들어 줄 필요가 있습니다. 이런 역할은 정부가 나서서 할 수 있을 것입니다. 과거 우리가 시도했던 한중 청년 혁신센터 또는 창업센터도 한 예가 될 수 있습니다. 사실 현재 가장 큰 문제는 MZ 세대의 경우 기성 세대와 다르게 뉴미디어 같은 소셜 플랫폼에서 소통을 하는데 한중 간 공통의 플랫폼이 없다는 점입니다. 그러다보니 양국 청년 간 소통이 거의 단절이 된 상태입니다. 즉 노는 세상이 완전히 다르다는 뜻이지요. 노는 세상이 다른 결과 잘못된 선입관들이 확증편향되고 있습니다. 이런 상황을 개선하기 위해선 새로운 뉴미디어 공간을 제공해야 할 필요가 있는데 예를 들어 메타버스가 그 역할을 할 수 있을 것입니다.

▶**이하경**=한중 관계가 발전하기 위해서는 무엇보다도 우리가 화이부동 **和而不同**의 자세로 중국에 더 당당해져야 한다는 것이 오늘의 결론입니다. 두 나라가 과거나 현재에 집착하기보다 미래를 향해 시선을 던질 필요가 있다는 지적에도 깊이 공감합니다. 오랜 시간 동안 귀한 말씀해주셔서 감사합니다.

총론

한중 관계 30년과
향후의 한중 관계

신정승
동서대 동아시아연구원장

1. 한중 수교 30년에 대한 평가

올해는 한국이 중국과 국교를 정상화한지 30주년이 되는 해다. 그간 양국 간에는 마늘 분쟁, 동북공정 문제, 사드 사태 등과 같은 갈등도 발생하긴 하였지만, 전체적으로 볼 때 한중 관계는 1992년 수교 이래 크게 발전되어 왔다. 양국 지도자들 및 외교 관계자들 간의 회동이 빈번해졌고, 국민들 간의 인적 왕래도 꾸준히 증가하여 코로나 이전에는 그 숫자가 연간 1000만 명을 상회하기도 하였다. 또한 중국은 한국의 가장 큰 무역상대국이자 수출대상국이 되었으며, 미국에 이은 제2의 투자대상국이다. 특히 양국 간 무역은 지난 30년 동안 46배 증가하였으며, 2021년 양국 간 교역액은 처음으로 3000억 달러를 초과하기도 하였다. 한중 관계가 빠르게 발전함에 따라 양국 간 우호협력 관계에 대한 공식 명칭도 격상되었다. 1998년 김대중 대통령의 중국방문을 계기로 양국이 '21세기 협력적동반자 관계'에 합의하고, 이어 2003년 노무현 대통령의 방중 시에는 '전면적 협력동반자 관계'로 되었으며, 2008년 이명박 대통령의 방중 시 '전략적 협력동반자 관계'로 격상된 이후 현재에 이르고 있다. 이러한 공식 명칭의 격상은 정치적 수사라는 측면이 있기는 하지만, 양국 간의 협력을 경제, 통상과 인적 교류를 넘어 정치와 안보, 군사 분야까지로 확대하고자 하는 양국 정부의 의지가 반영되었던 것으로 생각된다.

한편 지난 30년의 한중 관계는 시기에 따라 다소의 차이가 있었다. 중국은 1992년 덩샤오핑의 남순강화 이후 개혁개방을 다시 본격화하면서 중국 지도자들이 한국을 발전의 모델로 생각하고 한국의 제반 경제개발 정책에 큰 관심을 보임에 따라 수교 이후 초기의 양국 관계는 순조롭게 발전하였다. 주중 한국대사관과 중국 고위인사들과의 접촉도 빈번했으며 정치적으로 민감했던 황장엽 망명 사건도, 당시 북중 관계가 저조한 상태에 있었기 때문이기도 하지만, 한국에 우호적인 방향으로 처리되었다. 그러나 1997년 가을 발생한 아시아 금융위기로 한국 경제가 큰 어려움을 겪게 됨에 따라 이후부터 한국을 보는 중국의 시각에는 다소 변화가 생기기 시작하였다. 2000년의 마늘 분쟁 시 중국이 자신의 방대한 시장을 배경으로 처음으로 한국에 힘을 투사했던 것이나, 고구려사 분쟁을 야기한 동북공정 논란도 그 바탕에는 이러한 시각의 변화가 존재한다고 하겠다. 그럼에도 불구하고 양국은 실질적인 이해관계 증진의 필요성에 따라 크고 작은 갈등들을 조기에 봉합하여 양국 관계를 안정적으로 발전시켜 왔고, 양국 국민들 간의 교류와 협력도 계속 신장되었다. 특히 2015년 박근혜 대통령이 시진핑 중국 국가주석 및 푸틴 러시아 대통령 등과 함께 천안문 광장에서 전승절 행사를 참관한 것은 적어도 외형상 한중 우호협력관계가 최고조에 달했음을 상징하는 것이었다. 그렇지만 2016년의 사드 사태 시 북한의 핵과 미사일 도발에 대한 대응 과정에서의 한중 간 이견과 더불어 한미동맹에 대한 중국의 우려가 강하게 표출됨에 따라 한중 관계는 경색되었다. 2017년 10월 한중 간 사드THAAD, 고고도미사일방어 문제가 일시적으로 봉합되면서 양국 관계가 정상화의 방향으로 움직였지만, 미중 간의 전략적 경쟁이 치열해지는 가운데, 사드 사태의 후유증은 여전히 남아있고, 2020년 이후 현재까지 코로나19 방역조치로 인해 양국 간 교류가 크게 위축됨에 따라 최근에는 한중 관계가 미지근해 보이는 것도 사실이다.

이런 맥락에서, 지난 30년간 한중 간 정치와 안보 분야의 관계에 대해서는 비판적인 시각도 적지 않게 존재한다. 물론 기존 북한 일변도의 중국 정책이 한중 수교 이후 시정되었으며, 비록 중국이 자신의 지속적인 경제발전을 위해 주변의 평화와 안정을 중요시했기 때문이기도 하지만, 지난 30년간 한반도에서 남북 간의 본격적인 무력 충돌 없이 평화가 유지된 데에는 한중 관계가 상당한 역할을 했다고 할 수 있다. 그럼에도 불구하고, 북핵문제의 해결과 더불어 한반도 돌발사태 시의 대응과 한국 주도의 한반도 통일을 달성하는데 중국이 적극 협력하기를 기대했던 한국의 입장에서 본다면, 현시점에서 한중 간 정치 및 안보 관계에 대한 평가는 비교적 낮다고 하겠다.

2. 한중 관계가 직면한 도전적 과제

근년 들어 한중 관계는 양국 간 정치적 신뢰가 충분치 않은 가운데 양국관계 발전의 중심축이었던 경제·통상 분야에서도 중국 산업의 고도화에 따라 상호 보완적이기보다는 경쟁이 확대되고 있다. 또 중국에 대한 한국 국민들의 부정적 인식이 크게 높아지고 있다. 이렇게 된 것은 그간 한중 관계를 둘러싼 외부 환경이 적지 않게 변화해왔고, 양자 간의 실질적인 이해관계에도 변화가 발생하고 있기 때문이라고 하겠다. 이는 향후의 한중 관계를 낙관하기 어렵게 만드는 이유이기도 하다.

가. 미중 간의 전략적 갈등 심화

트럼프 미 행정부 이후 본격적으로 심화되고 있는 미중 간 전략적 경쟁이라는 외부적 요인은 한중 관계에 적지 않은 영향을 미치고 있고 앞으로도 상당 기간 그럴 것이다. 중국은 현 국제정세를 100년 만의 변화의 시기이며, 중국의 꿈을 달성할 수 있는 전략적 기회라고 보고, 지속적인 경제 성장과 군사력 확충을 도모하면서 중화민족의 위대한 부흥을 달성하려고 하고 있다. 대외정책에서도 중국은 인류운명공동체 건설과 일대일로 사업을 추진하면서 국제사회에서의 영향력을 확대시키려고 하는 한편, 핵심 이익 수호를 중심으로 자신의 목소리를 적극적으로 내고 있다. 이에 미국은 수년 전부터 중국을 수정주의 국가이며, 전략적 경쟁국이라고 규정하면서 정치, 경제, 이데올로기 등 다방면에서 중국에 대한 압박을 가해 왔다. 2022년 5월 토니 블링컨 미 국무장관이 조지 워싱턴 대학에서의 연설을 통해 바이든 행정부 대중국 정책의 핵심을 투자invest 와 협력align, 경쟁compete으로 요약했듯이, 그간 미국은 자신의 역량을 제고시키기 위한 국내 투자를 확대하면서, 쿼드QUAD 활성화, 오커스AUKUS 동맹 결성, 유럽연합EU과의 공조 등 동맹국 및 파트너 국가들과의 협력을 강화시키고, 민주주의와 인권, 규범에 기초한 국제질서를 내세워 중국을 압박해 왔다. 아울러 세계보건기구WHO 등 국제 다자협력체제에 복귀하는 등 미국의 국제적 지도력을 강조하면서 첨단·신흥기술을 중심으로 글로벌 공급망 재편을 추진하는 등 경제 분야에서도 중국과의 본격적인 경쟁을 추구하고 있다.

이러한 미중 간의 전략적 경쟁으로 인해 미중 양국은 자신들의 전략적 입장이나 정책에 한국이 동조해 줄 것을 요청해 오고 있다. 중국은 한반도의 평화와 안정을 위한 한미동맹의 불가피성을 인정하면서도 한미동맹이 중국을 대상으로 하는 동맹이 되어서는 안된다고 말한다. 또 한국이 중국의 핵심 이익과 중대한 관심 사안을 존중해 줄 것을 바라고 있으며, 이런 점에서 한국이 미국에 치우치지 말고 중국과 공통의 현실적 이익을 확대해 나가자는 메시지를 지속적으로 보내오고 있다. 보다 구체적으로는 미국 미사일 방어망에의 편입이나 미국의 중거리 탄도미사일 배치에 대한 반대와 더불어 한국의 쿼드 가입이나 인도태평양경제프레임워크IPEF 같은 미국의 지역경제 질서 재편 움직임에 참여하는 것에 대해 우려를 표명해왔다.

지난 5월 출범한 윤석열 정부는 북한의 고조되는 핵 위협이나 우크라이나 전쟁이 동아시아에 미칠 부정적 영향 등 지역 정세 불안에 대응하여 자유민주주의와 시장경제라는 가치를 공유하는 미국과의 동맹 강화를 강조하고 있으며, 이런 방향에서 지난 5월 말 방한한 바이든 미 대통령과 한미동맹을 글로벌 포괄적 전략동맹으로 발전시켜 나가기로 한 바 있다. 정상회담 후 발표된 공동성명 내용을 보면, 비록 중국을 직접 지칭하지는 않았지만, 첨단 신흥 기술에서의 협력, 글로벌 공급망 재편, 규범에 기초한 국제질서 등 중국을 견제하는 미국의 전략적 입장과 관련 정책에 한국이 한층 다가간 것으로 보이며, 앞으로 한국의 구체적 행동에 따라 중국이 표출하는 불만의 강도는 커질 것으로 예상된다.

나. 북핵과 한반도 문제의 악화

북핵과 한반도 문제도 한중 관계의 외부 환경에 영향을 주는 주요 변수다. 1993년 북한이 핵확산금지조약NPT 탈퇴를 선언하는 등 북핵 문제가 국제사회의 주요 관심 사안이 되면서 북핵 문제 해결을 위한 중국의 역할에 대해 국내외적으로 기대가 컸다. 북미 간 제네바 합의가 파기된 이후 중국도 많은 노력을 하여 한국과 중국이 참여한 4자회담과 6자회담을 갖기도 하였지만, 결과적으로 보면 북핵 문제는 더욱 악화되었다. 현재 북미 간의 북핵 협상은 미국의 전제조건 없는 대화 제의에도 불구하고, 지지부진한 상태에 있으며, 북한은 최근 그간의 핵과 탄도미사일 실험 모라토리엄을 깨고 대륙간탄도미사일ICBM 도발을 계속하고 있고 가까운 시일 내 추가적인 핵실험마저 감행할 것으로 예상되고 있다. 지난 4월 평양에서 개최된 북한의 창군 90주년 열병식에서 김정은은 최대속도로 핵무기 고도화 추진을 공언하면서 "근본 이익이 침탈될" 경우 한국에 대한 선제 핵공격의 가능성마저 언급하였다. 특히 최근 러시아의 우크라이나 침공과 핵무기 사용 위협은 북한으로 하여금 자신의 안보를 위해서는 핵을 포기해서는 안되고, 핵 선제 사용 위협이 한반도 유사시 미국의 참여를 억제시킬 수 있을 것이라는 생각을 더욱 굳히게 하였을 것이다.

이런 상황에서 북한의 핵과 미사일 도발에 따라 북미 간 갈등이 증폭되고, 한반도의 긴장이 크게 고조되면서 대북제재 강화 문제가 논의될 경우에는, 대화를 강조하면서 제재에 소극적인 중국과 그렇지 않은 한국 간에 불협화음이 불가피하다. 또한 미중 간 전략적 갈등으로 인해 중국에 있어 북한의 지정학적 가치가 커진 것은 북한의 비핵화를 위한 미중 간의 협력에 부정적 영향을 미칠 수 있다. 아울러 한국이 북한의 완전한 비핵화는 사실상 불가능하다는 판단을 하고, 이에 대응하기 위해 미국과의 핵 공조를 포함해 전략자산의 한반도 주변 배치나 한미 간 새로운 미사일 방어망 조치를 취하게 될 경우 중국으로서는 한미가 중국에 대응하기 위한 것이라고 주장하면서 강하게 반발할 것으로 생각된다. 반면에 비록 현재로선 그 가능성이 거의 없다고 하겠지만, 북미 간 비핵화 대화가 진전되어 한반도 평화체제 구축 문제가 제기될 경우에는, 중국과 북한은 한미동맹과 주한미군이 불필요하다는 입장을 강하게 내세우게 될 것이며, 이에 따라 한중 간 갈등이 표면화될 것으로 보인다.

다. 한중 양자 간의 모순 증대

한중 양국 모두 수교 이후 국력과 국제적 위상이 신장됨에 따라 양국 간 상호 인식과 이해관계에서도 모순이 발생하고 있다. 수교 이래 한중 양국은 서로 이념과 체제가 다름을 인정하고, 실질적 협력 확대를 위해 많은 노력을 해왔지만, 양국 국민들 간 상호에 대한 부정적인 인식은 강해지고 있다. 중국은 개혁개방 이후 40여 년간 발전을 지속하여 세계 제

2위의 경제 대국이 되었으며, 국제적 위상이 대폭 신장되었다. 이에 따라 그간 잠재되어 있던 한국에 대한 중국의 대국 의식이 표출되고 있고, 중국이 다시 세계의 중심이 되어야 한다는 생각이 강해짐에 따라 한중 간 교류와 협력에 있어서 비대칭성이 증가하고 있고, 이에 대한 한국인들의 불만이 쌓여가고 있다.

또한 한국 내에서는, 특히 사드 사태 시 보여준 중국의 위협적인 행태가 적지 않은 영향을 미쳤지만, 중국의 급격한 부상과 시진핑 집권 이후 중국의 공세적인 대외정책에 대한 경계심이 높아졌으며, 중국 특색의 권위주의 체제가 더욱 강화됨에 따라 과거에는 주목받지 못했던 이념과 체제의 이질성이 다시 부각되고 있다. 이에 더하여 한국인들의 소득이 선진국 수준으로 높아짐에 따라 환경이나 보건 등 인간안보 문제, 그리고 자유와 인권 문제와 같은 인류사회의 보편적 가치에 대한 관심이 크게 제고된 반면에, 이런 문제들에서 중국이 기대에 미치지 못하고 있다는 생각도 중국에 대한 부정적 인식이 강해지고 있는 이유의 하나인 것으로 보인다.

양국 내 강한 민족주의 정서도 국민들 간 감정충돌을 일으키기 쉽게 만들고 있다. 국가통합을 위한 민족주의는 어디에서건 존재할 수 있지만, 14억 인구의 중국이 중화민족의 위대한 부흥이라는 기치 하에 중화민족주의를 내세우면서 때에 따라 외국에 대해 공세적 성격을 드러내고 있는 건 주변 국가들에게 경계심을 갖게 한다. 한중 간 이러한 민족주의는 통상적으로 양국 간 정치적 갈등이 불거졌을 때 나타나고 있지만, 최근에는 김치와 한복에 대한 원조 논쟁에서 보듯이 젊은 세대를 중심으로 문화 민족주의적 현상들도 적지 않게 발생하고 있다. 특히 한중 양국 모두 정보통신 기술의 광범위한 보급에 따라 왜곡되거나 조작된 가짜 뉴스는 언제든 순식간에 모든 국민들에게 전파되어 상대방에 대한 배타적인 민족주의에 불을 붙이고 양국 관계에도 큰 부담을 줄 수 있는 상황이다.

한중 양자 간의 군사 문제도 향후 관심을 가져야 할 분야이다. 중국의 해공군력이 크게 신장되고 한반도 주변 수역에서의 활동이 증가함에 따라 양국 간 마찰이 발생할 소지가 있다. 현재 중국은 국제법상 의무가 없다면서 한국이 설정한 방공식별구역KADIZ을 사전 통보 없이 침범하고 있지만, 자신의 방공식별구역에 들어 올 경우 중국에 통보하지 않으면 군사적으로 대응할 수 있다는 모순적인 태도를 취하고 있다. 또한 양국 간 서해에서의 해양경계획정이 쉽지 않은 상황에서 기존 양국 해군 간 암묵적으로 지켜오던 동경 124도 작전 경계선이 무시될 경우, 양측 간 우발적 충돌 사고가 발생할 가능성도 배제할 수 없다.

경제 통상 분야에서도 상호 이해관계에 변화가 발생하고 있다. 미중 대결 등 지정학적 갈등이 글로벌 통상환경에 부정적 영향을 미치고 있으며, 중국의 국가주도 경제 조치가 강화되는 추세 하에서 공정 경쟁을 둘러싼 논란도 제기되고 있다. 한중 양자 간에도 2017년 한국의 사드 배치 결정 이후 중국이 취했던 사실상의 무역보복 조치에서 알 수 있듯이 양국 간 정치안보 이슈와 경제협력이 연계되기 시작하였으며, 중국에 진출해 있는 많은 한국 기업은 중국 내 인건비 상승과 규제강화로 인해 제3국으로의 공장 이전이 늘어나고 있다. 한국과 중국 사이의 기술 격차가 사라지고 있고, 중국 산업구조의 고도화로 교역 구조가 상호보완적 관계에서 세계 시장에서의 경쟁상대로 변해가고 있다.

3. 향후 한중 관계를 위한 제언

올해 5월 출범한 윤석열 정부는 한미동맹 강화를 강조하면서도 상호 존중에 기반한 한중 관계 발전을 언급하고 있다. 지난해 8월 양국 정부의 합의에 따라 한중 수교 30년을 평가하고 향후의 발전방안을 논의하기 위한 1.5 트랙 차원의 '한중미래발전위원회'는 한국 내 정권교체에도 불구하고 활동을 계속하고 있으며, 올해 8월을 목표로 공동보고서를 준비하고 있다. 최근의 한미동맹 강화 움직임은 현재 한국의 안보 상황으로 보아 그 필요성이 분명하지만, 그렇다고 해서 일부에서 주장하듯이 한국이 전략적으로 중국을 소홀히 하는 것은 적어도 중국이 한국에 대해 적대적인 태도를 보이지 않는 한 우리의 국익에 부합되지 않는다. 이는 한국이 좋든 싫든 중국은 지리적으로 한국과 인접하고 있어서 오랜 역사를 통하여 상호 안보, 경제와 문화 방면에서 긍정적이든 아니든 큰 영향력을 발휘해 왔기 때문에 양국이 앞으로 상호 관계를 잘 관리하고 발전시켜 나가는 것이 필요하다는 이유에서다. 1992년 수교 당시도 그랬지만 지금도 북핵 문제를 포함 한반도의 평화와 안정을 위해서는 양국의 협력이 여전히 중요하며, 상호 지속적이고 안정적인 경제적 발전, 그리고 나아가 지역 내지 글로벌 거버넌스 문제에 있어서 양국 간 협력이 도움이 되는 것도 사실이다. 그렇기 때문에 한중 수교 이래 역대 정부들은 모두 한미동맹과 한중 전략적 협력동반자 관계가 양립되도록 많은 노력을 해왔다.

상호존중과 호혜 평등은 한중 수교 시에도 합의된 국제관계의 일반 원칙으로서 향후 한중 양국 관계를 건전하고 안정적으로 발전시키기 위해서도 중요하다. 따라서 한중 관계의 기본적인 방향은 상호존중과 호혜 평등을 바탕으로 협력은 확대하되, 이견은 적극적인 소통을 통해 원만하게 관리해 나가도록 해야 할 것이다. 다만 중국이 국가 관계에서 강조하는 상호존중은 상대국이 중국의 핵심 이익과 중요 관심 사안을 존중해야 상호 협력할 수 있다는 의미로 사용되고 있다는 점을 고려해야 한다. 중국은 주권과 영토보전, 국가 및 체제의 안보와 발전이익을 핵심 이익이라고 하고 있지만, 구체적 내용은 남중국해에서의 해양 권익과 같이 중국의 국력이 강해지면서 확장되어가는 경향을 보이고 있음을 유념할 필요가 있다.

한중 양국은 이념과 체제가 다르기 때문에 상호 간의 정치적 신뢰 형성에는 한계가 있을 수밖에 없다는 점은 부인하기 어렵다. 그럼에도 불구하고 한중 쌍방이 현재 부족한 상태에 있는 양국 간 정치적 신뢰를 쌓아가는 노력을 강화시켜 나가는 것은 중요하다. 이런 점에서, 지난 2년간은 코로나 사태로 인해 시진핑 주석의 방한이 이루어지지 못했지만, 앞으로 한중 정상들의 상호 방문이나 국제무대에서의 회동 등 다양한 기회를 활용하여 양국 관계 발전 방안에 대해 허심탄회하게 논의할 기회를 자주 갖는다는 것은 바람직스러운 일이다. 정상 차원 외에도 한중 간 정부와 민간의 다양한 형태와 레벨에서 전략적 소통을 강화하고 이를 정례화 내지는 제도화시키는 것이 중요하며, 군사 분야에서도 협력의 확대와 더불어 우발적 사고를 방지하기 위한 위기관리 체제를 만들어 둘 필요가 있다. 물론, 양국 관계에 어떤 어려운 상황이 발생하더라도 중요 전략소통 채널들은 유지되고 활용되도록 하는 것이 중요하다는 건 새삼 강조할 필요가 없을 것이다.

미중 전략적 경쟁이 앞으로 어떤 결말을 맺게 될지는 판단하기 쉽지 않지만, 앞으로도 일정 기간 중국의 국력은 계속 신장되고 중국의 공세적인 대외정책도 지속될 것으로 생각된다. 이에 따라 인도-태평양 지역을 중심으로 미중 간의 전략적 경쟁은 더욱 치열해질 것이며, 한국으로서는 앞으로 불가피하게 어느 한쪽을 선택해야 하는 사안들이 늘어나게 될 것이다. 지정학적으로 볼 때 한국은 해양 세력과 대륙 세력이 접하는 위치에 있고, 국토가 이웃나라들에 비해 상대적으로 작고 분단되어 있으며, 부존자원도 부족한 나라로서 안보와 경제 등 면에서 취약성을 갖고 있다. 따라서 한국으로서는 가급적 이웃한 주요 국가들 모두와 원만한 관계를 유지하면서 개방적인 자유무역 체제를 옹호하고, 안보나 경제 등 면에서 국제협력을 중시하며, 가능하다면 다양한 다자협력 체제에 중층적으로 참여하여 한국의 목소리를 내는 것이 한국의 국익에 부합된다고 할 것이다. 한국이 중국의 이의제기에도 불구하고 개방성, 투명성, 포용성을 내세우며 미국 주도의 IPEF에 창설 멤버로 참가한 것은 이러한 한국의 정체성에 따른 것이라고 볼 수 있다. 앞으로도 한국 정부의 선택은 이와 같은 한국의 정체성과 한국의 국익에 바탕을 두되 사안별로 결정되는 것이 바람직하다. 다만 구체적인 사안에 있어서 무엇이 한국의 국익에 맞는 것인지는 국내적으로 충분한 토론을 거쳐 국민적 공감대를 형성할 필요가 있으며, 이를 바탕으로 일단 결정된 사안은 일관성을 갖고 의연하게 밀고 나갈 필요가 있다.

한국은 경제력과 기술력이 선진국 수준에 진입하였고 문화적 역량도 크게 제고됐다. 이에 따라 글로벌 거버넌스에서의 한국의 역할에 대한 국제사회와 국민들의 기대가 높아져 가고 있는 것도 사실이다. 따라서 자신의 역량에 비추어 과도하지 않은 범위 내에서 한국이 시각을 넓혀 지역문제나 기후변화, 국제감염병 대응 등 글로벌 이슈들에 대한 국제 공조에 있어서 보다 적극적인 역할을 모색해 볼 필요가 있다. 이런 점에서 지난 5월 서울에서의 한미 정상 공동성명에도 나와 있듯이 한국이 자신의 인도-태평양 전략을 구상하고 이를 추진하는 것은 바람직스러운 일이며, 이와 관련, 문재인 정부에서 추진한 신남방정책도 역내에서 긍정적 반응이 있었던 만큼 이를 발전시켜 나가는 것이 필요하다. 다만, 한국에서 인류의 보편적 가치에 대한 인식이 높아진 것은 분명하지만, 한국의 대외정책에서는 아직도 전 세계의 다수 국가들이 이러한 가치 문제에서 자유롭지 못하다는 현실을 감안해야 할 것이다.

북한의 핵문제는 국제비확산체제에 대한 중대한 도전이자 동아시아 안보에 대한 큰 위협이다. 현재 북한은 핵 보유를 기정사실화 하고 전술 핵미사일, 잠수함발사탄도미사일SLBM 등 투발 수단을 다양화하고 있으며, 심지어 한국에 대한 선제공격 가능성도 언급하고 있다. 새로 출범한 윤석열 정부는 한편으로는 북한과의 대화의 문을 열어 두겠지만, 북한과 북핵 문제에 대해 보다 강경한 대응을 하게 될 것으로 보인다. 이와 관련, 핵을 포함한 북한의 도발적 행태에 대해 확장억지력 강화 등 한국 스스로 보다 확실한 군사적 대응 방안을 마련하도록 노력하는 것은 당연하다. 아울러 중국에 대해서도 지속적으로 북한의 비핵화와 도발 방지를 위한 노력을 촉구해야 할 것이다. 특히 중국이 북핵 문제를 미국과의 전략적 갈등과 연계시키지 않고, 이 지역의 안정과 핵비확산을 위해 미중이 적극 협력하는 방향으로 움직이도록 유도할 필요가 있다.

대만해협의 평화와 안정은 중국이 국내문제라고 하면서 매우 민감하게 생각하는 사안이지만, 한국의 안보에도 큰 영향을 줄 수 있다는 점에서 한국도 관심을 갖고 지켜보아야 할 사안이다. 현재로선 그 가능성이 크다고 할 수는 없지만, 만약에 대만해협에서의 미중 간 무력 충돌이 발생한다면 미국의 동맹국인 한국의 지원 문제가 제기될 것이며, 경우에 따라서는 한국과 일본에 주둔하고 있는 미군으로 인해 동아시아 지역 전체로 전장이 확대될 우려가 있다. 아울러, 전략적 유연성에 따른 일부 주한미군의 이동 문제가 대두되고, 그에 따른 전략적 공백을 북한이 이용하려 할 가능성도 있기 때문에 한국이 대만해협의 평화와 안정에 관심을 갖고, 분쟁이 확대되는 것을 막으려고 노력하는 것은 불가피하다고 하겠다.

경제 통상 분야에 있어서 양국은 양국의 미래를 위한 새로운 협력의 기초를 정립해야 한다. 한중 FTA 서비스·투자 협상이 높은 수준에서 조속히 마무리되는 것이 필요하다. 그간 추진되어 왔던 한국의 신남방정책 등 대외협력 정책과 중국의 일대일로 구상 간 연계 강화 노력도 계속되어야 하며, 중국이 주도하는 아시아인프라투자은행AIIB 등 사업에 한국 기업이 참여할 수 있는 공간이 커져야 한다. 중국 내 한국의 지적 재산권에 대한 보호가 강화되어야 하며, 요소수 품귀 사태와 같은 문제의 재발을 막기 위해서 공급망 리스크를 관리할 수 있는 한중 경제안보 대화 기제를 새로 마련할 필요가 있기도 하다.

또한 양국 정부는 앞으로 발생할 수도 있는 정치적 이견에도 불구하고, 정치 안보적 사안과 경제통상 협력을 분리한다는 정경분리의 기조를 유지하고, 양국의 지방 도시들 간이나 민간차원의 교류와 협력이 지장을 받지 않도록 노력할 필요가 있다. 그렇게 하는 것이 화이부동和而不同의 정신에도 부합하고, 향후 양국 관계의 안정적 발전에 중요한 기초가 될 것이다. 한중 청년들 간의 상호교류 확대는 양국 지도자들의 큰 관심 사안이다. 특히 현재 양국의 젊은 세대들 사이에서 상대방에 대한 부정적 인식이 높다는 점을 고려한다면, 다수의 양국 청년들 간 활발한 교류를 통하여 상호 이해와 유대감을 높이고 미래의 한중협력에 대한 공감대를 넓히기 위한 보다 다양한 프로그램들이 마련될 필요가 있을 것이다. 한중 문화 교류에 있어서도, 전통문화에 더하여 양국의 젊은 세대들이 공감할 수 있는 새로운 문화적 재료들을 발굴하고 이를 적극 활용하는 것이 바람직하며, 이런 사업들을 추진하기 위해 '한중 청년교류 기금' 창설을 적극 검토해 볼 만하다.